做一个理想的法律人
To be a Volljurist

法律人进阶译丛【案例研习】
李昊/译丛主编

本书由中南财经政法大学资助出版

# 德国商法案例研习

## 第3版

Fälle zum Handelsrecht, 3. Auflage

〔德〕托比亚斯·勒特 /著
（Tobias Lettl）

李金镂 /译

著作权合同登记号图字:01-2018-3762
图书在版编目(CIP)数据

德国商法案例研习:第3版/(德)托比亚斯·勒特著;李金镂译. —北京:北京大学出版社,2021.12
(法律人进阶译丛)
ISBN 978-7-301-32731-9

Ⅰ.①德… Ⅱ.①托… ②李… Ⅲ.①商法—案例—研究—德国 Ⅳ.①D951.639.9

中国版本图书馆 CIP 数据核字(2021)第 249583 号

Fälle zum Handelsrecht, 3. Auflage, by Tobias Lettl
© Verlag C. H. Beck oHG, München 2016
本书原版由 C. H. 贝克出版社于 2016 年出版。本书简体中文版由原版权方授权翻译出版。

| | |
|---|---|
| 书　　　名 | 德国商法案例研习(第3版)<br>DEGUO SHANGFA ANLI YANXI (DI-SAN BAN) |
| 著作责任者 | 〔德〕托比亚斯·勒特(Tobias Lettl) 著<br>李金镂 译 |
| 丛书策划 | 陆建华 |
| 责任编辑 | 陆建华　陆飞雁 |
| 标准书号 | ISBN 978-7-301-32731-9 |
| 出版发行 | 北京大学出版社 |
| 地　　　址 | 北京市海淀区成府路 205 号　100871 |
| 网　　　址 | http://www.pup.cn　http://www.yandayuanzhao.com |
| 电子信箱 | yandayuanzhao@163.com |
| 新浪微博 | @北京大学出版社　@北大出版社燕大元照法律图书 |
| 电　　　话 | 邮购部 010-62752015　发行部 010-62750672<br>编辑部 010-62117788 |
| 印　刷　者 | 三河市北燕印装有限公司 |
| 经　销　者 | 新华书店 |
| | 880 毫米×1230 毫米　A5　10 印张　229 千字<br>2021 年 12 月第 1 版　2021 年 12 月第 1 次印刷 |
| 定　　　价 | 58.00 元 |

未经许可,不得以任何方式复制或抄袭本书之部分或全部内容。
版权所有,侵权必究
举报电话:010-62752024　电子信箱:fd@pup.pku.edu.cn
图书如有印装质量问题,请与出版部联系,电话:010-62756370

# "法律人进阶译丛"编委会

**主 编**

李 昊

**编委会**

(按姓氏音序排列)

| | | | | |
|---|---|---|---|---|
| 班天可 | 陈大创 | 杜志浩 | 季红明 | 蒋 毅 |
| 李 俊 | 李世刚 | 刘 颖 | 陆建华 | 马强伟 |
| 申柳华 | 孙新宽 | 唐志威 | 夏昊晗 | 徐文海 |
| 查云飞 | 翟远见 | 张 静 | 张 挺 | 章 程 |

# 做一个理想的法律人（代译丛序）

近代中国的法学启蒙授之日本，而源于欧陆。无论是法律术语的移植、法典编纂的体例，还是法学教科书的撰写，都烙上了西方法学的深刻印记。虽然中华人民共和国成立后兴盛过一段时期的苏俄法学，但是从概念到体系仍无法脱离西方法学的根基。20世纪70年代末，借助于我国台湾地区法律书籍的影印及后续的引入，以及诸多西方法学著作的大规模译介，我国重启的法制进程进一步受到西方法学的深刻影响。当前中国的法律体系可谓奠基于西方法学的概念和体系之上。

自20世纪90年代开始的大规模的法律译介，无论是江平先生挂帅的"外国法律文库""美国法律文库"，抑或许章润、舒国滢先生领衔的"西方法哲学文库"，以及北京大学出版社的"世界法学译丛"、上海人民出版社的"世界法学名著译丛"，诸多种种，均注重于西方法哲学思想尤其英美法学的引入，自有启蒙之功效。不过，或许囿于当时西欧小语种法律人才的稀缺，这些译丛相对忽略了以法律概念和体系建构见长的欧陆法学。弥补这一缺憾的重要转变，应当说始自米健教授主持的"当代德国法学名著"丛书和吴越教授主持的"德国法学教科书译丛"。以梅迪库斯教授的《德国民法总论》为开篇，德国法学擅长的体系建构之术和鞭辟入里的教义分析方法进入到了中国法学的视野，辅以崇尚德国法学的我国台湾地区法学教科书和专著的引入，德国法学在中国当前的法学教育和法学研究中日益受到尊崇。然而，"当代德国法学名著"丛书虽然遴选了德国当代法学著述中的上乘之作，但囿于撷取名著的局限及外国专家的视角，丛书采用了学科分类的标准，而未区分注重体系层次的基础教科书与偏重思辨分析的学术专著，与戛然而止的"德国法学教科书译丛"一样，在基础教科书书目的选择上尚未能充分体现当代德国法学教育的整体面貌，是为缺憾。

职是之故，自2009年始，我在中国人民大学出版社策划了现今的"外国法学教科书精品译丛"，自2012年出版的德国畅销的布洛克斯和瓦尔克的《德国民法总论》（第33版）始，相继推出了韦斯特曼的《德国民法基本概念》（第16版）（增订版）、罗歇尔德斯的《德国债法总论》（第7版）、多伊奇和阿伦斯的《德国侵权法》（第5版）、慕斯拉克和豪的《德国民法概论》（第14版），并将继续推出一系列德国主流的教科书，涵盖了德国民商法的大部分领域。该译丛最初计划完整选取德国、法国、意大利、日本诸国的民商法基础教科书，以反映当今世界大陆法系主要国家的民商法教学的全貌，可惜译者人才梯队不足，目前仅纳入"日本侵权行为法"和"日本民法的争点"两个选题。

系统译介民商法之外的体系教科书的愿望在结识季红明、查云飞、蒋毅、陈大创、葛平亮、夏昊晗等诸多留德小友后得以实现，而凝聚之力源自对"法律人共同体"的共同推崇，以及对案例教学的热爱。德国法学教育最值得我国法学教育借鉴之处，当首推其"完全法律人"的培养理念，以及建立在法教义学基础上的以案例研习为主要内容的教学模式。这种法学教育模式将所学用于实践，在民法、公法和刑法三大领域通过模拟的案例分析培养学生体系化的法律思维方式,并体现在德国第一次国家司法考试中,进而借助于第二次国家司法考试之前的法律实训,使学生能够贯通理论和实践,形成稳定的"法律人共同体"。德国国际合作机构(GIZ)和国家法官学院合作的《法律适用方法》(涉及刑法、合同法、物权法、侵权法、劳动合同法、公司法、知识产权法等领域,由中国法制出版社出版)即是德国案例分析方法中国化的一种尝试。

基于共同创业的驱动,我们相继组建了中德法教义学QQ群,推出了"中德法教义学苑"微信公众号,并在《北航法律评论》2015年第1辑策划了"法教义学与法学教育"专题,发表了我们共同的行动纲领:《实践指向的法律人教育与案例分析——比较、反思、行动》(季红明、蒋毅、查云飞执笔)。2015年暑期,在谢立斌院长的积极推动下,中国政法大学中德法学院与德国国际合作机构法律咨询项目合作,邀请民法、公法和刑法三个领域的德国教授授课,成功地举办了第一届"德国法案例分析暑期班"并延续至今。2016年暑期,季红明和夏昊晗也积极策划并参与了由西南政法大学黄家镇副教授牵头、民商法学院举办的"请求权基础案例分析法课程暑期培训班"。2017年暑期,加盟中南财经政法大学法学院的"中德法教义学苑"团队,成功举办了"案例分析暑期培训班",系统地在民法、公法和刑法三个领域以德国的鉴定式模式开展了案例分析教学。

中国法治的昌明端赖高素质法律人才的培养。如中国诸多深耕法学教育的启蒙者所认识的那样,理想的法学教育应当能够实现法科生法律知识的体系化,培养其运用法律技能解决实践问题的能力。基于对德国奠基于法教义学基础上的法学教育模式的赞同，本译丛期望通过德国基础法学教程尤其是案例研习方法的系统引入，能够循序渐进地从大学阶段培养法科学生的法律思维，训练其法律适用的技能，因此取名"法律人进阶译丛"。

本译丛从法律人培养的阶段划分入手，细分为五个子系列：

——法学启蒙。本子系列主要引介关于法律学习方法的工具书，旨在引导学生有效地进行法学入门学习，成为一名合格的法科生，并对未来的法律职场有一个初步的认识。

——法学基础。本子系列对应于德国法学教育的基础阶段，注重民法、刑法、公法三大部门法基础教程的引入，让学生在三大部门法领域中能够建立起系统的知识体系，同时也注重扩大学生在法理学、法律史和法学方法等基础学科上的知识储备。

——法学拓展。本子系列对应于德国法学教育的重点阶段，旨在让学生能够在三大部门法的基础上对法学的交叉领域和前沿领域，诸如诉讼法、公司法、劳动法、医疗法、网络法、工程法、金融法、欧盟法、比较法等有进一步的知识拓展。

——案例研习。本子系列与法学基础和法学拓展子系列相配套，通过引入德国的鉴定式案例分析方法，引导学生运用基础的法学知识，解决模拟案例，由此养成良好的法律思维模式，为步入法律职场奠定基础。

——经典阅读。本子系列着重遴选法学领域的经典著作和大型教科书（Grosse Lehrbücher），旨在培养学生深入思考法学基本问题及辨法析理之能力。

我们希望本译丛能够为中国未来法学教育的转型提供一种可行的思路，期冀更多法律人共同参与，培养具有严谨法律思维和较强法律适用能力的新一代法律人，建构法律人共同体。

虽然本译丛先期以德国法学教程和著述的择取为代表，但是并不以德国法独尊，而注重以全球化的视角，实现对主要法治国家法律基础教科书和经典著作的系统引入，包括日本法、意大利法、法国法、荷兰法、英美法等，使之能够在同一舞台上进行自我展示和竞争。这也是引介本译丛的另一个初衷。通过不同法系的比较，取法各家，吸其所长。也希望借助于本译丛的出版，展示近二十年来中国留学海外的法学人才梯队的更新，并借助于新生力量，在既有译丛积累的丰富经验基础上，逐步实现对外国法专有术语译法的相对统一。

本译丛的开启和推动离不开诸多青年法律人的共同努力，在这个翻译难以纳入学术评价体系的时代，没有诸多富有热情的年轻译者的加入和投入，译丛自然无法顺利完成。在此，要特别感谢积极参与本译丛策划的季红明、查云飞、蒋毅、陈大创、黄河、葛平亮、杜如益、王剑一、申柳华、薛启明、曾见、姜龙、朱军、汤葆青、刘志阳、杜志浩、金健、胡强芝、孙文、唐志威（留德）、王冷然、张挺、班天可、章程、徐文海、王融擎（留日）、翟远见、李俊、肖俊、张晓勇（留意）、李世刚、金伏海、刘骏（留法）、张静（留荷）等诸位年轻学友和才俊。还要特别感谢德国奥格斯堡大学法学院的托马斯·M. J. 默勒斯（Thomas M. J. Möllers）教授慨然应允并资助其著作的出版。

本译丛的出版还要感谢北京大学出版社副总编辑蒋浩先生和策划编辑陆建华先生，没有他们的大力支持和努力，本译丛众多选题的通过和版权的取得将无法达成。同时，本译丛部分图书得到中南财经政法大学法学院徐涤宇院长大力资助。

回顾日本的法治发展路径，在系统引介西方法律的法典化进程之后，将是一个立足于本土化、将理论与实务相结合的新时代。在这个时代中,中国法律人不仅需要怀抱法治理想,还需要具备专业化的法律实践能力,能够直面本土问题,发挥专业素养,推动中国的法治实践。这也是中国未来的"法律人共同体"面临的历史重任。本译丛能预此大流,当幸甚焉。

李　昊

2018 年 12 月

# 让完全法律人的梦想照进现实
# （代"案例研习"译者序）

## （一）

改革开放之后，伴随着法制（治）的重建，我国法学开始复兴。由于传统的缘故，这种重建和复兴更多是通过借鉴与继受大陆法系国家的法典和法学理论来完成的。然进入21世纪，我国的法学仍被指幼稚，2006年"中国法学向何处去"成为法（理）学热门讨论主题。（玄思倾向严重的）法理学与（脱离实践的）部门法学、部门法学与部门法学之间区隔严重，不但沟通严重不足，而且缺乏相对一致的思维方式，实在难谓存在"法律人共同体"。大学没有（也无力）提供实践指向的法律适用系统训练，而实习也无实质能力训练，其对法律人之能力要求、培养路径亦未真正明悉；法科毕业生多有无一技傍身之空虚感。

在法律体系与法律知识体系尚不健全的法制重建与恢复期，由于缺乏完备的法律基础，如此状况尚可理解，但随着我国法律体系渐次完善，法学缺乏实践品格、法学教育脱离现实需求之问题愈发凸显，亟待我们解决。有鉴于此，部分部门法学者逐渐确立反思法学的实践指向，更多讨论法教义学（释义学）

及其应用，法律适用更受重视。此外，法学教育不能满足实践之需的问题，更为学界与实务界所重视。关于国外法学教育模式的文章日益增多，认知亦趋深入，中外法学教育的交流也更深入。以中德法学教育交流为例，米健教授创立了中国政法大学中德法学院，提供了系统的中德法律比较教育，研二即由德国老师提供原汁原味的训练（部门法理论课+鉴定式案例研习），研三资助通过德福（TestDaF）者到德国高校攻读法律硕士学位（LL.M.），接受德国法学教育系统训练。不少人后续留德攻读博士学位，有机会更深入地体验德国法学教育的整体面貌。国家留学基金委提供了许多资助留学攻读博士学位的名额，留德攻读博士学位、联合培养在各高校法学研习者之间蔚然成风，在德攻读博士学位期间攻读法律硕士学位更为普遍。由中德比较的视角以观，德国的完全法律人培养模式，是解决中国法学、法律人教育诸多问题的一剂良方。由此，法学可以是具有实践品格的学问，法律人教育能够融合科学与实践，法律人应当具有相对统一的思维方式。

德国完全法律人教育的目标，就是通过双阶法律教育培养实务人才，以法官能力培养为核心，兼及律师业务能力的培养。第一阶段是通常学制为4年半的大学法律学习（相当于我国的本科加硕士），以通过第一次国家考试为结业条件（实际通过多需要5年至6年的时间）；第二阶段为实务见习期，为期2年，第二次国家考试通过者，为完全法律人，有资格从事各种法律职业，任法官、检察官、律师、公证人等职。

第一阶段的教育是科学教育；第二阶段则是（在法院、检察院、律所）见习期教育，是成为真正法律人的实务历练阶段。与见习期教育以实体法与诉讼法知识的综合运用解决实际案件的模式不同,第一阶段法学教育更多是分学科、渐进地融合法律知识、训练运用能力,虽是科学教育,但同样以实践为导向。大学的课程形式主要有讲授课(Vorlesung)、案例研习(Arbeitsgemeinschaft/Übung)、专题研讨(Seminar)和国考备考课程。讲授课重在阐明法律规范、制度以及不同的规范与制度之间的关联等,使学习者理解与掌握相关的法律规定以及学说与判例对这些法律规定的解释;而核心课程必备的案例研习课程则重在通过与讲授课相对一致的进度,以案例演练检查、巩固学习者对于法律的理解,同时培养和训练学习者的法律思维方法,使其通过相对一致的思维方式掌握抽象的法规范与具体案例之间的沟通,循序渐进地掌握法律适用的方法。加上笔试(Klausur)的考查,这种一体设计使得习法者的法律适用能力能够得到良好提升,实现预期效果。由于包括第一次国家考试在内的绝大部分考试均以案例研习的形式出现,案例研习课程在德国法学训练中的重要地位不言自明,而其中所贯穿的是自始就予以讲解、操练的法律人核心装备——鉴定式案例研习方法。

通过第一次国家考试,即视为充分掌握了所考查的基本部门法的理论知识及其法律适用,此后方可进入第二阶段。在第二阶段,则侧重程序法的训练、培养实务能力,见习为期24个月,在法院、检察院、行政机关、律所以及自选实习地点经历相应的训练,到见习期结束时,见习文官将有能力适应并逐步熟悉法律工作。实务训练阶段着重练习法庭报告技术(Relationstechnik),即依据案卷材料,运用证据法、实体法的知识,认定案件事实并在此基础上做出鉴定与起草法律文件(裁判文书)。

凡通过两次国家考试者,都经过艰苦的锤炼(十几门大学必修课程各以一道案例解析题进行考查）和惨烈的淘汰，成为完全法律人，具有比较一致的法律思维模式，纵使其职业角色各异，亦能在共同的思维平台上进行沟通、讨论，形成良性互动与高效合作。

基于我国法与德国法的历史与现实的深刻关联，集德国完全法律人模式之优点、德国法人才基础和普及趋势为一体，取法于德国以改进我国法律人教育实为一条有效路径。

德国法案例研习教程属于我们拟订的中国法律人教育改善计划的第一篇章。该计划旨在以德国法为镜鉴，以推动中国法学的科学化为目标，以法学教育的改善为着眼点，通过建立法律人共同体，明确法学研究的实践定位，提升中国法学研究的质量，最终落实于司法技术的改进以实现对社会生活的合理调整。通过研习德国案例，我们可以透视德国法，统观立法、司法、法学、完全法律人培养的互动协作运转的体系，发现并掌握其运行规律。研习德国案例，旨在掌握其核心方法，将其活用于中国法的土壤，以更新的观念，培养新人——中国的完全法律人。

实际上，完全法律人的培养模式早已扎根于我国的土壤，成为我们法律人培养的现实。中国国家法官学院与德国国际合作机构已合作二十余年，以鉴定式和法庭报告技术解答中国法问题，培训法官。接受培训的众多法官中，就有受此启发写成名作《要件审判九步法》的邹碧华法官。国家法官学院教师刘汉富翻译的《德国民事诉讼法律与实务》2000年由法律出版社出版，作为国家法官学院高级法官培训指定教材，而该教材实际是德国完全法律人培养第二阶段用书（Dieter Knöringer, Die Assessorklausur im Zivilprozeβ, 7. Aufl. 1998.）。该书在我国湮没无闻的命运，多因我们的大学教育尚未开展鉴定式案例研习，请求权基础训练仅属耳闻，遑论法庭报告技术。如今，中国法的鉴定式案例分析在诸多高校展开，完全法律人观念也得到推广。新型法律人正在出现，贯通民法、民诉的学者（如中国人民大学法学院的金印老师）已成为我们身边可见的榜样。深刻的变革正在发生。

（二）

翻译德国案例研习教程以改进我国法律人教育之设想，正是基于丛书策划者们与德国法邂逅的切身体悟。我们在大学教育和实习经历中与德国法相识，在我国台湾地区法学著作（尤其是王泽鉴教授的法学教科书）、德国法学著作中真切感受到德式法学方法论的魅力。与时代的急剧转型相应，我们也必须深入地思考中国法学的实践转向、法学方法论与部门法的结合问题。

进入中国政法大学中德法学院学习，与本科就读于中国政法大学、西南政法大学等不同院校的同学交流，对于我们共同观念的形成和认识的提升至为重要。我2008级的同学中，有中国政法大学毕业的夏昊晗（曾从事法务工作多年）、林佳业、蒋毅，有来自西南政法大学的查云飞。我是自北京化工大学毕业、在法院工作两年后重新回到校园的；李浩然毕业于西南政法大学，是我在中德法学院的2009级同门。在中德法学院学习初期，我们的法学思维并没有表现出大的不同。在分析德国法的禁止双方代理案件时，我们还更多依从感觉（价值）判断，对法律概念的解释、扩张或续造并无清晰的意识。真正的变化开始于研二期间中德法学院提供的德国法系统训练，法律思维能力在随后攻读德国法律硕士期间也有了显著提升。德国高校法律硕士的选课也特别注重基础学科,注重对不同部门学科的总体了解。这就为我们从不同学科的视角看待学科发展提供了宝贵的知识基础。

我们时常交流学术想法,对教义学的观念、方法存有共识,对中德交流的形式、对学术与实务的沟通也常有思考,对未来抱有很多设想,读法律硕士时就讨论过以后组建民法、刑法、公法的团队教学等。及至在德国攻读博士学位之后,我们仍以不同的方式加深了对德国法教育的认识。除了攻读法律硕士期间所选修的科目——法律史、法理学、法学方法论、民事诉讼法、强制执行法外,我们后续又选修德国宪法史、罗马法史、罗马私法史,听过欧洲近代法律史等课程。2013年上半年,林佳业、蒋毅和我对中德司法考试进行了初步的比较研究。同时,对教义学、方法论文献的系统研读和利益法学的翻译也加深了我们对学术与实践关系的认识,推进我们对于中国问题的反思,形成更清晰的系统解决方案。

基于此,我于2013年下半年提出翻译德国案例研习教程以改进我国法律人教育之设想,当即获得在弗莱堡大学攻读博士学位的蒋毅(刑法方向)和李浩然(公法方向)的支持,我们并就具体书目达成了初步共识。但是,困难在于需要获得国内出版社的支持。2014年年初,幸得华中科技大学张定军老师的关心,就联系国内出版社之事宜,指点我们求教于李昊老师。这才给最初的设想打开了实现的大门!不仅我们的想法立获认可,李昊老师还以自己策划出版的丰富经验解答了我们关于费用的问题。2014年3月中旬我与蒋毅、李浩然在弗莱堡起草具体策划案,刑法由蒋毅负责,公法由李浩然负责,民法由我负责。因案例书需配合简明的教科书,策划选题时对此也需加以考虑，并由查云飞补充公法方面的设想，我们共同就未来推动的事项予以体系化整理，如新媒体时代中德交流平台的建立、中国法课程的系统改造和组建民法、刑法、公法的教学团队等。

2014年还不是一个可以清楚地看到案例研习教程前景的年份，策划案由李昊老师接手后一度未获出版社立项。之后我补充策划了3个预期会很畅销的德国法选题（《如何高效学习法律》《如何解答法律题》和《法律职业成长与文官候补期》），与4本民法案例研习教程一起再次申请立项，经北京大学出版社蒋浩副总编辑、陆建华编辑和李昊老师大力举荐才得以通过。

之后，因为商法书目拓展的缘故，邀请陈大创（时于科隆大学攻读信托法方向博士学位）加入策划团队。基于我们的共识和彼此信赖，邀其推进商法方面的教程。至此，形成6人的策划团队。

策划过程中，我们决定把民法书目定为硕士期间所用过的教材，夏昊晗、林佳业提供了宝贵的借鉴意见。特别关键的是华东政法大学张传奇老师，不但对民法书目进行了认真的核查，而且还主动提出承担近350页的《德国民法总则案例研习》的翻译，很快就为《德国意定之债案例研习》《德国法定之债案例研习》《德国物权法案例研习》三本书找到了可以信赖的译者，分别为赵文杰老师（现任教于华东政法大学）、薛启明老师（现任教于山东师范大学）和吴香香老师（现任教于中国政法大学）。在策划选题之初，出版前景尚不明朗，张传奇老师却如此热切地承担此项费时费力的翻译工作，在此特别感谢他为案例研习教程所做的巨大贡献，若没有他的参与，这些书或许就难觅合适的译者。当然，非常感谢香香师姐，文杰、启明师兄，也感谢曾影响他们与德国法结缘的老师。

在首批选题通过后，我们又扩展了翻译计划，《德国劳动法案例研习》由中国政法大学中德法学院的博士丁皖婧（现任教于中国劳动关系学院）承担翻译，沈建峰师兄（现任教于中央财经大学法学院）承担校对；《德国商法案例研习》由科隆大学博士李金镂（现任教于中南财经政法大学法学院）翻译。江西理工大学的马龙老师（武汉大学民事诉讼法博士）主动提出承担《德国民事诉讼法案例研习》的翻译，解决了一直困扰我们的难题。在此谨致谢意！

刑法的选题，因为 Beulke 教授刑法案例教科书的授权问题，蒋毅翻译好的近百页文字只能沉寂于其电脑中。否则，刑法选题可以更早出版，发挥其对刑法学习的积极影响。后经北京大学法学院江溯老师引荐，幸得希尔根多夫教授的《德国大学刑法案例辅导》三卷本弥补了这一缺憾。

2014 年，葛云松、田士永两位老师关于法学教育、案例教学的雄文面世（葛文《法学教育的理想》，田文《"民法学案例研习"的教学目的》），推动了国人对此的深入认知。2014 年，我们组建了团队，创建并运营"中德法教义学苑"公众号和相关 QQ、微信群，也致力于深化国内对德国法和鉴定式案例研习的认知。我们所推动的其他翻译书目，也在各出版社立项通过，陆续出版。2015 年，中国政法大学中德法学院的鉴定式案例研习暑期班开创了德国教授面对本科生亲授鉴定式案例研习方法的先河。在 2016 年和 2019 年西南政法大学民商法学院举办的"请求权基础案例分析法暑期培训班"中，还有 2017 年至 2019 年的中南财经政法大学法学院"案例分析暑期班"、广东财经大学法学院"案例研习班"、2018 年浙江理工大学法政学院"案例研习班"……我们都以不同的形式参与其中。中南财经政法大学 2016 级的法学实验班是参考德国法科教育经验优化的培养方案开设的，现今第一届学生即将毕业。在他们身上，镌刻的是不同于以往的教育模式，不管他们知或不知，其中已留下了我们的印迹。走过的这些年月，我们和德国法难舍难分，受师友激励前行，与更年轻的同行相遇，分享他乡所学，也目送年轻一代去往他乡。梦想当初似乎遥不可及，今日却已渐次照进现实。

观念为行动的先导，而行动塑造着现实。我们所做的，仅仅是一场探险之旅的邀请。真诚邀请我们见过或素未谋面的学友，与我们一起探索未知，描绘通向未来的地图。或许这些书才是我们能够提供给大家的与德国法更好相会的最好的辅助，通过它们可以更好地接近德国法（教科书、专著、评注……）和完全法律人的教育理念以及路径。或许它们也是引领我们通向更好的中国法的一些路标，也许它们能够锻炼我们传授识图、绘图、铺就未来道路的能力。

人们因为德国法而相遇，真是奇妙的缘分！所有的一切，缘起于情谊，成长于共识。通过分享我们所学所见的美好，我们结识了更多同行学友，得到师长、同学和朋友们热心无私的支持。尤为难忘的是时为中德法学院德方负责人的汉马可（Marco Haase）教授，是他以无比的热忱投入到我们研二的4门德国法案例研习课（民法2门，刑法、行政法各1门）的教学之中，在精神上和思维上引领我们前行。赴德留学的圣诞，我们齐聚柏林访问，因为他在，我们才有宾至如归的心安。Haase老师对中国挚诚热爱，奉献于中德交流十数载，是我们的"马可·波罗"，是激励我们前行的榜样。这一路的启明星，是情谊与温情。希望它照亮我们法律人未来的探索之行。披星戴月，日夜兼程。

## （三）

预知未来的最好路径即是当下的践行。完全法律人的养成，与人格的发展密不可分。我们所期待的法律人应是独立自主的个体，有独立思考的能力和行为习惯。身处社会中的法律人应在互动中塑造现实，不论是在学习小组中，在班级活动中，还是在更多维、广泛的生活世界的行动中。

对于使用本译丛的读者贤达而言，为达到好的效果，自主学习的学生可以组成学习小组（《如何高效学习法律》有相关介绍），小组的基本单元为5人左右，以理论课程的学习为前提，鉴定式案例研习作为辅助。解答案例时，先独立自行作答，使用法条汇编、教科书（有可能的情况下也应使用评注、重要文章）等文献，再进行小组讨论。讨论依据鉴定式的分析框架和思考次序进行，相关写作体例可以参考《如何解答法律题》和《法律研习的方法》。"案例研习"教程的使用也应遵循循序渐进的规律，比如民法可由民法总则开始，债法总则、债法各论、物权法依次进行，再到亲属法、继承法、民事诉讼法等；公法由基本权开始，再到行政法与行政诉讼法。以民法总则为例，建议先仔细阅读布洛克斯等的《德国民法总论》，再结合民法总则案例研习教科书进行研习；因鉴定式案例研习涉及法律解释，可配合旺克的《法律解释》一书，通过实例来掌握基本的解释方法。若想依据中国法解答德国案例，则可配以朱庆育的《民法总论》、李宇的《民法总则要义》、朱庆育主编的《合同法评注选》以及《法学家》《中德私法研究》等刊物上刊发的相关评注文章以及其他重要学术文献。对小组的讨论过程，建议形成讨论记录（纪要），记录口头讨论进程和问题总结。借此所训练的能力，为日常所需。自主学习和小组讨论学习，也是应对未来法律职业生涯的日常演练。就具体效用而言，经此系统训练的同学，既可轻松应对法考（主观题难度低于鉴定式案例研习），又能在深造之路上获得明显的优势。

借助鉴定式案例研习，可磨砺提升心智。在解决具体案例问题的过程中，需要综合运用法条，这就涉及文义的探寻，对体系的更深入的理解，对规范生成历史、目的的理解，对整个法律制度的理解，乃至对于社会的历史和社会学视角的横向观察。其实，对个案的分析解答，就是不断地建立起个人对法律、共同体、历史与当下的不断往复沟通的紧密联系的过程，调适规范与事实契合的过程，也是设身处地感受、参与、塑造观念与生活的过程。妥当的解答，除了要求对法律学科进行系统的学习思考，对法律的社会、历史时空的维度进行更深更广的认知，也要求环顾四周的世界，培养健全的判断力，展望、预测未来的能力，长远思考的能力。

小组讨论中可辨析多样的观念，启迪思考。借此，将个人的成长史和习惯纳入共同经验中予以打量、检验和对话，形成新的话语及同情式理解的经验。这是法学的深入学习之旅，人格的塑造之旅；这是由具体案例而展开的对话，是互动中激荡的思想、疑惑、追问，与跨越时空的不同的智慧心灵的相遇。

鉴定式案例研习是一个基础，由此而仕，由肩负责任的成长中的独立个体赋予规范以具体的生活意义，赋予自身以意义，面向未来负其担当。真正的完全法律人，当由此而生！

季红明

2020 年春于南京

# 前 言

本书旨在为那些必须完成商法学习任务的人提供帮助。但书中的案例并不仅限于《德国商法典》的范围，有很大一部分内容与《德国民法典》中的高频考点密切相关。案例分为不同难度，因此不仅适合初学者，也适合进阶者及备考者。通过解题大纲，能清晰地认知民法和商法之间的紧密关联，在解答案例时可以此为基础构建框架。

本书第 3 版根据立法、判例和文献中最新的内容做了相应调整。

对于书稿编辑工作，在此要特别感谢 Anke Schumacher、Mario Hein、Tim Nordemann 和 Dr. Francesco Romano。

托比亚斯·勒特
于波茨坦，2016 年 8 月

# 目 录

**案例 1　俄罗斯鱼子酱** ································· 001
合同缔结——商人资格——错误交付之瑕疵担保——检查和通知瑕疵之不真正义务——瑕疵通知到达之要求——视为认可

**案例 2　采葡萄** ····································· 015
商事登记的消极对抗——第三人的选择权——基于事实和法律状态的诉请与基于《德国商法典》的第 15 条第 1 款的诉请之结合

**案例 3　域名和邮件地址的争执** ······················· 024
姓名权——否定姓名——冒用姓名——不作为请求权——域名登记及《德国民法典》第 823 条第 1 款中的其他权利——域名登记和归属权能

**案例 4　律师间的争执** ······························· 033
企业并购——竞业限制——无效合同下恢复到未缔约时的状态——原物返还——补偿价款——双方请求权之差额

**案例 5　迪斯科舞厅惊喜开业** ········· 048
商人资格——商号继任下对原债务的责任——让与人与取得人存在法律行为之必要性——双重租赁

**案例 6　昂贵的友谊** ········· 060
加入某一独资商人的生意后对原债务的责任——独资商人、公司和新加入成员的责任

**案例 7　惊喜的升职** ········· 066
商人资格和自由职业——加入某一独资商人的生意后对原债务的责任——独资商人、公司和新加入成员的责任——民事合伙的责任构成

**案例 8　湖景地块** ········· 093
商事代理——经理权——代理权之滥用

**案例 9　沉默并非总是金** ········· 105
缔约——法律交往中视为意思表示的沉默——对商业确认函的缄默——责任排除

**案例 10　手机入网签约业务** ········· 120
中间商——代理商——区域代理人——缔约——佣金——补偿请求权

**案例 11　强者的权利** ········· 138
中间商——授权经销商——一般交易条款的内

容审查——基本义务

案例 12　困境中的有限责任公司 ················· 153
　　商人资格——保证的形式自由——商行为——
　　保证撤销

案例 13　变来变去的债权 ························· 163
　　限制债权让与——双方商行为——抵销

案例 14　网球比赛的后果 ························· 178
　　往来结算约定——抽象和要因余额债权——利
　　率——多个债权结算——时效

案例 15　摩托迷 ································· 191
　　商人定义——物之瑕疵担保——种类物再交付
　　——检查和提出异议的义务——直运交易——
　　欺诈性隐瞒

案例 16　阻碍重重的古董交易 ····················· 209
　　中间商——行纪——行纪人——委托人——利
　　益确保——间接代理——债权让与——第三人
　　损害清算

案例 17　带有椰子油的苹果汁 ····················· 226
　　货运交易——承运人责任——合同责任——非
　　合同责任——严重过错——后续损害——时效

案例 18　不应轻易信赖他人 ················· 240
　　　　善意取得——对处分权的善意信赖——对代理权的善意信赖——善意之标准

案例 19　躲在商人底下 ····················· 252
　　　　因对商业确认函沉默缔结合同——表见代理权——容忍代理权——未被授权的代理人——用网络拍卖行的第三方账户提交法律行为表示

参考文献 ································· 265
缩略语索引 ······························· 267
关键词索引 ······························· 273
译后记 ··································· 287

## 案例 1　俄罗斯鱼子酱

### 一、案情

　　Hans Kleiber（K）以在某公司供职为主业，以在家经营"美食分享"邮购业务为副业，用来补贴家用。过去的几年中，该副业每年都能保持 5000 欧元的销售额，但 K 并未进行商事登记，也未开设企业银行账户。K 在浏览一家已商业注册登记的著名大型企业"国际美食无限责任公司"（V）的网页时，发现该网站正促销供应 1a 等级的加拿大三文鱼。因 K 正筹备跨年酒会，欲邀请其顾客和商业伙伴，三文鱼恰好能派上用场，便立马下了 10 千克的单。但是，由于 V 仅向商人供应 K 所订购的货物，因此 K 在电脑上填写 V 的订货单时，在"公司"一栏中便填入了"汉斯·科莱博美食分享邮购（注册商人）"，在"企业账户"一栏填入了其在 C 银行的私人账号。同日，V 通过自动发送邮件的方式确认已收到订货单。此外，V 还向 K 寄送了一封邮件："亲爱的顾客，您的订单现已以顾客编号 007 交由配送部门处理。"之后 V 从 K 的账户上预扣了购买价款。K 在规定收货期间打开包裹确认货品时，发现收到的并非加拿大三文鱼，而是俄罗斯鱼子酱。这归咎于负责处理 V 公司业务事宜的 Gunstav Gillbert（G）的疏忽。G 在操作订单时，误将另一位客户下单的物品从货架上取出并寄给了 K。K 在收到货物的同一日给 V 邮寄了一封信,首先告知了以上情况,并要求重新寄出下单的加拿大三文鱼。该信因未知原因并未递送至 V,V 因此也未作出任何回应。K 在三周后又向 V 重新寄出一封同样内容的信。V 答复称,他并不(不再)负有任何义务以满足 K 的要求。

K 可否向 V 要求交付订购的 10 千克加拿大三文鱼?V 可否同时要求返还俄罗斯鱼子酱?

## 二、结构

**(一) K 请求 V 交付 10 千克加拿大三文鱼,与此同时返还收到的俄罗斯鱼子酱** ························································· 1[1]

1. 《德国民法典》第 433 条第 1 款第 1 句
   (1) 请求权的产生 ··············································· 1
   ① V 为《德国民法典》第 433 条第 1 款第 1 句规定的请求权之债务人(《德国商法典》第 124 条第 1 款) ······················· 1
   ② 缔结合同 ················································ 2
      A. 本案中,在网站上登出供应信息属《德国民法典》第 145 条之要约邀请 ················ 3
      B. K 的订购为《德国民法典》第 145 条之要约 ·········································· 4
      C. V 作出《德国民法典》第 146 条及以下之承诺 ··········································· 5

---

[1] 此页码为本案例"解题"部分的页边码,下同。——译者注

（2）原履行请求权的消灭 ·················· 6
2.《德国民法典》第439条第1款第2项、第437条
  第1项、第434条第3款第1项 ············ 8
  （1）有效的买卖合同 ····················· 8
  （2）《德国民法典》第434条第3款第1项之买卖标
     的物存有缺陷 ······················· 9
  （3）《德国民法典》第446条及以下所要求的在风险
     转移时即存有缺陷 ··················· 10
  （4）无《德国民法典》第442条第1款之排除权利
     情形 ······························ 11
  （5）小结 ······························ 12
  （6）不因《德国商法典》第377条第2款失去因瑕疵
     所生之权利 ························ 13
    ①前提及法律后果 ··················· 13
    ②双方商事买卖 ····················· 16
      A. 买卖 ························· 17
      B. 于V之商事行为 ················ 18
      C. 于K之商事行为 ················ 19
        a. K的商人特性 ················ 11
        b. 该交易属于K的经营营业 ········ 12
        c. 小结 ······················· 12
    ③买卖标的物之瑕疵 ················· 23
    ④未就瑕疵不迟延地通知 ············· 24
    ⑤出卖人不存在就该瑕疵恶意不告知的行为 ······ 25
    ⑥瑕疵异议并非无理（《德国民法典》
     第242条） ························ 26

⑦ 小结 ························································ 27

(二)结论 ························································ 28

## 三、解题

### (一) K 请求 V 交付 10 千克加拿大三文鱼,与此同时返还收到的俄罗斯鱼子酱

1.《德国民法典》第 433 条第 1 款第 1 句

(1)请求权的产生

① V 为《德国民法典》第 433 条第 1 款第 1 句规定的请求权之债务人(《德国商法典》第 124 条第 1 款)

1　V 可依据《德国商法典》第 124 条第 1 款作为《德国民法典》第 433 条第 1 款第 1 句之请求权的债务人。虽然仅凭无限责任公司的后缀并不一定意味着其是一家无限责任公司,案情中也并无关于经营业务范围之线索表示其经营一项商业营业活动(《德国商法典》第 105 条第 1 款第 1 句)。但 V 已于商事登记簿登记,仅以此前提便可将其定性为无限责任公司(《德国商法典》第 105 条第 2 款第 1 句)。有代表权的股东可以代表公司从事活动(《德国商法典》第 125 条第 1 款)。因此 V 可作为商事主体取得权利并承担义务(《德国商法典》第 124 条第 1 款)。在本案中,V 可作为买卖合同一方当事人,亦可作为基于《德国民法典》第 433 条第 1 款第 1 句所生请求权之债务人。

② 缔结合同

2　买卖合同的缔结以双方之间就买卖物达成一致的意思表示,

即存在要约（《德国民法典》第 145 条）和承诺（《德国民法典》第 146 条及以下）为前提。

A. 本案中，在网站上登出供应信息属《德国民法典》第 145 条之要约邀请

V 在网站上登出供应加拿大三文鱼的信息可被视为存在《德国民法典》第 145 条欲订立买卖合同之要约邀请。登在某一网站上的供应信息、展示橱窗的陈列、货品手册等，因欠缺受法律约束之意愿通常都不被视为《德国民法典》第 145 条之要约，而是仅将其定性为要约邀请[1]（invitatio ad offerendum）（针对不定数量的人发出要约邀请，由他们作出《德国民法典》第 145 条之要约）。此处欠缺的（受法律约束之意愿）是指，作出人针对一定数量的人，只要其中某一人单向作出"好"的表示，合同即可成立，作出人从而负有履行义务。若作出人因无交付之可能而对该人不能履行义务，作出人将因违反义务而承担《德国民法典》第 280 条及以下条款之损害赔偿责任。另外，允许作出不与某特定人（如无支付能力的人）订立合同的保留条款。客观的一般受要约人（《德国民法典》第 133、157 条）通常不应将在网站上登出的供应信息理解为《德国民法典》第 145 条之要约。

B. K 的订购为《德国民法典》第 145 条之要约

K 的订购包含了成立买卖合同的所有必备要件（标的物、价格），同时该订货单包含了受法律约束之意思，并送达至 V 处

---

[1] MünchKommBGB/Busche § 145 Rn. 11；Palandt/Ellenberger § 145 Rn. 2. 若提供人已经通过该网络供应广告清楚明确地作出愿受法律约束之表示，则应认定该发生在网络上的供应广告为要约；参见 BGHZ 149, 129, 134（für Internetauktion und Internettext nach den AGB der Auktionsplattform）。

(《德国民法典》第 130 条第 1 款第 1 句)。[1]因此成立《德国民法典》第 145 条所指之要约,该要约亦可通过点击鼠标发送。

C. V 作出《德国民法典》第 146 条及以下之承诺

5　　V 对 K 的订购作出到达确认并不视为承诺的作出,此时仍未有同意之表示,而是仅为 V 负有确认收到订单的法定义务(《德国民法典》第 312i 条第 1 款第 1 句第 3 项)。对 K 作出的要约表示承诺即为接受 K 的订购。V 的表示虽然是通过一封自动发出的邮件作出,但并不影响其效力。因为对于一般客观的意思表示受领人而言(《德国民法典》第 133、157 条),此邮件可被推定为对 K 的要约表示承诺。[2]邮件中 V 将 K 称作顾客更能体现这一点。同时,V 将订单交由配送部门处理也体现了其对要约作出了承诺。实施交付的行为更是可决定性地推定,V(在有效期间内)对 K 的要约作出承诺(《德国民法典》第 147 条第 2 款)。

(2) 原履行请求权的消灭

6　　因 V 和 K 之间成立合同所产生之 K 的履行请求权,可因 V 应交付 10 千克加拿大三文鱼但 K 事实上收到俄罗斯鱼子酱而消灭。虽然此案涉及错误交付,致使原履行请求权仍存在,但《德国民法典》第 434 条第 3 款第 1 项特别指出,在错误交付的案件中,并非涉及未履行,而应适用物的瑕疵之相关规定。就该条款的内容和范围可在立法解释中找到更进一步的线索[3]:

―――――――

[1] 只要表示到达受领人所能及之领域,于通常情况下,受领人能力所及可获取,表示即为到达(Vgl. BGHZ 137, 205, 208);网络在线作出的表示也同样适用(Vgl. Palandt/Ellenberger § 130 BGB Rn. 7 a.)。当供应者就订购在一般情况下(通常指在日常营业时间里)可作出回应,该表示送至供货者(Vgl. auch § 312i Abs. 1 Satz 2)。

[2] 另参见 BGH NJW 2005, 976, 977。

[3] BT-Drs. 14/6040 zu § 434 BGB-E S. 211 und 216.

提示：立法资料中将现行法下区分物之瑕疵和错误交付二者所存在的难点联系起来，此二者于时效产生的法律后果上具有重要区分意义。若将错误交付在表达上与物的瑕疵等同，则对它也适用相应的时效期间限制。由此产生的法律后果似乎合理。在错误交付的案件中，继续履行请求权（《德国民法典》第439条第1款）通常仅体现为交付另一个无瑕疵的物之形式。在种类物买卖中，除合理化条款（《德国民法典》第439条第3款）之外，该继续履行请求权并没有真正与未考虑相应标的物存有瑕疵的原履行请求权作出区分。在特定物买卖中，错误交付了他物时，除交付原购买之物的履行请求权外，其他任何继续履行请求权均不作考虑。[1] 但在品质瑕疵（Qualifikations-Aliud）中，通过交付另一符合约定质量的物继续履行反而是可预想且有意义的。将错误交付和物之瑕疵等同的前提是，出卖人将给付作为其义务之履行，且于买受人而言，给付和义务之间的联系是可辨认的。该交付不得基于其他债务关系。

由此可知，《德国民法典》第434条第3款第1项之立法目的，事实上在于，避免瑕疵给付与种类物之债中因数量庞大的亚分类而导致的错误交付之间的区分困难。《德国民法典》第434条第3款第1项适用于种类物买卖并无疑问。本案中，购买10千克1a等级的加拿大三文鱼属于种类物之债（《德国民法典》第243条第1款），当存在《德国民法典》第434条第3款第1项之瑕疵给付时，K的原履行请求权不能再主张，而仅能就物之瑕疵主张请求权。根据立法理由，该条文的适用前提为，

---

[1] 另参见BGHZ 168, 64 Rn. 18，在特定物买卖中，继续履行请求权不因交付一件无瑕疵的他物而被自始排除。

出卖人必须出于履行其合同义务之目的而为给付，买受人可明确辨认给付和履行义务之间存在联系。在考虑交易习惯以及总体情况，尤其顾及经济和社会状况时，应当考量的是一般的理性买受人（《德国民法典》第133、157条）是否会将出卖人的该给付理解为履行其自身所负义务。[1] 若出卖人的给付符合履行合同之目的，则先置前提已具备。最后，因规范衡量标准下的风险分配问题，亦可能产生限定困难。在任何情况下都与认可资格的标准无关。于K而言，合同之目的首先在于，取得用于跨年聚餐的高质量食材。V的给付，即交付俄罗斯鱼子酱，同样可以实现该合同目的。同时，一个理性的给付受领人应当因此认定，V欲通过交付来履行其对K的合同义务。由此，基于《德国民法典》第439条第1款第1句第2项、第437条第1项和第434条第3款第1项，K要求交付无瑕疵之物的继续履行请求权是于法有据的。

2.《德国民法典》第439条第1款第2项、第437条第1项、第434条第3款第1项

（1）有效的买卖合同

V和K之间成立的买卖合同有效。

（2）《德国民法典》第434条第3款第1项之买卖标的物存有缺陷

满足《德国民法典》第434条第3款第1项之适用要件（参见边码6及以下）。

（3）《德国民法典》第446条及以下所要求的在风险转移时即存有缺陷

---

[1] 对意思表示的解释参见如 BGHZ 103, 275, 280。

《德国民法典》第434条第3款第1项之构成要件在风险转移时（根据《德国民法典》第446条第1句）已具备。

(4) 无《德国民法典》第442条第1款之排除权利情形

K因瑕疵所生之权利不因《德国民法典》第442条第1款而排除。

(5) 小结

K享有《德国民法典》第439条第1款第2项所指的另行交付之继续履行请求权，有权要求V交付10千克1a等级的加拿大三文鱼。但针对K的继续履行请求权，V可能会基于《德国商法典》第377条第2款之视为认可予以抗辩。

(6) 不因《德国商法典》第377条第2款失去因瑕疵所生之权利

①前提及法律后果

根据《德国商法典》第377条第1、2、5款，商品视为被认可（genehmigt），即第一，买卖对双方当事人而言都属于商事交易；第二，在检查买卖标的物时瑕疵已存在，但买受人并未不迟延地告知出卖人；第三，出卖人并非恶意不告知瑕疵；第四，该抗辩的提出依据诚实信用原则并非无理。[1]

如若具备以上所有前提，依据《德国商法典》第377条第2款的视为认可，买受人的瑕疵请求权将被排除。即使买受人疏于作出《德国商法典》第377条第1款之通知，该商品也已被（视为）认可。认可意味着接受即使存有瑕疵的商品。《德国商法典》第377条第2款规定将该商品视为符合合同约定。[2] 出

---

[1]《德国商法典》第377条的条文目的、体系化构成要件以及法律后果参见Lettl § 12 Rn. 49-89 的案例解析。
[2] K. Schmidt § 29 III 7a.

卖人并未或未及时被通知商品存在瑕疵，应认定商品已为无瑕疵交付。亦即，买受人则不可主张因瑕疵所生的请求权或其他权利，但仍负有全额支付买卖价款的义务。狭义上的买受人瑕疵担保权利（Gewährleistungsrechte）（指继续履行；退回；减价；与给付并存的损害赔偿；与瑕疵有关的，如因瑕疵停止生产、替代履行之损害赔偿，如替代购买所增加的费用；赔偿费用）都排除在外。瑕疵损害与瑕疵结果损害之间的区别并不考虑。[1]《德国民法典》第 437 条所提及的所有法律救济都因《德国商法典》第 377 条第 2 款的规定而产生不同结果。

15   买受人因此受有权利丧失。《德国商法典》第 377 条的规定也致使瑕疵担保权利的期间的缩短，特别是《德国民法典》第 438 条之期间。

  ②双方商事买卖

16   当存在《德国商法典》第 377 条第 1 款之买卖于双方而言都为商事行为，则为双方商事买卖。商事行为是商人经营营业的所有交易行为（《德国商法典》第 343 条）。

  A. 买卖

17   V 和 K 之间成立《德国民法典》第 433 条之买卖合同。因此《德国商法典》第 377 条第 1 款所指的买卖也同时存在。

  B. 于 V 之商事行为

18   V 与 K 的买卖合同对 V 而言属于《德国商法典》第 343 条所指之商事行为，因为适用于商人的法律条款同样也适用于无限责任公司（《德国商法典》第 105 条第 2 款第 1 句、第 6 条第 1 款），且 V 在与 K 订立合同时具备完全行为能力。

---

[1] BGHZ 66, 208, 213; 107, 331, 337; 132, 175, 178 f.；Canaris § 29 Rn. 75.

C. 于 K 之商事行为

a. K 的商人特性

K 必须为商人。由于 K 并未在商事登记簿上登记，因此其不具有《德国商法典》第 2 条规定的商人特质，则应检验其是否满足《德国商法典》第 1 条之构成要件。根据《德国商法典》第 1 条第 1 款，经营商事营业的人都为《德国商法典》意义下的商人。商事营业是指一切经营营业，但企业依种类或范围不要求以商人方式进行经营的，不在此限（《德国商法典》第 1 条第 2 款）。经营营业是指从事一项独立的、向外的且有计划的事业[1]，不取决于是否有获取利润的意图。[2] K 从事的是一项小型美食分享邮寄销售的营业事业。当 K 的营业行为不要求必须以商人方式进行经营时，则不属于《德国商法典》第 1 条第 2 款之商事经营，至于 K 是否事实上以商人的方式进行经营并不重要。K 的营业事业在没有办公场所和员工的情况下仍可经营，仅须享有在当地一定范围内固定的顾客群体。K 的营业事业也无须更大的信贷额度和多种多样的供货，且年营业额仅为 5000 欧元。因此，K 的商事营业并不要求必须以商人方式进行，K 并非《德国商法典》第 1 条之当然商人。K 仅为基于权利外观的商人。[3]

19

作为基于权利外观的商人要求外观事实之存在、权利外观的可归责性、外观事实和第三人法律行为作出之间具有因果关系（原因上的信赖确认）以及第三人的应保护性。K 在订购单中填入 "Hans Kleiber 美食分享邮购（注册商人）" 显然使得 V

20

---

[1] Koller/Kindler/Roth/Morck/Roth § 1 HGB Rn. 4 und 10.
[2] Koller/Kindler/Roth/Morck/Roth § 1 HGB Rn. 10.
[3] Vgl. dazu Lettl, § 2 Rn. 66 ff.

足以信赖 K 为商人（就该"注册商人"的后缀参见《德国商法典》第 19 条第 1 款第 1 句第 1 项）。此外，允许 V 认为，也应认为，K 为商人。K 具有商人的权利外观。该权利外观性产生也可归责于 K，因为 K 自身设置了权利外观。K 所引发的权利外观，使 V 产生了以下合理期待：其与 K 就商品交付所达成的合同，是与一位已完成商事登记的商人之间的交易（属于有理由的信赖确认）。V 不知实情，也非因重大过失而不知。因此，对 V 应予保护。K 应被作为依权利外观的商人（表见商人）。

  b. 该交易属于 K 的经营营业

21  K 的跨年聚餐是他作为表见商人的活动，亦属 K 的经营营业。原因在于，K 邀请顾客和商业伙伴旨在维护和推进商业关系。此外，因 K 具有商人之外观，该活动理应属于其营业活动。《德国商法典》第 344 条之推定也为该行为属于 K 的经营营业提供了依据。

  c. 小结

22  与 V 缔结的买卖合同对 K 而言是一项商事行为。

  ③买卖标的物之瑕疵

23  V 所交付的物根据《德国民法典》第 434 条第 3 款第 1 项属于瑕疵之物。本案涉及物之瑕疵，应受《德国商法典》第 377 条调整。《德国商法典》第 377 条是否调整权利瑕疵[1]仍存有争议，但本案并不涉及该问题。

  ④未就瑕疵不迟延地通知

24  K 必须毫不迟延地就商品上可识别的瑕疵通知 V，这意味着不存在有过错的迟延（《德国民法典》第 121 条第 1 款第 1 句）。

---

[1] Vgl. dazu Lettl § 12 Rn. 71.

K在移交货物的同一天,亦即不迟延地,就物存有瑕疵向V寄送了一封信。K的权利并不因投送过程中可能发生的延迟而受损(《德国商法典》第377条第4款)。本案中,由于K的信最终并未送至V,应当讨论如下问题,亦即应由谁来承担该迟延通知的损失风险以及《德国商法典》第377条第4款是否仍可适用。买受人只要及时发出了通知即获得权利。选择使用"通知"这一概念恰好表明瑕疵异议需要受领且必须被送达出卖人。这也符合《德国商法典》第377条的立法意义和目的。《德国商法典》第377条首先保护出卖人的利益。因为出卖人在收到买受人就买卖之物存有瑕疵的通知时,仍有可能对该物进行检查,如属必要,仍可及时消除瑕疵,避免即将发生的损失,从而防止因此产生的索赔诉求。[1] 出卖人若能及时地弄清法律行为是否如约有序地进行,便可免遭处置和证明方面的不确定性。[2] 由此,出卖人也免于之后产生的索赔义务。[3] 考虑到商事交易的特殊要求,通过如此方式,商品存有瑕疵的风险在出卖人和买受人之间亦可相应地得到合理分配。[4] 该目的对于更好地解释《德国商法典》第377条之规定有着重大意义。《德国商法典》第377条第2款出于保护出卖人的目的,使买受人承担瑕疵通知遗失的风险。[5] 尽管K未迟延地作出了通知,但第一封信被遗失,应由K负担如同通知并未不迟延地作出之法效果。K就物之瑕疵发出的第二封信在三周后才送达,因此不再属于不

---

[1] BGH WM 1985, 834; BGHZ 101, 49, 53; 101, 337, 345; 110, 130, 138.
[2] Baumbach/Hopt/Hopt § 377 HGB Rn. 1; Canaris § 29 Rn. 42; K. Schmidt § 29 III 1a.
[3] BGH NJW 1975, 2011; BB 1978, 1489; BGHZ 66, 208, 213.
[4] BGH WM 1998, 936, 938; NJW 2000, 1415, 1416.
[5] BGHZ 101, 49, 54f.

迟延地作出。

⑤出卖人不存在就该瑕疵恶意不告知的行为

25  根据本案的案情不能推知，V 存在恶意不告知该瑕疵的情形（《德国商法典》第 377 条第 5 款）。

26  ⑥瑕疵异议并非无理（《德国民法典》第 242 条）

就商品存有瑕疵之异议在本案中并非无意义（《德国民法典》第 242 条）。

⑦小结

27  K 因《德国商法典》第 377 条第 2 款之视为认可而失去了依据《德国民法典》第 439 条第 1 款第 2 项要求 V 继续履行的权利。

**（二）结论**

28  K 不能向 V 主张交付 10 千克 1a 等级加拿大三文鱼的请求权，同时也无须返还已确认收货的俄罗斯鱼子酱。[1]

---

[1] K 也不享有《德国民法典》第 312g 条第 1 款、第 312c 条第 1 款之退货请求权，因为他不属于《德国民法典》第 13 条所指的消费者。

# 案例2　采葡萄

## 一、案情

A、B＆C无限责任公司的股东之一C退出了公司,但并未对此进行商事登记及公示。债权人G就C退出公司后股东A和B仍以A、B＆C无限责任公司名字经营公司所产生的买卖价款债务,向C主张清偿。

如何才能成功主张?

案情变动:仅允许A、B和C三人共同对外代表该公司(共同代理),该要求已记入商事登记簿。

## 二、结构

**(一) 初始案情:G依据《德国商法典》第128条第1句结合《德国民法典》第433条第2款、《德国商法典》第124条第1款,要求C履行该企业之债务** ························ 1

 1. 根据《德国民法典》第433条第2款、《德国商法典》第124条第1款,公司负有债务 ················ 2
  (1) 以他人名义行为 ························ 3

（2）A 和 B 的代表权 …………………………………… 4
  2. 根据《德国商法典》第 128 条第 1 句，C 对该公司
　　债务之责任 …………………………………………… 5
　　（1）有效的事实和法律状态 ……………………………… 5
　　（2）《德国商法典》第 15 条第 1 款之商事登记簿
　　　　的消极对抗 ……………………………………………… 6
　　　　①应登记的事实 ……………………………………… 8
　　　　②未予以登记和公告 ………………………………… 9
　　　　③第三人不知该事实 ………………………………… 10
　　　　④第三人的行为可能会因登记而作出调整 …… 11
　　　　⑤小结 ……………………………………………… 13
  3. 结论………………………………………………………… 14

**（二）案情变动：基于《德国商法典》第 128 条第 1 句结合《德国民法典》第 433 条第 2 款、《德国商法典》第 124 条第 1 款，G 向 C 主张清偿公司债务的请求权**…………… 15

  1. 依据《德国民法典》第 433 条第 2 款、《德国商法典》
　　第 124 条第 1 款，公司所负之债…………………… 15
　　（1）以他人名义行为 …………………………………… 16
　　（2）A 和 B 的代表权 …………………………………… 17
  2. 根据《德国商法典》第 128 条第 1 句，C 对公司的
　　债务承担责任………………………………………… 18
  3. 小结…………………………………………………… 19
  4. 真正的事实和法律状态与登记内容的混合………… 20
　　（1）观点 1：不可能混合 ……………………………… 20
　　（2）观点 2：有可能混合（葡萄理论）……………… 21

5. 结论……………………………………………… 22

## 三、解题

**(一) 初始案情：G 依据《德国商法典》第 128 条第 1 句结合《德国民法典》第 433 条第 2 款、《德国商法典》第 124 条第 1 款，要求 C 履行该企业之债务**

若本案涉及股东是否对公司债务负有责任，应当检验公司债务是否存在以及股东应否对此负责。 1

**1. 根据《德国民法典》第 433 条第 2 款、《德国商法典》第 124 条第 1 款，公司负有债务**

无限责任公司依据《德国民法典》第 433 条第 2 款、《德国商法典》第 124 条第 1 款产生买卖价款之债的前提在于，公司与 G 订立的合同有效成立（《德国民法典》第 164 条第 1 款）。 2

（1）以他人名义行为 3
A 和 B 以 A、B＆C 无限责任公司的名义与 G 进行交易（参见案情）。

（2）A 和 B 的代表权
在 C 退出公司后，A 和 B 仍代表 A、B＆C 无限责任公司（《德国商法典》第 125 条第 1 款）。因此 G 和该无限公司之间有效地成立合同。 4

**2. 根据《德国商法典》第 128 条第 1 句，C 对该公司债务之责任**

（1）有效的事实和法律状态

5 　　因合同订立之时 C 已退出 A、B＆C 无限责任公司，因此 C 不再享有《德国商法典》第 128 条第 1 句所要求的股东地位。若以有效的事实和法律状态为基础，G 并不能向 C 主张权利。

　　（2）《德国商法典》第 15 条第 1 款之商事登记簿的消极对抗

6 　　如果 C 在退出公司后因未将其退出的事实登记于商事登记簿而仍被当作该公司股东，则应适用《德国商法典》第 15 条第 1 款。应检验的是，是否满足《德国商法典》第 15 条第 1 款之构成要件。

　　提示：如果一项应当被登入商事登记簿的事实并未被登记，则《德国商法典》第 15 条第 1 款消极对抗之规定十分重要。须着重注意，公示性在解析案例中以何种地位发挥作用。

7 　　《德国商法典》第 15 条第 1 款的适用前提是：应登记的事实，未进行登记和公告；第三人不知该事实以及（作为未表述的要件）第三人的行为可能会因登记事项而作出调整。

　　①应登记的事实

8 　　《德国商法典》第 15 条第 1 款所指的应登入商事登记簿的事实是指有登记义务的事实（以及《德国商法典》第 10 条规定的应公告的事实）。法律要求必须登记则为有登记义务的事实。股东的退出根据《德国商法典》第 143 条第 2 款结合《德国商法典》第 143 条第 1 款第 1 句，属于《德国商法典》第 15 条第 1 款所指的应登记的事实。

　　②未予以登记和公告

9 　　只要未进行登记和公告，则适用《德国商法典》第 15 条第 1 款的消极对抗。C 退出 A、B＆C 无限责任公司的事实既未登记也未公告。

③第三人不知该事实

该事实对第三人而言不可知。第三人必须为善意不知。第三人只有在已知的情况下才肯定受有不利益，但不包括因重大过失而不知（与《德国民法典》第932条第2款不同）。第三人因欠缺证据存有疑问时不负有调查的义务。第三人的善意属于可推翻的推定（除非），相对人可通过恶意的证据来推翻有利于第三人的有效推定。在本案中，不存在C有恶意的线索。

④第三人的行为可能会因登记而作出调整

并不要求第三人的行为一定是因信赖未登记或未公告的事实。未登记或未公告的事实与善意第三人行为之间存在因果联系也非必备要件。当第三人无法查阅商事登记簿或公告，则应对第三人予以保护。[1]不允许反证。[2]因为《德国商法典》第15条第1款保护抽象的信赖。《德国商法典》第15条第1款仅适用于第三人的行为可能会因登记而作出调整的情形。该条文的适用仅限于，知晓应予以登记事实对第三人的行为以及因行为产生的权利或义务具有重大影响的案件类型。第三人作出交易行为时至少应当是出于可以信赖未正确登记所表现出的状态。[3]因为《德国商法典》第15条第1款旨在保护交易安全，若并不存在所谓信赖保护，该条文则不应适用。因此，权利发生事件必须与法律行为交往有关。然而，即使是在法律行为交往中也可能欠缺第三人因登记而调整其行为的可能。[4]

---

[1] BGHZ 65, 309, 311.
[2] Baumbach/Hopt/Hopt § 15 Rn. 9（尚存争议）。
[3] BGH WM 2004, 287, 288.
[4] Vgl. dazu das Fallbeispiel bei Lettl § 3 Rn. 36.

12　　G 论证，因《德国民法典》第 433 条之买卖合同，亦即通过法律行为，A、B＆C 无限责任公司产生了一项债务。知晓 C 不再享有股东地位这一事实对 G 的行为作出非常重要，因为作为股东的 C 在退出公司后即不再对公司的债务承担责任，公司的责任财产（Haftungsmasse）也随之减少。

⑤小结

13　　虽然 C 在债务成立时已经退出了 A、B＆C 无限责任公司，但依据《德国商法典》第 15 条第 1 款，C 于 G 而言仍为公司股东。

3. 结论

14　　G 可基于《德国商法典》第 128 条第 1 句结合《德国民法典》第 433 条第 2 款、《德国商法典》第 124 条第 1 款，向 C 主张履行公司债务的请求权。

**（二）案情变动：基于《德国商法典》第 128 条第 1 句结合《德国民法典》第 433 条第 2 款、《德国商法典》第 124 条第 1 款，G 向 C 主张清偿公司债务的请求权**

1. 依据《德国民法典》第 433 条第 2 款、《德国商法典》第 124 条第 1 款，公司所负之债

15　　A、B＆C 无限责任公司负有买卖价款之债务的前提是，公司与 G 订立的合同有效成立（《德国民法典》第 164 条第 1 款）。

（1）以他人名义行为

16　　A 和 B 以 A、B＆C 无限责任公司的名义与 G 发生交易行为（参见案情）。

（2）A 和 B 的代表权

根据商事登记簿记载，对外代表公司要求 C 必须共同参与，但 C 于公司与 G 订立合同时已经退出，无法再共同代表。A 和 B 无权单独代表该无限责任公司。如果以商事登记簿内容为依据，他们就会在没有代表权的情况下行事，尤其是 C 的退出未登记。此时 G 和 A、B＆C 无限责任公司之间也不成立合同。如考虑真正的事实和法律状态（C 的退出），则 A 和 B 能有效地代表该无限责任公司，G 和无限责任公司之间的合同成立。

2. 根据《德国商法典》第 128 条第 1 句，C 对公司的债务承担责任

C 不再享有《德国商法典》第 128 条第 1 句所要求的股东地位，因为 C 在合同订立之时已经退出了 A、B＆C 无限责任公司。在该事实和法律状态的基础上，G 不能向 C 主张请求权。如果以《德国商法典》第 15 条第 1 款为依据，则 C 在退出后也应被作为股东，因为该退出事实并未在商事登记簿登记。

3. 小结

当 G 以真实的事实和法律状态为依据时，因仅有 A 和 B 享有代表权，G 和该无限责任公司之间成立合同，债务由此产生。C 在公司债务产生之时已不再是股东。当 G 基于登记的内容提出主张，则根据《德国商法典》第 15 条第 1 款消极公示的规定，C 的退出事实未登记，故 C 仍应被视为股东。那么 G 和公司之间不成立合同，因为必须由 A、B 和 C 共同行使代表权的要求已登记，该要求致使 A 和 B 无权单独对外代表公司。问题在于，是否有可能混合地，即一方面以真实的事实和法律状态为

依据（C 已退出，A 和 B 有权代表），另一方面依据《德国商法典》第 15 条第 1 款（对退出的事实未登记，C 继续视为股东对待）主张债务（可由 G 行使选择权）。

4. 真正的事实和法律状态与登记内容的混合

（1）观点 1：不可能混合

20　　有观点[1]指出，登记的内容必须统一且完整地进行评估。某人如若以商事登记簿上的内容为依据，引证必须依照已登记的所有（不可拆分）的内容。否则任何一项相悖的行为都不能给予信赖保护之保障。例如，对于一位无限责任公司的债权人而言，就股东的退出援引《德国商法典》第 15 条第 1 款，那么在查阅商事登记簿内容的同时，其他如共同代表（《德国商法典》第 125 条第 2 款第 1 句）的内容是无法被忽视的（《德国商法典》第 106 条第 2 款第 4 项）。将第三人置于比具有权利外观性事实更优的位置是毫无理由的。因此 G 不能向 C 要求支付买卖价款。

（2）观点 2：有可能混合（葡萄理论）

21　　另一备受推崇的更优观点[2]赞同第三人有权在援引《德国商法典》第 15 条的基础上行使选择权（所谓葡萄理论亦即最有利原则——Meistbegünstigung）。论据是《德国商法典》第 15 条第 1 款的表述及其保护目的。因《德国商法典》的 15 条第 1 款仅在利于第三人以及不对第三人带来负担时发挥作用。该条文

---

〔1〕 Canari § 5 Rn. 26（《德国商法典》第 15 条之目的限缩）；K. Schmidt § 14 III 4b；Reinicke, JZ 1985, 272, 278；Schilken, AcP 187（1987），1, 10f.

〔2〕 BGHZ 345, 309, 310f.；Großkomm/Koch § 15 Rn. 69；MünchKommHGB/Krebs § 15 Rn. 54；Baumbach/Hopt/Hopt § 15 Rn. 6；Koller/Kindler/Roth/Morck/Roth § 15 Rn. 16；Lettel § 3 Rn. 43；J. Hager Jura 1992, 57, 63；Tröller, JA 2000, 27, 29.

的介入并不取决于，第三人是否可以知晓该登记内容。对于交易行为而言，法律给予了知晓登记的内容就足够作为信赖保护的基础的可能。因此，《德国商法典》第 15 条第 1 款保护的是抽象的信赖。假定第三人知晓该登记内容，也可能仅节选对自身有利的内容，相反对于代表关系的问题，却信赖其他人的告知或自身经验。认为商事登记的内容仅在全部引证的情况下才有价值的观点在法律上是没有理论基础的。因此，G 可以向 C 主张支付价款。

5. 结论

依据《德国商法典》第 128 条结合《德国民法典》第 433 条第 2 款、《德国商法典》第 124 条第 1 款，G 对 C 享有主张其清偿公司债务的请求权。

## 案例3　域名和邮件地址的争执

（根据 BGHZ 155, 273—maxem. de 和
BGHZ 192, 204—gewinn. de 改编）

## 一、案情

第一部分

Werner Maxem（A）是一名律师。B 拥有作为主页的"maxem. de"域名权，以及同名的邮箱地址。Maxem 这一化名是 B 用自己祖父的名字（Max）和父亲的名字（Erhardt）的首字母以及自己的名字（Matthias）组构的。他仅在其私人网页使用该名字，且已经用了很多年。该名字更像是作为化名，以用虚拟姓名掩饰本名。A 欲使用该域名"maxem. de"在网络上推广自身以及名下律师事务所，因此请求 B 放弃使用"maxem"作为网络主页名称和邮箱地址前缀。

A 是否有权？

第二部分

A 当下因某一原因不再热衷于网络。但2010年 A 已经就域名"rechtsanwalt. de"在 DENIC eG（顶级域名". de"的互联网域名中心登记处）注册登记。DENIC 的网络页面上运行着名为"WHOIS-搜寻"的服务，通过该搜寻可以获知网络域名的持有人。直至2013年6月2日，A 一直都是域名"rechtsanwalt. de"

的持有人。之后，因搜寻域名持有人信息的系统错乱，A 不再是该域名的持有人。在"WHOIS-搜寻"上，自 2013 年 9 月 6 日起 S 为该域名的持有人。A 认为，其与 DENIC 签订的注册合同从始至终都有效存在，因此他仍应为"rechtsanwalt.de"域名的持有人。

A 是否可向 S 提出主张，要求其同意在 DENIC 的 WHOIS 信息库中变更，将 A 重新登记为"rechtsanwalt.de"的持有人？这是否意味着，A 事实上有权要求 DENIC 将 A 实质上登记为"rechtsanwalt.de"的持有人，双方之间所缔结的登记合同仍存在。（在此不考虑关于商标、电信或远程媒体法律上的条文。）

## 二、结构

**(一) 第一部分：A 对 B 依据《德国民法典》第 12 条第 2 句结合《德国民法典》第 12 条第 1 句的不作为请求权** …… 1
 1. A 的姓名权 …… 2
 2. B 侵害 A 的姓名权 …… 3
  （1）B 否定姓名 …… 4
  （2）B 冒用姓名 …… 5
   ①未经授权使用相同姓名 …… 6
    A. 使用相同姓名 …… 6
    B. 未经授权 …… 7
   ②归属上的混淆 …… 8
   ③A 应受保护的利益被侵害 …… 9

3. 不作为请求权的范围……………………………………… 10

**(二) 第二部分：A 要求 S 同意将其登记为归属于 DENIC. eG 的 WHOIS 数据库的域名"rechtsanwalt. de"的持有者的请求权**…………………………………………………………… 11

  1. 类推《德国民法典》第 1004 条第 1 款第 1 句结合《德国民法典》第 823 条第 1 款 ……………………… 11
  2.《德国民法典》第 812 条第 1 款第 1 句第 2 项 ……… 14
    (1) 有所获利………………………………………… 15
    (2) 受有损失………………………………………… 16
    (3) 无法律上的原因………………………………… 17
    (4) 权利内容………………………………………… 18
  3. 结论………………………………………………………… 19

## 三、解题

**(一) 第一部分：A 对 B 依据《德国民法典》第 12 条第 2 句结合《德国民法典》第 12 条第 1 句的不作为请求权**

1  A 可能依据《德国民法典》第 12 条第 2 句结合《德国民法典》第 12 条第 1 句要求 B 放弃将"maxem"用于网络主页名称和邮箱地址前缀的请求权。前提在于：其一，A 对"maxem"这一名称拥有姓名权；其二，B 侵害了该姓名权；其三，存在重复的风险。

  1. A 的姓名权

2  《德国民法典》第 2 条保护公民依法享有的姓名权，也保护商号或商号的组成部分,只要它们存在商业交易受损之风险。A 拥有公民姓名"Maxem",根据《德国民法典》第 12 条 A 对该姓名享有姓名权。

2. B 侵害 A 的姓名权

侵害姓名权可因否定姓名或冒用姓名发生。 3

(1) B 否定姓名

否定姓名是非法的。否定姓名权的前提是,某人否定(干 4 涉)姓名权人使用自己姓名的权利。而无权使用该姓名的第三人将该姓名注册为网址并不是对姓名的否定。虽然因技术原因域名不能重复。但注册域名并不会产生否定依法享有的姓名权之后果。因此,B 将"Maxem"注册域名和用在邮件地址中并没有干涉 A 享有在互联网之外使用该名字的权利。

(2) B 冒用姓名

构成冒用姓名的前提在于:其一,第三人未经授权使用相 5 同的姓名;其二,因此造成归属上的混淆;其三,侵害了姓名权人应受保护之利益。[1]

① 未经授权使用相同姓名

A. 使用相同姓名

B 使用的"Maxem"同时也是 A 的姓,因此为相同的姓名。 6

B. 未经授权

B 使用"Maxem"这一名称必须是未经授权的。当 B 对该 7 名称无任何个人权利时,则 B 的使用是未经授权的。但 B 并未将"Maxem"作为公民姓名使用。只有当 B 在网络上长期使用

---

[1] BGHZ 155, 273, 276-maxem. de.

作为化名的"Maxem"能获取交易利益时，其才可能获得自己的姓名权。[1] 以笔名出版作品的作家经常遇到这种情况。当使用化名或笔名营利并使之有知名度时，该化名或笔名同样也应受到姓名权上的保护，但如果只是单纯地使用化名或笔名则不构成侵权。同时，姓名保护也在很大程度上受到限制。因为，每个无权使用者在选择名字（化名）时都可能主张是在使用自己的名字（化名），以至于关于同名者权利的一般原则不得不予以适用。[2] B 并未在交易中使用"Maxem"这一名字，因为他仅仅在登录网址中使用，因此该姓名更多的是起到了昵称的功能，而不属替代真名的化名。

②归属上的混淆

8　　当无权的第三人私下使用他人姓名进行交易，公众将该第三人视作姓名的真正持有者，则导致了归属混淆。[3] 无须（第三人）与姓名持有者产生混淆。[4] 当第三人将他人姓名作为网络地址的名称使用，就有被认作是姓名持有者所使用的可能。因为公众会认为这是一个独特的名称，而不仅仅单纯地将其理解为一个通用名词，用在网址中通常是运营商名字的一种表示。

③A 应受保护的利益被侵害

9　　无权使用者将姓名注册为互联网顶级域名".de"必须因归属混淆而侵害姓名持有者应受保护的利益。[5] 在本案中这种侵

---

〔1〕 BGHZ 155, 273, 277-maxem.de; MünchKommBGB/Säcker § 12 Rn. 125.
〔2〕 Vgl. BGHZ 149, 191, 198f. -shell. de; 155, 273, 275-maxem.de; zu diesen Grundsätzen auch das Fallbeispiel bei Lettl § 4 Rn. 103.
〔3〕 BGHZ 155, 273, 275-maxem.de.
〔4〕 BGHZ 155, 273, 275-maxem.de.
〔5〕 BGHZ 155, 273, 275-maxem.de.

害是存在的，因域名"maxem.de"仅可由特定人享有，而每个"Maxem"姓名的持有者都可能有兴趣使用自己的名字进入商业市场。当同名人抢先将该名字注册为域名时，对姓名权人的权利不予以保护。但当无权使用人使得姓名权人使用自身名字成为不可能时，则应对姓名权人的权利予以保护。

### 3. 不作为请求权的范围

不作为请求权所涉的范围仅为将"Maxem"作为顶级域名".de"下的网址所进行的使用。同时邮件地址 maxem@maxem.de 的使用也可能被禁止，因为该邮箱是网址派生出来的。但 B 无理由要求禁止名称"Maxem"以其他形式（如邮箱地址为 maxem@lach.de）被使用。

## （二）第二部分：A 要求 S 同意将其登记为归属于 DENIC.eG 的 WHOIS 数据库的域名"rechtsanwalt.de"的持有者的请求权

### 1. 类推《德国民法典》第 1004 条第 1 款第 1 句结合《德国民法典》第 823 条第 1 款

类推适用《德国民法典》第 1004 条第 1 款第 1 句结合《德国民法典》第 823 条第 1 款，A 可能享有要求 S 同意，将其登记为归属于 DENIC.cG 的 WHOIS 数据库的域名"rechtsanwalt.de"的持有者的请求权。此时必须类推适用《德国民法典》第 1004 条第 1 款第 1 句。

《德国民法典》第 1004 条第 1 款第 1 句仅涉及侵害所有权的情形，因此在本案中只能考虑类推适用该条款。仅在域名的登记构成《德国民法典》第 823 条第 1 款所指的"其他权利"

时，才具备类推适用所必需的前提，亦即达到可相比拟的利益状态。《德国民法典》第823条第1款下的"其他权利"为绝对权，如该条款中所提及的所有权，是针对一切第三人的权利。因此，应考查域名的登记是赋予了网址持有者对域名的所有权，还是其他类似于无形财产权所有人那种具有物权效果的其他绝对权。

13  经与登记单位缔结合同产生的仅仅是一项因合同产生的有利于域名所有人的相对使用权。但《德国民法典》第823条第1款所指的可与所有权比拟的其他绝对权，要求其效力及于一切不特定第三人。[1]但是，基于技术操作，于DENIC. eG登记域名仅导致排除其他人在网络上继续建立使用该域名的网站，因此仅属于事实上的排除性，并不存在一项绝对权。有权占有虽然是《德国民法典》第823条第1款所指的其他权利，但域名所有人的使用权与之不可相比拟，因为对一切不特定第三人生效的使用权并非因合同产生，而是法定（《德国民法典》第858条及以下条款）产生。[2]此外，域名不属于《德国民事诉讼法》第857条所规定的可抵押的权利，而仅是域名持有者因登记合同对记录人之债法上的权利。[3] A要求S同意将其登记为持有者的权利不可类推《德国民法典》第1004条第1款第1句结合《德国民法典》第823条第1款而获得。

### 2.《德国民法典》第812条第1款第1句第2项

14  根据《德国民法典》第812条第1款第1句第2项，A可能

---

[1] BGHZ 192, 204 Rn. 23-gewinn. de; Bornkamm, FS Schilling, 2007, S. 31, 39.
[2] BGHZ 192, 204 Rn. 25-gewinn. de.
[3] BGHZ 192, 204 Rn. 29-gewinn. de.

享有要求 S 同意在隶属于 DENIC. eG 的 WHOIS 数据库中将 A 登记为域名"rechtsanwalt. de"持有者的权利。前提在于：其一，S 有所获利；其二，A 受有损失；其三，无法律上的原因。

（1）有所获利

《德国民法典》第 812 条第 1 款第 1 句第 2 项所要求的 "有所获利"可为一切财产上可使用的利益，而该利益由法律规定分配给特定的人（利益之配属）。这一类利益在本案中是 S 在属于 DENIC. eG 的 WHOIS 数据库中将自己登记为域名所有者，而无需 S 对 DENIC. eG 实质地享有权利。[1] 因为登记，使 S 获得了管理该域名以及在因域名而起的权利侵害以及域名商业用途的情形中获得确认权利行使的相对人这一系列的好处。此外，登记还使得 S 在法律上以及事实上支配该域名成为可能。

15

（2）受有损失

A 必须因 S 在 WHOIS 数据库中登记而受有损失。前提是，S 侵犯了分配给 A 独自占有和使用该名字的法律地位（对仅分配给第三人的法律地位之权益配属的侵犯）。[2] 域名的持有者享有一项有归属功能的权利。[3] 本案中，因属于 DENIC. eG 的 WHOIS 数据库错误登记了域名的持有者，受有损失的前提已满足。在不当得利法上，受有一个姓名的归属功能并不导致与侵权法上侵权相当的责任，因为存在不同的前提和法律后果。

16

（3）无法律上的原因

在 A 和 S 之间并不存在足以阻却对 A 所主张的作为域名持

17

---

［1］ BGHZ 192, 204 Rn. 37-gewinn. de
［2］ BGHZ 117, 121-Forschungskosten.
［3］ BGHZ 192, 204 Rn. 41-gewinn. de; Bornkamm, FS Schilling, 2007, S. 31, 38f.

有人地位不法侵犯的成立的法律上的原因。

（4）权利内容

18　　根据《德国民法典》第812条第1款第1句第2项，S有义务将获取的利益予以返还。由于对S而言将该登记本身予以返还并不可能，因此请求权指向S同意在DENIC. eG上对域名持有人进行变更。

3. 结论

19　　A可依据《德国民法典》第812条第1款第1句第2项，要求S同意将A在归属于DENIC. eG的WHOIS数据库中登记为持有人。

# 案例 4　律师间的争执

（根据 BGHZ 168，220. 改编）

## 一、案情

64 岁的 B 律师欲退休，遂与 A 律师于 2010 年 1 月 1 日签订律所转让合同。合同约定 A 以 95 万欧元的价格受让 B 坐落于 X 市的律所，接手财务清单、未结束业务的酬劳债权、作出同意表示的业务客户。2010 年 1 月 1 日，该律所的市场价值为 100 万欧元。B 承诺，放弃其在 X 市律师事务执业许可的权利，并不再接收任何联络他的新客户。此外，B 负有将客户业务交接与 A 的义务。A 明确表示，B 的竞业限制对他而言至关重要，倘若 B 不负此义务，他不会签订本合同。

A 搬入该律所并以 B 的运营模式继续经营。至 2013 年 9 月底，在接手了账务、员工以及案卷的前提下，负责之前 B 的客户业务，A 获得了 80 万欧元盈利。然而 A 仅向 B 给付了 40 万欧元的买卖价款。D 诉请 A 给付剩余的 55 万欧元及所生利息。在审判过程中双方达成一致，A 将律所转回于 B。2013 年 9 月底，A 将 B 欲重新接管所属事务的情况以通告的形式告知所有客户，并询问客户是否同意。客户们表示拒绝。

此外，因 B 未准备好重回 X 市继续做律师，律所的回转计划失败。因此 A 和 B 一致表示，双方并无必要进行进一步磋商。

紧接着 B 诉请 A 支付 152.5 万欧元价款。此时该律所的市场价值已达 120 万欧元。2010 年 1 月 1 日至 2013 年 9 月期间，市场利率为每年 5%。

B 有权就多少金额价款提起给付诉求？

## 二、结构

**（一）B 基于双方根据《德国民法典》第 433 条第 2 款所订立的合同向 A 主张支付 152.5 万欧元价款的请求权** ················· 1

  1. 合同成立 ······················································· 1
  2. 合同生效 ······················································· 2
    （1）合同某一条款无效 ····································· 3
      ①竞业限制条款依据《德国民法典》第 138 条
        第 1 款无效 ············································· 3
      ②不存在《德国民法典》第 140 条的转换
        （Umdeutung） ········································· 6
      ③不存在《德国民法典》第 139 条所指的竞业
        限制条款部分无效 ···································· 7
    （2）根据《德国民法典》第 139 条整个合同无效 ······ 8
  3. 结论 ···························································· 9

**（二）B 对 A 基于《德国民法典》第 812 条第 1 款第 1 句第 1 种情形、《德国民法典》第 818 条第 1 款和第 2 款的请求权** ··· 10

  1. 受有利益 ······················································· 11
  2. 给付 ···························································· 12

3. 无法律上的原因 ………………………………… 13
4. 根据《德国民法典》第 812 条第 1 款第 1 句第 1 种情形、《德国民法典》第 818 条第 1 款和第 2 款请求权的方式和范围 ……………………………… 14
   (1)《德国民法典》第 812 条第 1 款第 1 句第 1 种情形之返还原物 …………………………………… 14
   (2) 因原物返还不能而根据《德国民法典》第 818 条第 2 款进行价值赔偿 ……………………………… 15
      ① 原物返还不能 ………………………………… 15
         A. 因合同双方认定不能恢复到订约时状态而原物返还不能 …………………………… 16
         B. 如 A 将律所交还给 B 后继续在 X 市从事律师业务，是否代表未将客源交还 ……… 17
            a. A 继续在 X 市从事业务的权利 ………… 18
            b. 客户资源不发生交还 ………………… 22
            c. 因无法交接客户而致使返还原物为不可能 ………………………………………… 23
         C. 因持续地改造或者身份转换而原物返还不能 ……………………………………… 24
         D. 结论 ……………………………………… 25
      ② 价值赔偿的范围 ……………………………… 26
         A. 起决定作用的价值 …………………… 26
         B. 起决定作用的时间点 ………………… 27
         C. 差额计算 ……………………………… 30
         D. 在本案中采差额说 …………………… 36
5. 结论 ……………………………………………… 37

（三）总结 ………………………………………………… 38

### 三、解题

**（一）B 基于双方根据《德国民法典》第 433 条第 2 款所订立的合同向 A 主张支付 152.5 万欧元价款的请求权**

1. 合同成立

1　　A 和 B 之间关于律师事务所的转让合同成立。此处涉及《德国民法典》第 433 条所规定的买卖合同，B 负有在 A 给付购买价款的同时交付律所所有财产的义务。[1]

2. 合同生效

2　　A 与 B 缔结的合同可能无效。前提是：第一，合同某一条款无效导致合同其余部分也无效；第二，整个合同无效。本案中应考虑的是，竞业限制条款是否因《德国民法典》第 138 条第 1 款无效而导致合同整体无效。

（1）合同某一条款无效

①竞业限制条款依据《德国民法典》第 138 条第 1 款无效

3　　A 与 B 之间约定的竞业限制可因《德国民法典》第 138 条第 1 款之规定归于无效。竞业限制仅在以下两项条件满足时才有效：其一，权利人的利益保护实属必要；其二，在空间、时

---

[1] Vgl. dazu Lettl § 5 Rn. 5ff.

间和地点上予以合理限定[1]。竞业限制的时间通常不得超过两年。[2] 过度限制则完全无效[3]，且依据《德国民法典》139条将直接影响合同其余条款的效力。[4] 客户保护条款虽未有时间限制，但在两年内仍然有效。[5] 对一个退出自由职业的企业经营者设定超过两年期限的竞业限制违反了《德国民法典》第138条第1款的规定。因为两年时间过去后，他所积累的客户资源通常很少能保留，退出人显然就如同其他市场竞争者一样。

对出售律所之后多长时间以及在何地点实施竞业限制未作出规定也因《德国民法典》第138条第1款之规定而无效。[6] 根据关于评估竞业禁止条款是否违反道义的《德国基本法》第12条第1款规定可知，一项残酷的终身职业禁止约定完全侵犯了公民的自由职业选择权及私人和谋生生存权。这是因为当事人将长期持续不能从事自己选择的职业。另外也必须注意，还涉及《德国基本法》第2条第1款所保障的一般行为自由，其中也包括契约自由。[7] 但是法律行为自由同时受到宪法秩序的限制，因此，只要符合《德国基本法》的一般规定，对这一自由权利的限制就不会存在宪法上的异议。律师行业的特点是，因具备法官任职资格而成为独立的司法机构，作为自由职业者于所有法律领域担任独立之顾问及代理人（《德国联邦律师法》第1—4条）。所以，律所转让合同的当事人仅在对受让者利益

4

---

[1] BGH NJW 2005, 3061, 3062; BGHZ 91, 1, 6; Palandt/Ellenberger § 138 Rn. 104.
[2] BGH NJW 1994, 384, 385; 2004, 66f. ; 2015, 1012, 1013.
[3] BGH NJW 1986, 2944, 2945; 1997, 3089.
[4] BGH NJW-RR 1989, 800, 801.
[5] BGH NJW 2004, 66f.
[6] BGH NJW 1986, 2944, 2945.
[7] BVerfGE 12, 341, 347; 65, 196, 210; BGH NJW 1986, 2944, 2945.

保护为必要时，才可对自由从事职业的准则加以限制，譬如为避免转让人带走之前客户[1]，从而妨碍买卖合同目的之实现。

5　　A 和 B 在本案中约定了在时间和地点上无限定的竞业限制（放弃律师从业许可），严重侵犯了 B 从事职业的基本权利。因为该竞业限制剥夺了 B 在余生回归律师行业的机会，未考虑其以后会作出什么决定。案情中提及的 B 已经 64 岁欲退养生息的事实并不重要。此外，保护 A 的利益亦无须强加如此宽泛的限制竞争条款。综上，这项竞业限制条款依据《德国民法典》第 138 条第 1 款应认定为无效。

②不存在《德国民法典》第 140 条的转换（Umdeutung）

6　　背俗的竞业限制条款可因对时间和地点作出限制转为有效（《德国民法典》第 140 条）。《德国民法典》第 140 条转换适用的前提是，法律规定并非反对双方当事人所寻求的结果，而仅反对双方所选择的法律手段。这是因为，法律行为转换是为了实现当事人所期待的经济结果，即使为此目的所选择的手段是法不允许的，仍可以通过另一种法律所允许的方式来实现同样的经济结果。然而，背俗的指责是针对相应法律交易行为所包含的全部内容，不仅包括约定的内容（如本案中），还包括其生效的特定方式。为符合法律规定，需要对背俗的法律行为本身经济上的内容作出法效力性的变更。但这恰恰与认定本法律行为无效的《德国民法典》第 138 条之立法意义和目的相违背。合同一方通过背俗的方式诈取另一方利益，至少不能允许其获得该利益，才是合理并且符合公序良俗的。因此不予考虑效力转换。

---

[1] BGH NJW 1968, 1717; 1986, 2944, 2945; BGHZ 91, 1, 6.

③不存在《德国民法典》第 139 条所指的竞业限制条款部分无效

同样，通过相应地适用《德国民法典》第 139 条将竞业限制条款缩减至适当的时间范围也不予考虑。原因是，竞业限制条款是一个完整的条款，内容不能被拆分。

（2）根据《德国民法典》第 139 条整个合同无效

竞业限制条款无效可导致合同整体无效。如果法律行为部分无效，即使除去该无效部分，法律行为将被认为不会实施，则整个法律行为无效（《德国民法典》第 139 条）。本案中 A 明确表达，针对 B 的竞业限制是缔结合同的关键，如果 B 不负此义务则合同不会缔结。因此，若去除竞业限制条款，A 将不接受整个法律行为。因此，合同整体无效。

3. 结论

B 对 A 无合同上的请求权，因为律所转让合同无效。A 与 B 之间的请求权，可根据《德国民法典》第 812 条第 1 款第 1 句第 1 种情形产生。

## (二) B 对 A 基于《德国民法典》第 812 条第 1 款第 1 句第 1 种情形、《德国民法典》第 818 条第 1 款和第 2 款的请求权

B 可向 A 基于《德国民法典》第 812 条第 1 款第 1 句第 1 项主张支付 55 万欧元价款及利息的请求权。

1. 受有利益

A 已获得原属于 B 的律所。一个从事自由职业的企业是由其有形与无形资产组成。企业财产包括场所及装修、雇佣关系、

委托人、客户或患者群体，以及采用当前经营模式仍能成功开展之前企业所有人之业务的机会。[1] B 将律所交付于 A，A 接管该律所并继续经营。A 从事 B 之前的客户业务，继而从律所流动资产、工作人员以及 B 的股份中营利。因此，A 从 B 的律所中获取了利益。

2. 给付

12　　B 为了履行可能生效合同之义务，将律所转让给 A 以增加其财产，A 因 B 的给付获得该律所。

3. 无法律上的原因

13　　因转让合同无效，B 对 A 的给付无法律上的原因。

4. 根据《德国民法典》第 812 条第 1 款第 1 句第 1 种情形、《德国民法典》第 818 条第 1 款和第 2 款的请求权的方式和范围

（1）《德国民法典》第 812 条第 1 款第 1 句第 1 种情形之返还原物

14　　受有利益者有义务向他人返还所得利益的依据是《德国民法典》第 812 条第 1 款第 1 句。企业收购合同之返还原物要求将企业以交付时的状态返还不当得利权利人。[2] 企业正常业务范围内发生的资产价值变化（如办公设备的更新、人员变动、客户的流失与新进）不影响企业的同一性。[3] 如原物返还不能，则受益人必须进行价值赔偿（《德国民法典》第 818 条第 2 款）。

---

[1] BGHZ 168, 220 Rn. 17 m. Anm. S. Lorenz LMK 2006, 189641.
[2] MünchKommHGB/Thiessen § 25 Rn. 43.
[3] Schöne ZGR 2000, 86, 93f.

本案中的问题在于返还原物是否为不可能。

(2) 因原物返还不能而根据《德国民法典》第 818 条第 2 款进行价值赔偿

①原物返还不能

A 不再能够将与交付时相对一致的律所作为整体返还,则属于《德国民法典》第 818 条第 2 款所指之返还原物不能。[1] 因客户资源交接计划落空,A 欲将作为经营整体的律所转回于 B 即为不可能。A 无法仅通过作出意思表示或者事实上的行为将客户转交。只有在 A 现有的客户独立授权委托 B 代理事务的情况下,才发生客户的转移。

A. 因合同双方认定不能恢复到订约时状态而原物返还不能

A 和 B 在 2013 年 9 月一致认定律所的回转计划落空,因此也不再考虑企业客户的交还。无论是受益人还是不当得利权利人,都不享有选择返还原物还是价值赔偿的权利。[2] A 与 B 都无法退还原物,但这并不导致依据《德国民法典》第 818 条第 2 款返还所得利益为不可能。

B. 如 A 将律所交还给 B 后继续在 X 市从事律师业务,是否代表未将客源交还

A 在将律所交还给 B 后在 X 市继续担任律师,将导致客源无法交还,从而返还所得利益也成为不可能。问题是,A 是否有权?

a. A 继续在 X 市从事律师业务的权利

将律所交还给 B 是否使 A 负有不可继续在 X 市从事律师事

---

[1] Ballerstedt, FS Schilling, 1973, S. 289, 294.
[2] Schöne ZGR 2000, 87, 98.

务的义务。对此，存在以下不同观点：

19 观点1：竞业禁止。部分学说认为，企业的出卖人，即使事先无约定，仍在一定时间和地点上受到竞业限制。[1] 出售人必须对受让人进入本市场和客源的交接提供支持。因此，将从事自由职业的企业（例如一家律所）交还的受益人也应负有竞业禁止义务。

20 观点2：无竞业禁止。德国联邦法院主张[2]，不当得利债务人不负有竞业禁止义务。不当得利受益人的返还义务是与转让人的转让义务紧密联系的，因此负有返还义务的不当得利债务人原则上仅负有与转让人在履行（无效的）企业买卖合同时同样的义务。不当得利赔偿仅限于所受利益及基于该利益的所得。不当得利受益人并不负有采取措施使本不再可能的返还原物重新变为可能的义务（如重建已毁坏之物、撤销后重置）。[3] 无效的律所转让合同履行前，A可自由地与B形成竞争关系。如果A必须通过放弃在律所所在区域从事竞争业务来促使本不可能发生的客户资源交还变为可能，显然将导致A失去行动自由权。A并无给予B获取之前的业务市场地位机会的义务。[4]

21 据此，德国联邦法院的论证更令人信服，应得到支持。A有权在X市继续从事律师工作。

b. 客户资源不发生交还

22 A继续在X市从事律师工作可能导致A将律所客户转交给B失败。关键点在于，律所的业务成果以及客户与律所之间建

---

[1] Baumbach/Hopt/Hopt Einl. vor §1 Rn. 45；K. Schmidt §5 I 2；referierend MünchKommHGB/Thiessen, Anh. §25 Rn. 24 und 47.
[2] BGHZ 168, 220 Rn. 27.
[3] Vgl. dazu BGHZ 112, 376, 380f.
[4] Vgl. dazu BGH NJW 2002, 1340, 1341.

立信任关系的强度和长久度，是与律所所有人本身密切相关的。受让人有机会通过其亲身活动建立客户关系的时间越长，客户重新委托之前律所所有人的可能性就会越低。[1] A 已接管该律所近四年，且在交还律所后仍在同一地域及领域内从事律师工作，客户基于在这四年时间里与 A 建立的信任关系，很可能继续委托 A。客户答复 A 的内容已经证实了这一点。

c. 因无法交接客户而致使返还原物为不可能

交接客户不可能使律所重新交还的可能性也被排除，因为律所的客户资源是从事业务的核心和基本。

C. 因持续地改造或者身份转换而原物返还不能

存在争议的是，在受让人的领导下企业持续地改造或者身份转换是否会导致客户资源的交还为不可能。[2] A 遵照 B 之前的经营模式运转律所，因此这个争议问题无须解答。并未发生持续地改造或身份转换。

D. 结论

此案存在《德国民法典》第 818 条第 2 款所指的原物返还不能情形。因此 A 须进行价值补偿。

② 价值赔偿的范围

A. 起决定作用的价值

《德国民法典》第 818 条第 2 款所指的价值赔偿义务是对获益作出客观的交易价值评估。[3] 律所在 2010 年 1 月 1 日和 2013 年 9 月末的市场价值不同，因此，以哪个时间点的价值为准非

---

[1] BGHZ 168, 220 Rn. 28.
[2] 持赞同观点的有 Schöne ZGR 2000, 86, 101ff.; Schwintowski, JZ 1987, 588, 589; 持反对观点的有 MünchKommHGB/Thiessen, Anh. § 25 Rn. 45f.; 中立观点见 BGHZ 168, 220 Rn. 33。
[3] BGHZ 112, 288, 295; 132, 198, 207; 168, 220 Rn. 39.

常关键。

B. 起决定作用的时间点

27 《德国民法典》第818条第2款的价值赔偿的高低是以受益人不当获利时为决定时间点。[1] 当不当得利返还请求权产生的时间与价值赔偿义务产生的时间一致时也同样适用。本案中，不当得利返还请求权产生的时间（2010年1月1日签订律所转让合同）和价值赔偿义务产生的时间（2013年9月底，客户资源交还为不可能）并不一致。那么问题是，应当以哪个时间点为准？

28 受益人负有返还原物义务直至返还不能时。不当得利标的物在返还请求权产生后，事实上价值赔偿之前价值是否涨跌，并不重要。当不当得利债务人在权利产生之后未及时履行返还原物的义务，那么他也不被允许保有价值增长的部分，只要扣除债务人依据《德国民法典》第818条第3款的必要支出后仍有剩余。返还得利物为不可能的情形下，亦同。返还得利的债务人（本案中为A）通过自己的专业能力和个人精力的投入使得价值增长，也不构成例外情形。原因在于，只要将返还所获原物为可能，则无须考虑受益人对价值增长部分中做出努力的份额，受益人必须返还原物，也包括因价值增长而产生的财产收入。只有当价值赔偿取代返还原物义务时，才会有一些变动。价值增长只有将所获利益投入使用才可能发生，这显然不能归属于不当得利债务人。

29 只有在返还原物为不可能时，价值赔偿义务才取代原物返还。当如同本案中，返还请求产生之后返还所获利益始为不可

---

[1] BGH NJW 2002, 1340, 1341; BGHZ 5, 197, 200; 82, 299, 310.

能的，则价值赔偿义务的范围确定应以不可能发生之时为准。[1] A 的价值赔偿义务的范围计算是由返还律所不能的时点来确定，在本案中即为 2013 年 9 月底，因此 A 返还所获利益的价额为 120 万欧元。

C. 差额计算

争议点在于，如何依据《德国民法典》第 812 条及以下进行无效的双务合同下的返还清算。

第一种观点：两不当得利请求权对立说（Zweikondiktionentheorie）。早期的通说——两不当得利请求权对立说[2]主张，合同双方各自享有《德国民法典》第 818 条及以下要求相对人返还的请求权。但是，这将导致合同一方当事人在针对其主张的返还请求权履行不能时，仍可向另一方当事人要求返还其已履行的部分，该结果不甚合理。由此，要求对两不当得利请求权对立说进行修正，以对《德国民法典》第 818 条第 3 款的适用加以限制（对待给付返还说）。该说系指，善意的未被诉请的得利人因其行为可被归责而认定为《德国民法典》第 819 条第 1 款所指之恶意，此外仅《德国民法典》第 818 条第 3 款保留适用。[3] 可归责是指当受益时知道欠缺法律上的原因仍作出行为，则被认为存在过错。

第二种观点：差额说。根据差额说，合同双方的义务履行在清算过程中相互牵连，区别于两不当得利请求权对立说，不独立评估。确切地说：

---

[1] BGHZ 168, 220 Rn. 36; Palandt/Sprau § 818 Rn. 20; Larenz/Canaris § 72 III 5a; Schöne ZGR 2000, 86, 108f.；其他相反观点参见 MünchKomm BGB /Schwab § 818 Rn. 102ff. 。

[2] Oertmann, DJZ 1915, 1063ff.

[3] Larenz/Canaris § 73 III 7e.

其一，不同种类给付的清算

33　　如果双方的返还义务所涉给付为不同类型，可主张同时履行[1]；不允许依据《德国民法典》第273条行使留置权。

其二，同种类给付的清算

34　　在返还义务所涉给付为同种类时，如金钱之债，返还债务人一方有权主张返还己方的对待给付扣减受领对方给付价值的差额。该请求权的金额以双方返还请求价值的差额为准。然而，差额说不适用于恶意欺诈行为[2]以及非完全行为能力人之间[3]。

35　　差额说主张，给付与对待给付在清算扣减后一方当事人受有利益，则承担该差额价值的偿还义务，并借此实现了合理的风险分配。本案中涉及金钱给付，为同种类之债，A和B之间不存在欺诈，二人也非不完全行为能力人，应确定双方返还请求的差额。

D. 在本案中采差额说

36　　A对B因律所负有支付120万欧元的价值赔偿的义务。此外，A须返还因无法律原因取得的律所所获收益形成的用益（《德国民法典》第100条）(《德国民法典》第818条第1款)，但前提是该收益并不仅因A的个人精力或能力所取得。A因代理B之前客户取得80万欧元的盈利，这一收益并不仅仅是基于A的精力或能力，因此也应归还。B享有要求A返还200万欧元得利的权利。因A对B享有返还之前已支付的40万欧元的请求权（《德国民法典》第812条第1款第1句第1项）及其所生利

---

[1] BGH NJW 1988, 3011; 1995, 454, 455; 1999, 1181, 1182.
[2] BGHZ 53, 144, 146f.
[3] BGH NJW 1994, 2021, 2022; 2000, 3562.

息(《德国民法典》第818条第1款第1项)。40万欧元于2010年、2011年及2012年的年利率以5%计算,每年均为2万欧元,因此一共为6万欧元,2013年(9个月,截至9月底)为1.5万欧元。于此,B仍享有共计为152.5万欧元的差额返还请求权。

5. 结论

依据《德国民法典》第812条第1款第1句第1项和《德国民法典》第818条第1、2款B享有向A要求支付152.5万欧元的请求权。

(三) 总结

因B可依据《德国民法典》第812条第1款第1句第1项和《德国民法典》第818条第1、2款要求A支付152.5万欧元,故B诉请A支付152.5万欧元于法有据。

# 案例 5　迪斯科舞厅惊喜开业

（根据 BGH WM 2006，434 改编）

## 一、案情

一家两合公司（K）使用名称"W&K PC 69 音乐有限责任公司及两合公司"在一个租赁的大厅内经营一家迪斯科舞厅及餐厅多年。后 K 因负债、拖欠房租，致使租约解除，遂将大厅交还给出租人 Veit Vischer（V）。同日，出租人 V 将该大厅租给注册登记商人 Michael Mucki（M）。自此，M 继续以 K 之前的经营方式，在相同的经营范围内经营舞厅。M 也继续使用原舞厅的全部财产。此外，M 还接手了固话接线端、电信设备、传真器材、信息处理装置、库存货物以及 220 名员工中的 90 名。M 使用"PC 69 迪斯科舞厅，所有人 Michael Mucki"的名称无间歇地继续营业。饮料供货方 Walter Wiesel（W）向 K 请求支付舞厅营业期间产生的货款共计 21121.69 欧元。因 K 无偿付能力，W 遂向 M 主张支付货款。

W 是否有权主张？

## 二、结构

**(一)《德国民法典》第 433 条第 2 款下 K 的原债务** ………… 1

**(二) M 根据《德国商法典》第 25 条第 1 款第 1 句对 K 的原债务负责** ……………………………………………… 2

    1. 商事营业 ……………………………………… 3
    2. 于公司存续期间取得商事营业 ……………… 5
        (1) 德国联邦法院及部分学说观点 …………… 6
        (2) 不同的学术观点 …………………………… 8
        (3) 个人意见 …………………………………… 9
        (4) 小结 ………………………………………… 10
    3. 继续经营营业 ………………………………… 11
    4. 商号继任 ……………………………………… 13
    5. 不存在《德国商法典》第 25 条第 2 款的责任排除情形 ……………………………………………… 16

**(三) 结论** ……………………………………………… 17

## 三、解题

预先思考：W 因合同的相对性仅能向 K 主张 21121.69 欧元的货款。W 与 M 之间就已交付货物所产生的债权不存在合同关系。但请求权也可因法定债务关系产生，问题在于，M 可能基于何种法律依据与 K 之间存在联系而负有债务。此处，可能涉及《德国商法典》第 25 条。[1]《德国商法典》第 25 条第 1 款第 1 句规定了商事企业取得人的责任，即新的经营者（取得人）以原商号继续对外经营，须对之前经营者（出售者）在营业中产生的一切债务负责。对公司的债务及其债权人负责，旨在保护交易行为的信赖利益。因为继续使用原商号对外显现了企业的连续性。[2]《德国商法典》第 25 条第 1 款第 1 句并非请求权基础条款，仅是将出售者已经负有的债务予以确认。因为《德国商法典》第 25 条第 1 款第 1 句仅规定法定的债务加入，即以无限责任形式承担与企业营业事务相关的一切债务。[3] 这包括一切与营业有着紧密内部联系的由营业产生的债务。具体基于何种法律原因并不重要。[4] 因此，本案必须检验的是：其一，出售者是否负有债务；其二，取得人是否基于《德国商法典》第 25 条对这些旧债务负责。

### (一)《德国民法典》第 433 条第 2 款下 K 的原债务

1 依《德国民法典》第 433 条第 2 款，K 对 W 负有支付供货款的义务（参见案情）。一个两合公司可因《德国商法典》第 161 条第 2 款、第 124 条第 1 款的规定，成为支付价款请求权的债务人。

### (二) M 根据《德国商法典》第 25 条第 1 款第 1 句对 K 的原债务负责

2 依据《德国商法典》第 25 条第 1 款第 1 句，如营业的取得

---

[1] Vgl. dazu Lettl § 5 Rn. 12ff.
[2] BGH WM 2006, 434, 435.
[3] Baumbach/Hopt/Hopt § 25 Rn. 10; Koller/Kindler/Roth/Morck/Roth § 25. Rn. 2 und 7; a. A. K. Schmidt § 7 V 1: Vertragsübergang.
[4] BGHZ 157, 361, 369.

人取得营业于公司存续期间，以原商号、附注或不附注表示继任关系字样继续营业，且不存在《德国商法典》第 25 条第 2 款排除责任的情形，必须对原所有人与经营相关的原债务负责。

1. 商事营业

商事营业（也即商事企业。此处有别于《德国商法典》第 343 条所指的商事行为，其特指单个法律行为，如买卖合同）的前提在于，在取得人获得该公司营业的时间点，让与人处在依据《德国商法典》第 1 条之规定的经营营业中[1]，或者具备《德国商法典》第 2、3、5 条或第 6 条规定的前提条件。让与人必须在出卖时属《德国商法典》第 1 条及以下所指之商人，本案中的情况满足这一前提。就 K 所从事的营业范围而言，K 为《德国商法典》第 1 条规定之当然商人。对 K 应适用关于商人的规定（《德国商法典》第 6 条）。

3

《德国商法典》第 25 条第 1 款第 1 句所指的责任承担仅与营业上对外表现出的连续性联系起来，因此企业本身存在巨额债务或无财产，即使是过度负债或陷入无力支付，也不影响适用。该条的适用也不取决于企业的价值本身是否足够清偿债务。第三人是否已知企业原所有人因签订合同受债务约束，并不重要。[2] 商事营业可以是指迪斯科舞厅的运营。商事经营事实上是通过例如签订场所的租赁合同、设施配备，特别是通讯装置以及所属员工等来体现其存在性。因此，K 的迪斯科舞厅经营构成了商事营业，而这与其经济状况无关。

4

---

[1] BGH NJW 1992, 112, 113.
[2] BGH WM 2006, 434, 435.

## 2. 于公司存续期间取得商事营业

5　　必须在其企业处于运营状态下取得商事营业。否则，无须再考量《德国商法典》第 25 条第 1 款第 1 句的其他要件。取得是指接管企业维持经营[1]，但非基于继承所得，因为基于遗产继承取得营业的应适用《德国商法典》第 27 条。取得人取得商事企业的部分时，只要是最核心的部分，亦即该商事企业对外表现其经营范围的决定性部分，即已足够。并不取决于经营场所上的关系。取得人是否获得了商事企业的全部或者几乎全部财产，也并不重要。[2] 让与人和受让人之间法律行为的性质（如买卖、赠与、租赁、佃租、共同继承人分配协议、信托、和解）通常也不予考虑。如商事企业的取得发生在企业破产程序中，主流观点主张因目的性限缩而不适用《德国商法典》第 25 条第 1 款第 1 句，否则企业（尽管存在《德国商法典》第 25 条第 2 款的规定）将难以转让变卖。[3] 然而，《德国商法典》第 25 条第 1 款第 1 句适用于除破产程序以外从过度负债的出卖方取得的情形或者适用于《德国破产法》第 21 条及以下采取重组措施的情形。[4] 出于法律安定性的考虑，必须排除对《德国商法典》第 25 条第 1 款第 1 句进行目的性限缩[5]，即该条款也应适用于破产程序之外的破产公司收购。[6] 此外，原债权人也受

---

[1] Großkomm/Burgard § 25 Rn. 52; Oetker/Vossler § 25 Rn. 15; Koller/Kindler/Roth/Morck/Roth § 25 Rn. 4
[2] BGH NJW 1982, 1647, 1648.
[3] BGH 104, 151, 154; Baumbach/Hopt/Hopt § 25 Rn. 4.
[4] BGHZ NJW 1992, 911; WM 2006, 434, 435; BGHZ 104, 151, 155.
[5] 相同观点如 Kanzleiter DNotZ 2006, 590, 592; Lettl § 5 Rn. 19。
[6] Canaris § 7 Rn. 16; ders., FS Frotz, 1993, S. 11, 42.

涉及破产、撤销和不法行为的相关规定的保护。本案更应去考虑的问题是，当原企业所有人和现企业所有人未成立法律行为或此种法律行为无效或者效力待定时，是否仍使用《德国商法典》第25条第1款第1句。

(1) 德国联邦法院及部分学说观点

德国联邦法院[1]和部分学说[2]主张，即使原企业所有人和现企业所有人之间不存在法律行为，也会发生营业状态下商事企业的取得。某人欲租赁的企业（即"双租赁人案"中的一家打印店）由第三人作为用益租赁人经营着，出租人作出解除用益租赁合同通知后由该原租赁人租赁并继续经营，德国联邦法院肯定了该原租赁人在公司存续期间获得该经营。[3] 原租赁人作为《德国商法典》第25条第1款第1句所指之取得人，必须对原租赁人的一切债务负责。现租赁人与原租赁人之间未发生法律行为关系对此并不产生影响。因为，当营业的重要组成部分仍被保持，且通过继续所取得的营业使企业对外表现出营业上的连续性时，法律将债务承担与商事企业本身联系起来，企业经营者更换后使新的经营者负担债务从而维持经营。由此，根据负责营业的企业经营者之间的承接是基于法律关系发生，还是基于事实行为，抑或是间接或直接地通过中间商取得，进而对取得人是否承担债务做出不同判断的观点，不应被采纳。

德国联邦法院还指出，要求现租赁人与原租赁人必须基于

---

[1] BGH NJW 1992, 911, 912; WM 2006, 434, 435; BGHZ 18, 248, 251f.; 22, 234, 239.

[2] Großkomm/Burgard § 25 Rn. 56; Baumbach/Hopt/Hopt § 25 Rn. 5; Koller/Kindler/Roth/Morck/Roth § 25 Rn. 4, 都基于交易保护的原因论证。

[3] BGH WM 1984, 474, 475 = NJW 1984, 1186, 1187 附有 K. Schmidt 认可的评论。

《德国商法典》第 25 条第 2 款之规定就债务承担作出约定，实属困难。《德国商法典》第 25 条第 2 款的规定并不意味着，仅当该责任具有排他性时取得人才承担责任。但当出租人居间促成了一项约定，且通过其与原租赁人合同中的相应约定加以保障，则现租赁人必须与原租赁人达成《德国商法典》第 25 条第 2 款规定之约定。

(2) 不同的学术观点

8　　部分持反对意见的观点[1]认为，仅基于事实性的营业移转违背了取得商事营业的要件。原所有人与现所有人之间必须存在成立且生效的法律行为。存续期间取得商事营业必须以从企业原经营者处通过派生的（衍生的）和有效的法律行为取得为前提。[2]只有在双方对接管企业协商一致时，才可依据《德国商法典》第 25 条第 1 款第 1 句要求取得人对原债务负责。[3]如原经营者中止营业或者在商事登记簿上注销并接手了另一个企业业务（抑或出于此目的重新成立了企业），则不发生企业的转让取得。同样，若取得人欠缺依据《德国商法典》第 25 条第 2 款的规定同让与人另行约定的可能性，取得的基础法律行为必须具备[4]；部分学说还允许取得人单方面作出不承担责任的表示。[5]又如企业买卖合同无效或未生效，应考虑取得人基于权利外观承担责任。

---

[1] 同样的如 OLG Dresden NZG 2000, 32, 33; Großkomm/Thiessen § 25 Rn. 43; Ebenroth/Boujong/Joost/Strohn/Reuschle § 25 Rn. 32; Heymann/Emmerich § 25 Rn. 19; Canaris § 7 Rn. 24; Lettl § 5 Rn. 19; ders., WM 2006, 2336, 2339f.; Kanzleiter, DNotZ 2006, 590, 592; Honsell/Harrer, ZIP 1983, 259, 261ff.。

[2] Großkomm/Thiessen § 25 Rn. 43.

[3] OLG Dresden NZG 2000, 32, 33f.

[4] Großkomm/Thiessen § 25 Rn. 43.

[5] 如 Lettl WM 2006, 2336, 2339 f.。

（3）个人意见[1]

部分学说主张，于存续期间获得商事企业的要件要求原经营者与现经营者（本案中即 K 和 M）之间存在基础法律行为。对条文解释非常重要的表述（已取得的营业）已经暗指，《德国商法典》第 25 条第 1 款第 1 句立法者持同样观点。无论如何，法政策上要求取得人依据《德国商法典》第 25 条第 1 款第 1 句承担仍值得商榷的责任的同时，也必须对法条作限缩解释。要求让与人和取得人之间必须成立基础法律行为是《德国商法典》第 25 条第 1 款第 1 句与第 25 条第 2 款之间的联系所决定的，因为取得人与第三人（如出租人）之间不允许达成本条所指的约定。因登记或单方意思表示作出通知而排除责任，在任何情况下都与《德国商法典》第 25 条第 2 款的条文规定不符。此外，只有在取得人基于自主决定与出售人建立法律关系，且取得人明知或可知所参与的内容时，取得人依照《德国商法典》第 25 条第 1 款第 1 句对与经营相关的原债务承担责任才是公平合理的。只有如此，法律交往对责任连续性的期待才能被更高评价。否则，将使取得人置于未合理限制责任的风险中，而立法者并无此意图。[2] 如果 M 与 K 之间存在有效合意约定，K 接受其租赁合同和员工，M 同意 K 继续使用装备设施，那么毫无疑问 K 依据《德国商法典》第 25 条第 1 款第 1 句取得该商事企业。但本案中，M 与 K 并无法律行为上的约束，因此不发生丁存续期间的商事企业转让。

---

[1] MünchKommHGB/Thiessen § 25 Rn. 43, 50, 97：单方"责任抗辩表示"。
[2] Vgl. dazu Lettl § 5 Rn. 19.

(4) 小结

10　　倘若支持德国联邦法院和部分学说之观点，则本案中发生该商事营业的转让，仍须检验《德国商法典》第 25 条其他前提条件是否成立。而根据本案中具有代表性的观点，不发生转让，因此无须再考虑《德国商法典》第 25 条的其他要件。接下来，只需就其他前提要件进行辅助性地检验。

3. 继续经营营业

11　　继续经营营业要求，取得人必须是《德国商法典》第 1 条及以下的商人或者表见商人。《德国商法典》第 25 条不适用于取得人为非商人的情形。对非商人类推适用《德国商法典》第 25 条之规定也不予考虑，因为非商人无须受限于《德国商法典》第 25 条所指之责任承担，其不存在机会且不具备资格作出该第 25 条第 2 款之责任排除的约定。[1]从案情中关于继续 K 的经营范围描述可知，M 是《德国商法典》第 1 条所指之当然商人。此外，M 事实上已在商事登记簿上注册登记，因此无论如何属于《德国商法典》第 2 条的商人（可为商人）。

12　　取得人继续营业，至少须在营业的基本内容上并未作出改变。因为，这样一来对外向法律交往展现的事件经过就表现为企业本质部分的延续（如保有原本的客户、供货关系，继续营业范围和内部组织，接收员工，接纳财产如通信设施和场所）。[2]如果取得人拆分或立即转手该企业，则意味着他并不继续营业。在本案中，M 使用与 K 之前同样的经营模式在同样的

---

[1] Canaris § 7 Rn. 20；其他观点见 K. Schmidt § 8 I 1a.
[2] BGH NJW 1992, 911, 912; WM 2006, 434, 435; BGHZ 18, 248, 250.

营业范围内经营迪斯科舞厅。同时，M 也继续使用舞厅的资产，接收了电话接线端、电信设备、传真器材、信息处理装置、库存货物以及 220 名员工中的 90 名。由此可知，M 基本上在主要范围内继续了 K 原有的营业。

4. 商号继任

取得人必须继续使用原商号经营商事企业。该商号必须由让与人事实上（至少短时间内）使用过，之后取得人必须继续使用该商号。出让人是否无权使用该商号[1]且是否将本商号转让给取得人[2]，并不重要。取得人是否继续使用原商号，必须从决定性的交易领域角度来评估。[3] 起决定作用的是对于交易者而言，前所有人的商号是否非常具体地呈现在取得人的商号中，以至于交易者将该企业与原企业等同起来。并不要求原商号与新商号使用的字和字母完全一致，对原商号作一定程度的修改不会有影响。取得人采用了原商号最关键的部分即足以认定为继续使用。[4] 商号的本质是名称和行业标志。对公司附注（Gesellschaftszusatz）或对商号中并不具有个性化特质的部分进行删减或修改则无关紧要。在德国联邦最高法院的部分案例中，当取得人使用"Elektro-S-GmbH"替代旧商号"Elektro-S-AS"[5]，使用"H-St 打印店，所有人 Wolfgang Meier"代替"H-St 打印店"[6]，以及"Küpper 汽车运输及物流有限责任公

---

[1] BGHZ 22, 234, 237.
[2] BGH NJW 1982, 1647.
[3] BGH WM 2006, 434, 435.
[4] BGH NJW 1992, 911, 912; 2001, 1352f.
[5] BGH NJW 1986, 581, 582; vgl. auch BGH NJW 2001, 1352, 1353.
[6] BGH NJW 1984, 1186, 1187.

司"代替"Küpper 汽车国际运输，汽车零部件销售"[1]，都被认定为取得人继续使用了原商号的关键部分。

14 在本案中，因为取得人将原商号"W&K PC 69 音乐有限责任公司及两合公司"改为"PC 69 迪斯科舞厅，所有人 Michael Mucki"，不能理所当然地认定为取得人继续使用原商号。虽然让与人是否将商号转与取得人并不影响《德国商法典》第 25 条第 1 条第 1 款继续使用商号的认定，但法律交易上并不认为 M 使用的现商号与 K 之前的商号一致。虽然两个商号中都使用了名称"PC 69"，但其余的核心部分并不相同。[2] 同时，企业的法律形式也不同（之前使用有限责任公司和两合公司，之后是独资企业性质）。因此，法律交易的期待不能指向责任的连续性。M 并未继续使用 K 的商号（另存在其他有代表性的意见）。

15 本案中，取得人选择使用与之前明显不同的商号应认定为未继续使用商号营业，此时应适用民法的相关规定（《德国民法典》第 414 条、第 415 条）。仅在有特定负担义务原因时，取得人对与经营相关的原债务承担责任（《德国商法典》第 25 条第 3 款）。《德国商法典》第 25 条第 3 款特别举例说明了所谓特定负担义务原因，如取得人以商业方式（报纸、通知注册法院或债权人）对外公告承担债务。特定负担义务原因也可在满足《德国民法典》第 613 a 条、第 566 条和《德国税收条例》第 75 条的前提下发生，也可通过一项担保。W 和 M 之间不存在这种特定负担义务原因。

---

[1] BGH NJW 2004, 1178, 1179.
[2] 相同如 Kanzleiter, DNotZ 2006, 590, 594；其他观点见 BGH WM 2006, 434。

## 5. 不存在《德国商法典》第 25 条第 2 款的责任排除情形

案情中并无线索指示存在《德国商法典》第 25 条第 2 款的责任排除情形。

### (三) 结论

依所持观点，W 并不享有依照《德国民法典》第 433 条第 2 款，《德国商法典》第 124 条第 1 款、第 25 条第 1 款第 1 句要求 M 支付 21121.69 欧元的权利。原因在于，并未发生商事企业的取得以及商号的继续使用。而依照其他对立的代表性观点则会得出完全不同的结论。

# 案例6　昂贵的友谊

## 一、案情

商人A经营一家饮料店，名为"A饮料，注册商人"。C因交付了货物向A主张支付10万欧元价款。A欲扩张，与其富有的朋友B成立了一家无限责任公司，改名"绿洲饮料无限责任公司"继续原有经营。

C应向谁主张支付货款？

## 二、结构

（一）C基于《德国民法典》第433条第2款向A主张支付10万欧元价款的请求权 ································· 1

（二）C依据《德国民法典》第433条第2款、《德国商法典》第28条第1款第1句及第124条第1款向该无限责任公司主张支付10万欧元价款的请求权 ·················· 2

  1. 独资商人的营业 ································· 3
  2. 作为无限责任股东或有限责任股东加入 ··············· 4
  3. 继续营业 ····································· 5

    4. 无《德国商法典》第 28 条第 2 款的责任排除情形 ······ 6

    5. 未继续使用原商号不产生影响 ············ 7

    6. 法律效果 ························· 8

**(三) B 因《德国商法典》第 128 条第 1 句结合《德国民法典》第 433 条第 2 款、《德国商法典》第 28 条第 1 款第 1 句及第 124 条第 1 款对无限责任公司债务负责** ············ 9

    1. 观点 1：不适用《德国商法典》第 128 条第 1 句 ······ 10

    2. 观点 2：适用《德国商法典》第 128 条第 1 句 ········ 11

## 三、解题

预先思考：C 基于合同对 A 享有支付 10 万欧元价款的请求权。就该运送货物所产生的债权而言，C 与 B 及该无限责任公司之间并无合同关系。由于请求权也可基于法定的债务关系产生，所以须考虑，该无限责任公司与 B 可能基于何种请求权基础对 A 的债务负责。请求权基础可能为《德国商法典》第 28 条。[1]《德国商法典》第 28 条调整某人作为个人担责的股东（无限责任股东）或作为有限责任股东加入独资商人企业的情形。本案中，现存公司（无限责任公司或两合公司）取代原独资商人作为企业经营者（Unternehmensträger），不考虑原商号是否继续使用，对一切原债务负责（《德国商法典》第 28 条第 1 款第 1 句）。即使企业未继任原商号，企业经营者的变更也是与某

---

[1] Vgl. dazu Lettl §5 Rn. 73ff.

人加入到独资商人所产生的公司无限连带责任有关,《德国商法典》第 28 条考虑了商业的期待性。[1] 针对无限责任公司已产生的债务,B 可依据《德国商法典》第 128 条第 1 句负责。《德国商法典》第 128 条第 1 款第 1 句亦如第 25 条第 1 款第 1 句,并非请求权基础条款,只是对出让人已存在的一切债务确认责任承担的条款。因此,《德国商法典》第 28 条第 1 款第 1 句仅是要求,新产生的无限责任公司应对企业一切因营业产生的债务承担无限责任。此处包含与经营有着紧密内部联系的,因经营而出现的一切义务。债务基于何种法律关系产生并不重要。[2] 就无限责任公司的责任应考虑:其一,债务是否于之前的独资商人已存在;其二,无限责任公司是否应基于《德国商法典》第 28 条对债务负责;其三,如果应负责,则还应考虑新加入的股东是否必须依据《德国商法典》第 128 条第 1 款对公司债务负责。

## (一) C 基于《德国民法典》第 433 条第 2 款向 A 主张支付 10 万欧元价款的请求权

1　　《德国商法典》第 28 条第 1 款第 1 句仅为确认法定的债务加入条款。[3] 只要独资商人未变为有限责任股东而免于担责,他便必须与企业共担责任(《德国商法典》第 28 条第 3 款结合《德国商法典》第 26 条)。A 个人与 C 签订了买卖合同,依据《德国民法典》第 433 条第 2 款 A 对其负责。该责任一直存在,且不因公司的责任根据《德国商法典》第 28 条第 1 款第 1 句而被排除。A 的责任并不存在根据《德国商法典》第 28 条第 3 款

---

[1] Koller/Kindler/Roth/Morck/Roth § 28 Rn. 2.
[2] BGHZ 157, 361, 369.
[3] BGH WM 1989, 1219, 1221; Baumbach/Hopt/Hopt § 28 Rn. 5.

结合《德国商法典》第 26 条而消灭之可能，因为 A 本身并非有限责任股东而是无限责任股东。

**（二）C 依据《德国民法典》第 433 条第 2 款、《德国商法典》第 28 条第 1 款第 1 句及第 124 条第 1 款向该无限责任公司主张支付 10 万欧元价款的请求权**

此处应考虑 C 是否根据《德国民法典》第 433 条第 2 款、《德国商法典》第 28 条第 1 款第 1 句及第 124 条第 1 款享有要求该无限责任公司支付 10 万欧元价款的请求权。公司承担该债务责任的前提是：其一，独资商人经营营业；其二，某人作为无限责任股东或有限责任股东加入；其三，公司继续营业；其四，不存在《德国商法典》第 28 条第 2 款责任排除的情形。

1. 独资商人的营业

A 是商人。其从事的饮料贸易是其作为独资商人的营业。

2. 作为无限责任股东或有限责任股东加入

在 B 作为无限责任股东加入后，A 和 B 创立了一家无限责任公司，并将之前独资商人的业务带入了该公司。

3. 继续营业

新成立的无限责任公司继续了 A 的营业。

4. 无《德国商法典》第 28 条第 2 款的责任排除情形

不存在《德国商法典》第 28 条第 2 款的责任排除情形。

### 5. 未继续使用原商号不产生影响

7　　虽然该无限责任公司并未继续使用 A 的商号（之前为"A 饮料，注册商人"，现在使用的则是"绿洲饮料无限责任公司"）。这并不影响《德国商法典》第 28 条第 1 款第 1 句的适用。

### 6. 法律效果

8　　该无限责任公司应当就 A 对 C 所负与经营相关的原债务承担责任。此处 A 所负原债务是因经营产生的债务（因饮料店所需的货物交付而产生支付买卖合同价款之请求权）。

## (三) B 因《德国商法典》第 128 条第 1 句结合《德国民法典》第 433 条第 2 款、《德国商法典》第 28 条第 1 款第 1 句及第 124 条第 1 款对无限责任公司债务负责

9　　无限责任公司的股东根据《德国商法典》第 128 条第 1 句之规定对企业的债权人负连带责任。尚存争议的是，该责任范围是否延伸至《德国商法典》第 28 条第 1 款第 1 句所认定的公司债务。

### 1. 观点 1：不适用《德国商法典》第 128 条第 1 句

10　　有观点[1]指出，规定股东对《德国商法典》第 28 条第 1 款第 1 句所指之债务承担责任，由此使债权人享有特权是不公平的。《德国商法典》第 28 条仅提及公司的责任。此外，交易

---

[1] Canaris § 7 Rn. 92：对债权人无根据的馈赠。

预期产生的责任并不允许延伸至额外获得一项个人保证义务的利益。因此，股东自始不依《德国商法典》第 128 条第 1 句对《德国商法典》第 28 条第 1 款第 1 句规定的公司债务负责。

2. 观点 2：适用《德国商法典》第 128 条第 1 句

较多的观点认为，根据《德国商法典》第 128 条第 1 句，无限责任公司的股东对因《德国商法典》第 28 条第 1 款第 1 句所生的一切债务以个人对外承担责任。[1] 原因在于，对于新加入的股东而言，该负担并非无期待性。《德国商法典》第 130 条同样要求，加入现存人合公司的股东对加入前已有的公司债务以个人承担全部责任。只要新加入的股东（本案中是无限责任公司的股东）对公司以个人承担责任，依据《德国商法典》第 128 条第 1 句以及第 28 条第 1 款第 1 句就应对公司的债务负责（其中还包括原经营者个人之债务），新加入的股东与原来的独资商人负同样的责任。《德国商法典》第 28 条第 2 款责任排除之规定，使得即便适用《德国商法典》第 128、130 条时，仍可能有利于新加入的股东，如在本案中，该规定将排除《德国商法典》第 128 条第 1 句设定的对第 28 条第 1 款第 1 句所指一切债务的责任。[2] 本案不存在责任排除的情形（见边码 6）。

11

---

[1] BGH NJW 1966, 1917, 1918; 1972, 1466, 1467; BGHZ 157, 361, 364f.; Baumbach/Hopt/Hopt § 28 Rn. 5; K. Schmidt § 8 II 2a.

[2] Koller/Kinder/Roth/Morck/Roth § 28 Rn. 15; Canaris § 7 Rn. 84.

# 案例 7　惊喜的升职

## 一、案情

A 刚通过税务咨询师考试，于 2013 年 1 月 1 日入职 B 的事务所，B 从事税务咨询师工作已很多年。双方合作旨在以团体（Sozietät）形式共同执业。A 和 B 约定，事务所以前客户的相关事务由 B 继续以个人名义处理并收账。自 2013 年 1 月 1 日起，客户的委托应当由事务所代理并入账。随着事务所客户逐渐增加，2013 年 6 月 1 日，A 和 B 决定吸纳 C 进入事务所。由于 B 和 C 之间多次意见不一，2013 年 6 月 25 日，C 决定退出该事务所。2013 年 7 月 1 日，D 加入事务所，代替 C 的位置。在一次会议中股东与 D 约定，D 对外就公司债务不承担个人责任。

2012 年 11 月 30 日，因 B 向客户 E 告知了错误信息，致使 E 蒙受 5 万欧元的损失。E 欲知，是否应主张损害赔偿及向谁主张？

2013 年 6 月 2 日，B 以事务所的名义与 F 就代理 F 企业的税务事务签订合同。B 使用了事务所一直以来为客户签订合同所准备的格式合同。该格式合同约定，股东不对事务所以个人名义承担责任。因 B 的过错导致 F 的请求权于 2013 年 6 月 30 日罹于时效。对方在2013年7月3日主张时效抗辩,使得F丧失主张15万欧元的请求权。F欲知,是否应谁主张该损害赔偿及向谁主张?

2013年7月4日,B开车去金融法院的路上,因疏忽不慎撞到行人G,G受伤。G的痊愈费用须花费1500欧元。G是否可向D就此主张赔偿?

## 二、梗概

2012年11月30日:B告知E错误信息
2013年1月1日:A加入
2013年6月1日:C加入
2013年6月2日:事务所与F之间签订咨询合同
2013年6月25日:C退出
2013年7月1日:D加入
2013年7月4日:B致G受伤

## 三、结构

(一) E主张支付5万欧元的请求权 ················· 1

1. E依据《德国民法典》第280条第1款向B主张权利 ················· 1

2. E依据《德国民法典》第280条第1款,《德国商法典》第28条第1句、第124条第1款,向无限责任公司主张权利 ················· 2

- (1) 独资商人的营业 ………………………………… 3
  - A. 定义 ………………………………………… 3
  - B. 前提 ………………………………………… 4
  - C. 经营营业 …………………………………… 5
- (2) 结论 ……………………………………………… 12
3. E 依据《德国民法典》第 280 条第 1 款，类推适用《德国商法典》第 28 条第 1 款第 1 句、第 124 条第 1 款，向该事务所主张权利 ………………………… 13
  - (1) 事务所作为损害赔偿请求权的债务人 ………… 13
    - ①合伙的产生 ………………………………… 13
    - ②事务所作为权利和义务的主体 …………… 14
      - A. 观点 1：传统的个体化理论 ………… 14
      - B. 观点 2：合伙的权利能力 …………… 15
      - C. 小结 …………………………………… 16
  - (2) 是否可以对自由职业者类推适用《德国商法典》第 28 条第 1 款第 1 句 ……………………………… 17
    - ①观点1：可类推适用于每个企业经营者 ……… 17
    - ②观点2：不可类推适用于每个企业经营者 …… 18
    - ③小结 ………………………………………… 19
4. 依《德国民法典》第 280 条第 1 款，类推适用《德国商法典》第 124 条第 1 款对事务所主张诉求 ……… 20
  - (1) 事务所作为损害赔偿请求权的债务人 ………… 20
  - (2) 债务关系 ……………………………………… 21
5. 向 A、C 和 D 主张 …………………………………… 22
6. 结论 …………………………………………………… 23

## （二）F 主张支付 15 万欧元的请求权 ·········· 24

1. 依《德国民法典》第 280 条第 1 款，类推适用《德国商法典》第 124 条第 1 款向事务所主张权利········· 24
   - （1）事务所作为损害赔偿请求权之债务人·········· 24
   - （2）债务关系·········· 25
     - ①以他人名义行为·········· 26
     - ②代理权·········· 27
   - （3）义务违反·········· 28
   - （4）可归责·········· 29
   - （5）损害与损害赔偿（《德国民法典》第 249 条及以下）·········· 30
2. 对 B ·········· 31
   - （1）根据《德国民法典》第 280 条第 1 款 ·········· 31
   - （2）类推适用《德国商法典》第 128 条第 1 句结合《德国民法典》第 280 条第 1 款及类推适用《德国商法典》第 124 条第 1 款 ·········· 32
     - ①类推适用《德国商法典》第 128 条第 1 句 ·········· 32
     - ②合伙债务·········· 33
     - ③B 的合伙人身份·········· 34
     - ④不存在有效的责任排除情形·········· 35
       - A.《德国商法典》第 128 条第 2 句 ·········· 36
       - B.《德国民法典》307 条第 1 款和第 2 款 ······ 37
         - a. 存在《德国民法典》第 305 条第 1 款之一般交易条款·········· 37
         - b. 一般交易条款的纳入·········· 38

案例 7　惊喜的升职　069

    c. 责任排除无效 ············································ 39
  （3）结论 ························································· 43
 3. 对 A，类推适用《德国商法典》第 128 条第 1 句结合《德国民法典》第 280 条第 1 款及类推适用《德国商法典》第 124 条第 1 款 ·················· 44
 4. 对 C，类推适用《德国商法典》第 128 条第 1 句结合《德国民法典》第 280 条第 1 款及类推适用《德国商法典》第 124 条第 1 款 ·················· 45
  （1）合伙债务 ················································· 45
  （2）C 的合伙人身份 ······································ 46
  （3）不存在有效的责任排除 ···························· 47
  （4）结论 ························································· 48
 5. 对 D，类推适用《德国商法典》第 128 条第 1 句结合《德国民法典》第 280 条第 1 款及类推适用《德国商法典》第 124 条第 1 款 ·················· 49
  （1）合伙债务 ················································· 49
  （2）D 的合伙人身份 ······································ 50
  （3）结论 ························································· 52

**（三）G 根据类推适用《德国商法典》第 128 条第 1 句结合《德国民法典》第 823 条第 1 款及类推适用《德国商法典》第 124 条第 1 款，对 D 的请求权** ················ 53

 1. 存在一项合伙债务 ············································ 53
 2. D 的合伙人身份 ················································ 57
 3. 无有效的责任排除约定 ···································· 58
 4. 结论 ·································································· 59

## 四、解题

### （一）E 主张支付 5 万欧元的请求权

**1. E 依据《德国民法典》第 280 条第 1 款向 B 主张权利**

B 与 E 之间签订合同，存在《德国民法典》第 280 条第 1 款之债务关系，属于承揽合同性质，以提供法律专业咨询为标的的事务处理合同（《德国民法典》第 675 条及以下、第 631 条及以下）。B 基于该合同对 E 负有为其提供专业咨询的义务。B 因告知了错误信息而违反其义务。对该义务违反的归责是可反驳的推定（《德国民法典》第 280 条第 1 款第 2 句）。本案中，不存在推翻这种推定的线索。B 对 E 基于事实造成了 5 万欧元的损害，B 必须根据《德国民法典》第 251 条第 1 款赔偿损害。  1

**2. E 依据《德国民法典》第 280 条第 1 款，《德国商法典》第 28 条第 1 句、第 124 条第 1 款，向无限责任公司主张权利**

存在可能的是，因 A 加入 B 的事务所后成立无限责任公司，则依据《德国商法典》第 28 条第 1 款第 1 句，公司须对因《德国民法典》第 280 条第 1 款产生的原债务负责。首要前提是，B 作为税务咨询师从事独资商人的营业。  2

（1）独资商人的营业

属《德国商法典》第 1 条的当然商人

A. 定义

《德国商法典》第 28 条第 1 款第 1 句中的独资商人必须是自然人，且该自然人是符合《德国商法典》第 1 条以下要件的  3

商人。本案中缺乏 B 具备《德国商法典》第 2、3、5 条或第 6 条第 2 款下商人特征的线索，因此本案应检验，B 是否属于《德国商法典》第 1 条所指之商人。《德国商法典》第 1 条规定的商人是指经营营业的人（《德国商法典》第 1 条第 1 款）。经营营业作为要件特征在第 1 条第 2 款中被定义为，"任何营利事业，但企业依种类或范围不要求以商人方式经营的，不在此限"。

B. 前提

4　《德国商法典》第 1 条所指商人的构成要件包括：其一，经营；其二，营业；其三，根据种类和范围要求，以商人方式进行经营。[1] 这三个要件必须都满足，而《德国商法典》第 1 条第 2 款也对经营营业这一要件做了一项可反驳的推定（任何营利事业，但……）。通常来说，一切从事营利事业的人均可认定为商人。[2] 这并不取决于是否在商事登记簿中予以登记，而仅取决于是否满足《德国商法典》第 1 条的构成要件。满足则为当然商人（ipso iure），适用商人一般条款（《德国商法典》第 8—104 条）以及商事行为相关条款（第 343—475h 条）。此种商人被称为当然商人或必然商人（Musskaufmann）。在商事登记簿上登记［为督促商事登记，必要时将处以惩罚性罚款（《德国商法典》第 14 条）］为当然商人仅起宣告作用。

C. 经营营业

5　《德国商法典》并没有定义营业，而仅将其列为必要前提。该概念并不必然等同于在其他法律中（如环境法或工商法）的

---

〔1〕《德国商法典》第 1 条第 2 款中表述的"企业"不作为具有独立意义的要件，因为通常所指的企业必然在种类或范围上要求以商人方式从事营业。

〔2〕 Mönkemöller, JuS 2002, 30.

定义。《德国商法典》第 1 条中的营业是指独立地、有偿地进行大量交易,对外表现为在经济领域开展业务。[1] 营业也不取决于获取营利的意图。[2]

所谓"独立"是指,自身可以决定营业结构、分配以及时长,法律上并未设置限制,尤其是工作合同方面的（arbeitsvertraglich）限制。自由职业者,诸如税务咨询师,显然满足该前提要件。因此 B 独立地从事营业。 6

B 从事的活动必须获取报酬,即有偿的。 7

此外,B 的职业中有大量交易活动,因为 B 以税务咨询师为职业,该职业无法脱离社会,必须拥有大量客户对接业务。 8

以税务咨询师作为职业必须对外面向商业市场开展交易活动。 9

问题在于,B 所从事的自由职业是否属于经济领域的活动。《德国商法典》第 1 条所指的营业概念与《德国民法典》第 14 条中的营业概念形成鲜明对比,既包括从事营利活动也包括从事独立的职业活动。但部分法条中也确定,这类自由职业者并不经营营业（《德国联邦医生法》第 1 条第 2 款、《德国联邦公证法》第 2 条 3 句、《德国联邦律师法》第 2 条第 2 款、《德国税务师法》第 32 条第 2 款第 2 句、《德国审计师法》第 1 条第 2 款第 2 句）。因此,此类自由职业者不能组建为无限责任公司（《德国商法典》第 105 条第 1 款和第 2 款）或有限责任公司（《德国商法典》第 161 条第 2 款、第 105 条第 1 款和第 2 款）这种以经营营业为前提的法律形式。自由职业极度依附个人亲 10

---

[1] Vgl. auch BT-Drs. 13/8444, S. 24; BGHZ 74, 273, 277f.; MünchKommHGB/K. Schmidt § 1 Rn. 26; Canaris § 2 Rn. 16.

[2] MünchKommHGB/K. Schmidt § 1 Rn. 26 und 31.

身从事事务的能力。于此，律师或税务师与客户之间建立关系是以亲自提供专业服务且独自担责为基础的。[1] 律师或者税务师作为自由职业者从事的活动内容往往是由委托律师或税务师的人所决定。因为利益维护（Interessenwahrnehmung）的结果受制于代理人的个人认知和能力。此外，寻求法律保护的人在委托律师或者税务师为自身利益代理时，通常都需要告知其个人情况。就客户的告知而言，对自由职业者的个人信赖尤为重要。相反，企业经营的成果更多地依赖生产工具以及其他劳动力的投入。对于市场交易而言，个人在企业中的重要性通常比在自由职业上小得多。

11　　因此，B 从事税务师为自由职业并非营业。

（2）结论

12　　B 并非《德国商法典》上的商人。他所经营的税务咨询事务所不属于独资商人的业务。由此，《德国商法典》第 28 条第 1 款第 1 句一项前提要件欠缺，以下只能考虑是否可以类推适用该条款。（见下文边码 17 及以下）

3. E 依据《德国民法典》第 280 条第 1 款，类推适用《德国商法典》第 28 条第 1 款第 1 句、第 124 条第 1 款，向该事务所主张权利

（1）事务所作为损害赔偿请求权的债务人
①合伙的产生

13　　A 与 B 就成立事务所缔结合同，A 加入 B 的事务所，从而成立了以共同工作为目的个人合伙（《德国民法典》第 705 条）。

---

[1] BVerfG NJW 2003, 2520; BGHZ 157, 361, 366f.

此时涉及民事合伙。因为事务所并非经营商事营利事业，而是从事自由职业，不可成立无限责任公司。与第三人建立法律关系，尤指与客户，则涉及外部团体（Außengesellschaft）。事务所通过为该团体处理事务的部门参与到法律交往中。C 的加入和退出以及 D 的加入不影响民事合伙的存续，原因在于这些事件并不影响合伙的同一性。

②事务所作为权利和义务的主体

A. 观点 1：传统的个体化理论

传统的个体化理论（individualistische Theorie）主张[1]，民事合伙仅于财产权利上具有独立性。合伙人共同出资的财产应作为与合伙目的紧密联系的特别财产，且不允许合伙人或者私人的债权人挪用。民法上的外部团体是合伙人基于合同上的债务关系，共同使用合伙财产。民事合伙不可作为债权人和债务人。更确切地说，债权人和债务人仅能为合伙人。合伙事务的执行人是所有合伙人的代理人（《德国民法典》第 714 条）。合伙财产也是合伙人的共同财产（《德国民法典》第 718 条第 1 款）。诉求应对合伙人主张（可能发生依据《德国民事诉讼法》第 736 条诉请执行）。与《德国商法典》第 124 条规定相反的是，民法上的外部合伙无权利能力和诉讼主体资格。

B. 观点 2：合伙的权利能力

德国联邦法院[2]和主流观点[3]都认同民事合伙具备权利

---

[1] Vgl. etwa Zöllner, FS Gernhuber, 1993, S. 563ff.; Hueck, FS Zöllner, 1998, S. 275ff.

[2] Vgl. dazu grundlegend BGHZ 142, 315ff.; 146, 341ff.

[3] Vgl. nur MünchKommBGB/Ulmer/Schäfer § 705 Rn. 301, 303; Hadding, ZGR 2001, 712, 714; Habersack, BB 2001, 477ff.; K. Schmidt, NJW 2001, 993ff.

能力，就参与法律交往自身享有权利和承担义务（所谓民事合伙的部分权利能力）。民法上的外部合伙可以是债权人和债务人，应与无限合伙（《德国商法典》第124条第1款）同等对待。根据《德国民法典》第719条，单个合伙人可不作为连带债务人而单独为之给付。此外，承认部分权利能力的优势在于，合伙成员的变更并不会影响存在于合伙上的法律关系。无限商事合伙与民事合伙在个案中很难区分（《德国商法典》第1条结合《德国商法典》第105条第1款）。两者互相转化也无障碍，以至于区分权利能力显得并不合理。其他法条如《德国环境法》第191条第2款第1项（民事合伙作为"新法律形式上的权利人"）、《德国破产法》第11条第2款、《德国商标法》第7条第3项、《德国民法典》第14条第2款（有权利能力的合伙）以及《德国民法典》第1059a条第2款，都确立了外部民事合伙的权利能力。

C. 小结

16　　税务咨询事务所可类推适用《德国商法典》第124条第1款作为 E 损害赔偿请求权的债务人。

（2）是否可以对自由职业者类推适用《德国商法典》第28条第1款第1句

①观点1：可类推适用于每个企业经营者

17　　部分学说[1]考虑对每个企业经营人都类推适用《德国商法典》第28条，因为本条款并非特别针对商人的规则，而是对企业连续性的表达。由于某人加入使得原本的个体户变成一个民事合伙组织，即可适用。当并非本条所指之商人的税务师加入

---

[1] K. Schmidt § 8 II 1a bb.

税务师事务所或者律师加入律师事务所（参见边码10）时，也应适用《德国商法典》第28条第1款第1句。

②观点2：不可类推适用于每个企业经营者

由于《德国商法典》第28条第1款第1句在表述上要求以产生无限合伙或两合公司为前提，不存在计划之外的规则漏洞，故不应将《德国商法典》第28条第1款第1句类推适用于民事组织。按照德国联邦最高法院[1]和主流学术观点，律师作为唯一代理人与客户之间成立法律关系后，因其他律师加入产生合伙而发生义务的转移，此时不应类推适用《德国商法典》第28条第1款第1句。理由在于，该情况下的法律关系成立是优先以亲自提供法律服务及自我担责地为基础（见边码10）。因此律师作为个体而非企业为客户提供咨询和代理。[2] 本案中，无须考虑企业连续性的理念。同时，于税务师或律师而言，并非如同无限合伙或两合公司的股东那般存在《德国商法典》第28条第2款所指的额外约定或者告知第三人的情形。因此，在某种程度上看来，对商人的保护要优于非商人。另外，不应强迫民事合伙必须选择无限合伙或两合公司的法律形式。[3]

③小结

B与客户E之间为自由职业的业务往来，不能类推适用《德国商法典》第28条第1款第1句。

---

[1] BGHZ 157, 361, 366ff.
[2] BGHZ 157, 361, 367.
[3] Koller/Kindler/Roth/Morck/Roth § 28 Rn. 5.

### 4. 依《德国民法典》第 280 条第 1 款，类推适用《德国商法典》第 124 条第 1 款对事务所主张诉求

（1）事务所作为损害赔偿请求权的债务人

20  通过类推适用《德国商法典》第 124 条第 1 款，事务所可作为损害赔偿的准债务人。（参见边码 15）

（2）债务关系

21  债务关系基于 B 与 E 之间的税务咨询合同产生。该合同是 B 在事务所建立前单独与 E 缔结的。应考虑的是，E 基于该税务咨询合同产生的权利和义务是否在 2013 年 1 月 1 日该事务所产生而发生移转。成立事务所时，之前的客户通常作为出资由每个股东（《德国民法典》第 705 条及以下）带入该事务所，并不要求必须获得客户的同意，因为从客户角度来看，其反而获得了更多的履行和责任承担债务人。但本案中，A 与 B 约定，B 在 2013 年 1 月 1 日前拥有的客户并不归于事务所，客户 E 亦同。E 的合同相对人为 B，且只有 B。因此，E 对事务所不能类推适用《德国民法典》第 280 条第 1 款、《德国商法典》第 124 条第 1 款主张权利。

### 5. 向 A、C 和 D 主张

22  因 A、C 和 D 并非合同相对人，E 对其不享有请求权。E 对事务所也不享有 A、C 和 D 必须个人担责的请求权（参见边码 21）。

### 6. 结论

23  E 可向 B 主张 5 万欧元的损害赔偿，但无权向事务所、A、

C 和 D 主张。

## （二）F 主张支付 15 万欧元的请求权

1. 依《德国民法典》第 280 条第 1 款，类推适用《德国商法典》第 124 条第 1 款向事务所主张权利

（1）事务所作为损害赔偿请求权之债务人

事务所可通过类推适用《德国商法典》第 124 条，作为《德国民法典》第 280 条第 1 款之损害赔偿请求权的债务人。

（2）债务关系

基于事务所与 F 之间订立的税务咨询合同，事务所可成为《德国民法典》第 280 条第 1 款的债务人。因合同内容为提供税务相关事务咨询，是一份有偿的具有承揽性质的事务管理合同（《德国民法典》第 675 条及以下、第 662 条及以下、第 611 条及以下）。事务所与 E 之间成立税务咨询合同的前提在于，B 有权代理该事务所与 E 签订合同。B 必须以被代理人名义行为且有代理权。

①以他人名义行为

B 以事务所的名义行为，即属于以他人名义行为。

②代理权

在民事合伙中，全体合伙人共同对外代理（《德国民法典》第 714、709 条）。但 B 根据合伙合同有权单独代理，因此享有代理权。

（3）义务违反

税务咨询合同使事务所负有全权负责 F 权利行使之义务。防止 F 的权利时效过期同属事务所的义务。本案中，因未能防

止 F 时效过期，违反了约定的义务，可类推适用《德国民法典》第 31 条归责。《德国民法典》第 31 条可相应地适用于民法上有权利能力的（外部）合伙。[1] 执行合伙事务的合伙人所负担的损害赔偿义务也应归于合伙。一般来说，以民事合伙形式经营的律师事务所亦适用。律师组成的团体是民法上的合伙，只要律师未明确选择其他法律形式。[2] 本案并非此种情形。在无相反规则之下，律师事务所的每一位合伙人都作为《德国民法典》第 31 条所指的依章程选任之代理人（verfassungsmäßig berufenen Vertreters）。在民事合伙中，代理权限由合伙合同决定，法律上并无调整合伙合同内容的条款。代理权通常和合伙执行权联系在一起（《德国民法典》第 714 条）。合伙企业事务原则上由所有股东共同管理（《德国民法典》第 709 条第 1 款第 1 分句）。《德国民法典》第 31 条所指依章程选任之代理人的定义之解释，并不总是取决于商法上规定的代理权限，实践中要更为宽泛。依章程选任之代理人并非仅是执行事务的合伙人，也包括具有独立地、自行作出决定执行事务的基本职能的非合伙人，只要他可在法律交易中代表合伙。[3] 甚至一个文职人员未经授权的行为也可归于公司，只要合伙组织将一项重要的事务交由他独自负责。[4] 因此，单个合伙人独立地、自行负责地处理客户委托，就足够被认定为依章程选任之代理人。而一项日常事务（如办公场所的租赁）是否关系到事务所，不作要求。处理客户

---

[1] BGHZ 154, 88, 93f.; 155, 205, 210; MünchKommBGB/Ulmer/Schäfer § 705 Rn. 263; K. Schmidt § 60 II 4.
[2] BGHZ NJW 1996, 2859; BGHZ 56, 355, 357 = NJW 1971, 1801.
[3] BGH NJW 1972, 334; 1998, 1854, 1856; BGHZ 49, 19, 21 = NJW 1968, 391.
[4] BGH NJW 2007, 2490 Rn. 16.

委托作为典型的代理人的主要业务,是事务所的一项重要事务。律师在维护客户利益时是代表该事务所。委托事务所的客户通常希望利用事务所在组织和分工方面的结构上优势。此外,当合伙人执行《德国民法典》第31条所指的"有权执行的业务",处理委托事务出现义务违反情形时,委托组织而非个人的优势也得以体现。

(4)可归责

是否归责于人合公司是由处理事务的人是否有过错决定的。通过类推适用《德国民法典》第31条,B的过错可归责于其事务所。B有过错是可推翻的推定(《德国民法典》第280条第1款第2句)。但根据案情不存在推翻该推定的线索。

(5)损害与损害赔偿(《德国民法典》第249条及以下)

因已过诉讼时效,依照《德国民法典》第214条第1款,F的权利无法行使,F因事务所违反义务遭受15万欧元的损害,根据《德国民法典》第251条第1款,这一损害应由事务所赔偿。

2. 对B

(1)根据《德国民法典》第280条第1款

根据《德国民法典》第280条第1款,B承担责任的前提在于,B个人与F之间的合同债务关系有效成立。B使用合伙组织的名义进行交易(见边码26)。问题在于,B个人是否同样负有义务。双重义务理论[1]认为,用合伙的名义进行交易,除合伙外合伙人本身也对其负责。因此,事务所与F之间,合伙人B

---

[1] So noch seinerzeit BGHZ 74, 240, 242; 79, 374, 377; 117, 168, 176.

与 F 之间都发生合同关系。若 B 因过错违反了其与 F 之间的合同义务，则 B 必须以私人的财产负责。双重义务理论一部分是基于拟制的意思表示。但该理论很难论证合伙人对法定债务也负有个人义务。因此，不应采纳该理论。[1] B 与 F 之间欠缺债务关系，因此 F 无权基于《德国民法典》第 280 条第 1 款向 B 主张支付 15 万欧元的损害赔偿。

（2）类推适用《德国商法典》第 128 条第 1 句结合《德国民法典》第 280 条第 1 款及类推适用《德国商法典》第 124 条第 1 款。

①类推适用《德国商法典》第 128 条第 1 句

民事合伙的外部权利与无限责任公司的权利至少是相近的。上文已论述通过类推适用《德国商法典》第 124 条第 1 款认定民事合伙具有部分权利能力。类推无限责任公司的延伸体现在，民事合伙的合伙人法定从属地以个人财产对一切合伙债务负责（类推《德国商法典》第 128 条第 1 句，从属性理论）。德国联邦最高法院主张合伙人对合伙的一切债务负责是基于"一般法律原则"[2]，即合伙人单独或与其他合伙人一起执行合伙事务，在无法定或合同上的责任承担限制时，应以个人财产担责。方法论上似乎倾向于类推适用《德国商法典》第 128 条第 1 句，但仍需要论证。如此类推适用（违反计划外的法律漏洞和利益状况的可参比性）之前提于，《德国民法典》第 705 条及以下规定已经将合伙出资作为特殊财产来对待，不应再额外制定重复的条款要求合伙人共担责任。只有在欠缺权利人利益保护的

---

[1] So auch BGHZ 142, 315, 320ff. ; MünchKommBGB/Schäfer § 714 Rn. 6.
[2] BGHZ 142, 315, 319.

特别条款时，才有必要要求合伙人以个人财产共同担责。[1] 民事合伙的债务与合伙人责任之间的关系亦同于无限责任公司。[2] 目前，德国联邦最高法院也支持，无限责任公司的所有股东对"他人"的侵权行为承担连带责任。[3] 理由是，人合公司无确定的最低资本要求，股东必须以个人财产对公司的债权人负责，尤其在侵权债权人无法确定真正债务人时。根据德国联邦最高法院的多数意见，此番考虑也同样适用于民事合伙。因为合伙是否经营营业，是否因此享有无限责任公司的权利或者仅为民事合伙，是根据个案中不可预估的情形决定的。在无限责任公司中，一般承认，企业的责任范围包含股东因自身行为应承担的损害赔偿，并类推适用《德国民法典》第31条。此外，民事合伙人也可能主导了企业"机关"（《德国民法典》第31条）的选任和活动。因此，合伙人与侵权行为的受害人相比，要更接近损害风险的掌控。[4] 合伙人对合伙的法定债务负责符合民事合伙的法律主体资格与股东的从属责任。所以，合伙债务的存在对合伙人的个人责任也是至关重要的。合伙人责任存在并非基于法律行为，而是法律规定，本案中是类推适用《德国商法典》第128条第1句结合《德国民法典》第280条第1款、类推适用《德国商法典》第124条第1款。前提是存在合伙债务且以合伙人身份被主张权利。

---

[1] MünchKommBGB/Schäfer § 714 Rn. 36; Casper, JZ 2002, 1112f.

[2] Palandt/Sprau § 714 Rn. 13; K. Schmidt § 60 III 4; Habersack, BB 2001, 477, 481; Ulmer, ZIP 2001, 585, 597; 其他观点如 Altmeppen, NJW 2003, 1553, 1554ff.; Canaris, ZGR 2004, 69, 109ff.。

[3] BGH NJW 2007, 2490 Rn. 26.

[4] BGH NJW 2007, 2490 Rn. 26; BGHZ 154, 88, 95 = NJW 2003, 1445 im Anschluss an Ulmer, ZIP 2001, 585, 597.

②合伙债务

33　　本案中的合伙债务是，F 基于《德国民法典》第 280 条之义务违反主张 15 万欧元赔偿（见边码 30）。

③B 的合伙人身份

34　　无论是合同签订时还是违反合同义务时，B 一直是事务所的合伙人之一。因此，以何时间点为准并不重要。

④不存在有效的责任排除情形

35　　B 与 F 通过格式合同约定排除合伙人个人责任。如该责任排除约定有效，则 B 对外不承担个人责任。

A.《德国商法典》第 128 条第 2 句

36　　《德国商法典》第 128 条第 2 句并不构成对责任排除约定有效性的否定。因为该条款仅针对合伙人之间的约定，亦即第三人并不参与的约定。但本案中，责任排除是 B 与第三人 F 的约定。因此可能根据《德国民法典》第 307 条第 1 款和第 2 款认定该责任排除约定无效。

B.《德国民法典》第 307 条第 1 款和第 2 款

a. 存在《德国民法典》第 305 条第 1 款之一般交易条款

37　　因为 B 在缔结合同时是以事务所的名义，并使用了事务所预先拟好用于客户的格式合同，因此存在《德国民法典》第 305 条第 1 款所指的一般交易条款。

b. 一般交易条款的纳入

38　　事务所的一般交易条款被纳入了事务所与 F 所签订的合同中。《德国民法典》第 305 条第 2 款要求的特殊纳入前提对经营者 F 不适用。（《德国民法典》第 310 条第 1 款第 1 句）

c. 责任排除无效

39　　《德国民法典》第 308 条和第 309 条所规定的无效情形不适

用于（至少不直接适用于）经营者提供的一般交易条款（《德国民法典》第 310 条第 1 款第 1 句）。根据《德国民法典》第 307 条第 1 款第 1 句，如果一般交易条款中的某一条款违反诚实信用原则，使提供人的相对人遭受不适当的不利益，则该条款不生效力。如果某一条款与其所偏离的法律规定的重要基本思想相抵触，应认为存在不适当的不利益（《德国民法典》第 307 条第 2 款第 1 项）。

在某些案例中，若允许存在依照法律提前拟定责任限制条款，则无须再考虑是否违反《德国民法典》第 307 条第 1 款和第 2 款。因此，为了保护从事法律和经济咨询的职业活动，允许特定自由职业者与其客户通过合同约定最高责任限额为最低保险金额的四倍（《德国联邦律师法》第 52a 条第 1 款第 2 项、《德国税务师法》第 67a 条第 1 款第 2 项、《德国审计师法》第 54a 条第 1 款第 2 项）。同样地适用于，当客户向从事自由职业的组织的成员主张损害赔偿请求权，内容与委托相关的格式性责任集中条款（《德国联邦律师法》第 52a 条第 1 款第 2 句、《德国税务师法》第 67a 条第 2 款第 1 句、《德国审计师法》第 54a 条第 2 款）。在本案中，这些规则并无意义，因为既不涉及最高金额责任限制，也无关特定成员的责任集中，而只是涉及有利于所有成员的责任排除约定。

德国联邦最高法院[1]提出，使责任承担仅限于企业财产的约定，只有在当事人间通过个别协商时才有效。这意味着，提前拟制并符合《德国民法典》第 305 条第 1 款之要件的格式条

---

[1] BGHZ 142, 315, 323.

款下的个人责任限制都无效。[1] 然而这一观点并无说服力。原因在于，该观点与法律允许对法律和经济咨询方面的自由职业者作出特定的格式性责任限制条款之理念相违背。[2] 此外，判例也未认可在《德国民法典》第309条适用范围以外作出禁止条款，而是似乎更倾向于类推适用《德国商法典》第128条之股东从属责任是基于民事合伙权利的基本思想。此外《德国民法典》第307条第2款第1项对排除约定为不适当的法律推定由此产生。[3] 然而该推定可因正当理由而被推翻，如特定情形中合伙并非旨在追求商业营利。[4] 在本案中，所呈现的利益衡量并不足以推翻无效推定。因为并不存在不追求商业营利目的的民事合伙这一特殊情形。该事务所以及合伙人都从事营利活动。

42　　因此，事务所与F之间排除合伙人个人责任的条款因《德国民法典》第307条第1款及第2款第1项无效，对B主张请求权并非无依据。

（3）结论

43　　通过类推适用《德国商法典》第128条第1句结合《德国民法典》第280条第1款及类推适用《德国商法典》第124条第1款，F可向B要求支付15万欧元。

---

[1]　OLG Stuttgart NZG 2002, 84, 85; Goette, DStR 1999, 1707; Henze, BB 1999, 2260, 2262.
[2]　MünchKommBGB/Schäfer § 714 Rn. 66.
[3]　MünchKommBGB/Schäfer § 714 Rn. 66; Canaris, FS Ulmer, 2003, S. 1073, 1075ff., 1081.
[4]　Vgl. etwa BGHZ 150, 1, 6 für geschlossenen Immobilienfonds (allerdings ohne Bezugnahme auf § 307 BGB).

3. 对 A，类推适用《德国商法典》第 128 条第 1 句结合《德国民法典》第 280 条第 1 款及类推适用《德国商法典》第 124 条第 1 款

类推适用《德国商法典》第 128 条第 1 句结合《德国民法典》第 280 条第 1 款及类推适用《德国商法典》第 124 条第 1 款，应以与确定 B 责任相同的衡量方式来确定 A 的责任。

4. 对 C，类推适用《德国商法典》第 128 条第 1 句结合《德国民法典》第 280 条第 1 款及类推适用《德国商法典》第 124 条第 1 款

（1）合伙债务

合伙债务，是指 F 基于《德国民法典》第 280 条因事务所违反义务而向其主张 15 万欧元赔偿（见边码 30）。

（2）C 的合伙人身份

当事务所与 F 签订合同时（2013 年 6 月 2 日）以及事务所对 F 负有合同义务时，C 为合伙人。从 2013 年 6 与 1 日起，C 成为事务所的成员。如果以合同缔结之日为准，通过类推适用《德国商法典》第 128 条第 1 句，C 也必须承担责任。事务所是在 C 退出（2013 年 6 月 25 日）后存在义务违反行为（导致 F 的请求权于 2013 年 6 月 30 日发生消灭时效）。如果以该时间点为准，那么 C 无须担责，因为此时他并非合伙人，一个退伙的合伙人无须通过类推适用《德国商法典》第 128 条第 1 句对退出后事务所产生之债务负责（参考《德国民法典》第 736 条第 2 款，结合《德国商法典》第 160 条）。那么问题在于，到底应该以哪个时间点来确定 C 的合伙人身份。部分观点赞同以义务

违反时间点为准的观点，主张损害赔偿义务是因义务违反产生。C 因其退伙不再存在阻止 F 权利因时效经过而消灭的可能性。但判例和主流观点都主张，应以合伙债务发生的法律原因出现的时间点为准，即使其他前提要件在之后才得以满足。[1] 在违约情形下，应以合同义务发生的时间点为准。根据这一观点，合伙人应通过类推适用《德国商法典》第 128 条第 1 句对外额外承担个人责任予以保护的 F 之履行利益在合同订立时就已产生。由此，C 应承担损害赔偿责任，因为在事务所和 F 之间缔结合同时，C 为合伙人。

（3）不存在有效的责任排除

47　　事务所与 F 之间关于排除合伙人个人责任的约定依据《德国民法典》第 307 条第 1 款和第 2 款第 1 项无效（见边码 42），无法驳斥 F 对 C 的赔偿主张。

（4）结论

48　　F 可通过类推适用《德国商法典》第 128 条第 1 句结合《德国民法典》第 280 条第 1 款及类推适用《德国商法典》第 124 条第 1 款，向 C 要求支付 15 万欧元。

5. 对 D，类推适用《德国商法典》第 128 条第 1 句结合《德国民法典》第 280 条第 1 款及类推适用《德国商法典》第 124 条第 1 款

（1）合伙债务

49　　合伙债务，是指 F 基于《德国民法典》第 280 条因义务违反主张 15 万欧元赔偿（见边码 30）。

---

[1] BGHZ 142, 324, 329; Baumbach/Hopt/Roth § 128 Rn. 29.

(2) D 的合伙人身份

合同签订、义务违反和损害产生时，D 都不是合伙人。但他依然可能基于类推适用《德国商法典》第 130 条对其加入合伙前发生的债务承担责任。而这是有争议的。部分学说对民事合伙的合伙人类推适用《德国商法典》第 130 条担责持反对态度。[1] 其主张，新加入的合伙人根据《德国商法典》第 130 条个人担责属个别情况，因此不能转而适用于民事合伙。类推适用《德国商法典》第 128 条第 1 句并不意味着一定要继而类推适用《德国商法典》第 130 条。该第 130 条的类推适用并非由该条不明晰的规范目的来支撑。如此对人明确设定加重责任的一项条款若要适用于民事合伙，必须由立法者明确指出。但德国联邦最高法院的判例[2]和学界多数观点[3]主张，对新加入民事合伙的合伙人理应类推适用《德国商法典》第 130 条，要求其对加入前合伙上的债务负责。这仅是民事合伙合伙人附属责任的必然结果。同时，《德国民法典》第 736 条第 2 款指出民事合伙和无限责任公司所负责任有着共同结构。单个合伙人通过加入合伙获得合伙财产份额，因此相应地也应负担合伙的原债务。多数人的观点所持理由更有说服力。该观点还提到，在人合公司中欠缺关于资本筹措和资本保全的债权人保护条款。此外，所有合伙人都有责任按规定完成合伙所承接的业务。因此，民事合伙中新加入合伙人的个人责任范围应类推适用《德国商法典》第 130 条。新加入民事合伙的人对加入前的合伙债

---

[1] Baumann, JZ 2001, 895, 901; Wiedemann, JZ 2001, 661, 664; Dauer-Lieb, FS Ulmer, 2003, S. 78, 85.

[2] BGH NJW 2003, 1803, 1804.

[3] K. Schmidt, NJW 2001, 993, 999; Ulmer, ZIP 2003, 1113, 1115; Habersack/Schürnbrand, JuS 2003, 739, 740ff., 742.

务一般也应当负个人责任且与其他合伙人为连带债务人。

51　　这一原则同样适用于自由职业者决定一同从事职业活动所成立的民事合伙。[1]《德国自由职业者合伙组织法》（PartGG）第 8 条第 1 款表明，立法者从未怀疑，自由职业者原则上受制于一种等同于无限合伙中股东应负之责任的责任。

（3）结论

52　　F 可通过适用《德国商法典》第 128 条，类推适用《德国商法典》第 130 条结合适用《德国民法典》第 280 条第 1 款及类推适用《德国商法典》第 124 条第 1 款，向 D 要求支付 15 万欧元。

**（三）G 根据类推适用《德国商法典》第 128 条第 1 句结合《德国民法典》第 823 条第 1 款及类推适用《德国商法典》第 124 条第 1 款，对 D 的请求权**

1. 存在一项合伙债务

53　　G 对事务所基于《德国民法典》第 823 条第 1 款可能享有一项请求权。根据类推适用《德国商法典》第 128 条第 1 句，民事合伙的合伙人依据法律规定对合伙债务负责。因为附属的合伙人个人责任延伸至所有合伙债务，而不管其发生的法律原因。[2]

54　　此处存在的问题在于，B 的行为是否可通过类推适用《德国民法典》第 31 条归于该合伙。作为有单独代理权的合伙人，B 属于《德国民法典》第 31 条所规定的依章程选任之代理人。

---

[1] BGH NJW 2003, 1803, 1805.
[2] MünchKommBGB/Schäfer § 714 Rn. 37.

但部分学说[1]不赞同类推适用《德国民法典》第31条进行归责，因为在《德国民法典》第31条适用范围之外，不再包括对第三人的侵权行为承担个人责任的情形。但在《德国民法典》第831条有不同规定。然而，多数观点[2]认同将《德国民法典》第31条类推适用于合伙人的侵权行为（见边码32）。

由此，B的行为可归责于事务所。行为后果、因果关系、违法性以及损害结果都存在。根据《德国民法典》第249条第2款第1句，事务所应当赔偿G 1500欧元。 55

因此对G存在一项金额为1500欧元的合伙债务。 56

2. D的合伙人身份

D在行为发生时（2013年7月4日）是该事务所的合伙人（2013年7月1日加入）。 57

3. 无有效的责任排除约定

事务所的合伙人与D在章程中约定，D无须个人负担合伙组织对第三人之债务。然而，这一仅在合伙内部有效的约定同样因类推适用《德国商法典》第128条第2句，出于保护债权人的目的，对第三人不发生效力。即使该约定对外是可知的，D也不能以此对抗第三人，如G。[3] 针对D有效的债务排除其实需要D与F之间缔结豁免合同。但本案并未提及有该类合同 58

---

[1] Flume, FS H. Westermann, 1974, S. 119, 143; Altmeppen, NJW 1996, 1017, 1021ff.

[2] BGHZ 154, 88, 94 f.; MünchKommBGB/Schäfer §714 Rn. 38; K. Schmidt, NJW 2003, 1897, 1898ff.

[3] Großkomm/Habersack §128 Rn. 15.

的成立。

4. 结论

59　　G 通过类推适用《德国商法典》第 128 条第 1 句结合《德国民法典》第 823 条第 1 款、类推适用《德国商法典》第 124 条第 1 款，对 D 要求支付 1500 欧元。

## 案例 8　湖景地块

### 一、案情

不动产中介人 Veit Veistenauer（V）喜中 200 万欧元的乐透大奖。赢得大奖尽情狂欢几日后，V 试图寻找投资项目。他找到在"虚拟空间股份公司"（C）上班的多年好友 Paul Pinte（P）。不久前，因为 P 给公司带来了不错的业绩，C 公司的董事会明示授权 P 使用"ppa"（代理）的标志，以有效的形式授权 P 销售 C 公司的土地。V 欲以中奖所得投资。V 对 C 公司表示，欲获得 C 公司在柏林大街上的土地所有权，因为该土地拥有极好的湖景。P 向 V 就该土地要价 75 万欧元，但该土地的市场价为 120 万欧元。P 坚持认为，因为该土地鲜少问询，因此该要价即为市场价值。相反，V 非常清楚这是个特殊的且极优的价格，因此他认可了该交易价格。随即 P 和 V 进行了买卖合同公证。此外，该土地所有权的转让以 C 公司名义通过法律规定的形式完成。主管的地方法院将 V 作为该土地的所有权人登记入册。C 公司董事会获知该交易后，欲为公司追回该土地。

C 公司是否有权，要求 V 同意将 C 公司重新登回土地登记簿？

## 二、结构

**C 基于《德国民法典》第 894 条要求 V 同意（《德国土地登记法》第 19 条）其作为该土地的所有权人重新登记入册的请求权** …… 1

  1. 土地登记簿错误 …………………………………… 1
    （1）合同或法律上并未排除代理 …………… 2
    （2）根据《德国民法典》第 164 条第 1 款以他人
        名义作出自己的意思表示 …………… 3
    （3）根据《德国民法典》第 167 条、《德国商法典》
        第 48 条及以下之代理权 ……………… 4
      ①授权 ………………………………………… 5
        A. 民法上的原则 ……………………… 5
        B.《德国商法典》第 48 条第 1 款之商法上
          的特殊性 ……………………………… 6
      ②形式 ………………………………………… 12
      ③范围 ………………………………………… 14
        A. 民法上的原则 ……………………… 14
        B.《德国商法典》第 49 条所规定的商法上
          的特殊性 ……………………………… 15
        C. 限制 ………………………………… 17
          a. 串通 ……………………………… 18
          b. 代理权滥用 ……………………… 19
            （a）民法上的原则 ……………… 19
            （b）商法上的特殊要件 ………… 20
              a）经理人违反义务 ………… 20

　　　　　b）代理行为产生不利并无关系……… 21
　　　　　c）经理人是否故意 ………………… 22
　　　　　d）第三人已知或应知 ……………… 24
　　　　（c）法律后果 ……………………………… 25
　　　　（d）小结 …………………………………… 27
　　2. 原告 C 适格（Aktivlegitimation）……………… 28
　　3. 被告 V 适格（Passivlegitimation）……………… 29
　　4. 结论 ……………………………………………… 30

## 三、解题

　　预先思考：就 C 的权利保护目标而言，要求 V 同意 C 重新登记回土地册的请求权基础仅能考虑《德国民法典》第 894 条。在 P 作为 C 的代理人后，同时存在的问题是，P 代理 C 的行为是否有效？《德国民法典》第 164 条及以下条款所指的代理是以被代理人的名义从事法律行为。当代理人为被代理人作出一个（自己的）意思表示，则为积极代理。当代理人为被代理人接受一个意思表示（《德国民法典》第 164 条第 3 款），则为消极代理。商人如股份公司（《德国商法典》第 6 条第 2 款、《德国股份法》第 3 条第 1 款）的代理，只要《德国商法典》未作出特别规定，在法律交易中一概适用《德国民法典》的一般条款（《德国民法典》第 164 条及以下），也包括关于表见代理的基本准则。根据《德国民法典》的相关规则，法律行为的代理构成要件为：其一，代理未被约定或依法律规定排除；其二，代理人以被代理人的名义；其三，在代理权限内实施行为。《德国商法典》对其作出限制，就《德国民法典》中关于代理的规定，部分予以补充，部分予以调整。《德国商法典》额外作出的特殊规定是基于，商法领域要求充分的法律安定与交易保护，尤其在涉及代理权的范围时。在法律交易中，不应花费太长时间去查证代理的权限范围。因此存在《德国商法典》第 48 条及以下作为特殊规定。这些条款设定了经理权（《德国商法典》第 48—53 条）和代办权（Handlungsvollmacht）（《德国商法典》第 53—58 条）。此案不涉及机关代理（organschaftliche Vertretung），而是意定代理。

**C 基于《德国民法典》第 894 条要求 V 同意（《德国土地登记法》第 19 条）其作为该土地的所有权人重新登记入册的请求权**

1. 土地登记簿错误

1 　　行使《德国民法典》第 894 条之权利的前提为土地登记簿错误。当登记簿上的所有权人 V 并非该土地事实上的所有权人时，土地登记簿存在错误。最初该土地的所有权人为 C。但 C 可能因根据《德国民法典》第 873 条、第 925 条将土地所有权让与 V 而失去所有权。若 P 为 C 作出所有权移转表示时为有权代理（《德国民法典》第 164 条第 1 款），且 V 作为土地所有权人登记入册，则 V 根据《德国民法典》第 873 条第 1 款、第 925 条获得了该土地的所有权。毫无疑问，V 作为所有权人被登记入册。问题在于，P 在作出合意表示时，是否为有权代理？

（1）合同或法律上并未排除代理

2 　　代理一般可以在所有的法律行为中发生，但也可以因合同[1]

---

[1] BGHZ 99, 90, 94.

或根据法律规定被排除,尤其在必须亲身履行的法律行为中。法律上排除代理的情形如结婚(《德国民法典》第1311条)、立遗嘱(《德国民法典》第2064条)或订立继承合同(《德国民法典》第2274条)。在本案中,P代理的行为不属于被法律排除的情形。

(2)根据《德国民法典》第164条第1款以他人名义作出自己的意思表示

代理人自身作出意思表示。代理人根据自己的判断必须以被代理人的名义为意思表示(公示原则)。在交易中,必须明确知道,谁是订立合同的真正相对人。以他人名义实施行为的意思可通过明示表示或事实推定实现(《德国民法典》第164条第1款第2句)。P明确以C的名义作出自己的意思表示,遵循了公示原则。

3

(3)根据《德国民法典》第167条、《德国商法典》第48条及以下之代理权

代理权可通过法律规定、法律行为或具有被授权的外观性而产生。法人的机关(《德国民法典》第26条第1款、《德国股份法》第78条第1款、《德国有限责任公司法》第35条第1款)以及人合公司中个人负责的股东(《德国商法典》第125条第1款、第161条第2款)享有法定代理权。法人机关的代理权是不受限的,且在特殊形式的公益社团中(参见《德国民法典》第26条第2款第2句)也不受限制(《德国股份法》第82条第1款、《德国有限责任公司法》第37条第2款)。人合公司的被授权代理股东亦同(《德国商法典》第126条第2款、第161条第2款)。法人或人合公司的法定代理涉及的是机关代理。但本案中经理人P并不享有法定代理权。因此应考虑是否为意

4

定代理。

①授权

A. 民法上的原则

5　　以法律行为授予代理权为授权委托（Vollmacht）（《德国民法典》第166条第2款第1句）。根据《德国民法典》第167条第1款的规定，授权委托的意思表示必须对被授权人作出（内部授权，《德国民法典》第167条第1款第1项）或对代理所指向的第三人作出（外部授权，《德国民法典》第167条第1款第2项）。

B.《德国商法典》第48条第1款之商法上的特殊性

6　　根据《德国商法典》第48条第1款，只能由营业的所有人或法定代理人授予经理权。因为营业的所有人只能为商人，而经理权的授予仅能由商人作出，至于其为何种类别的商人并不重要。无论如何，C属于《德国商法典》第6条第2款结合《德国股份法》第3条第1款所指的要式商人。

7　　经理权必须以明示的意思表示授予，但不需要明确使用经理权或经理人的语词。本案中，通过授权使用"ppa"（代理）标志已足够。因此，授权已发生。

8　　营业的所有人或其法定代理人必须亲自（只允许）授予经理权。商人不能以被代理的方式授予经理权。本案中，经理权是由作为C公司法定代理人的董事会授予（《德国股份法》第78条第1款），因此属于由商人亲自作出。

9　　经理权授权可以对被授权人作出（《德国民法典》第167条第1款）。作为单方法律行为，该意思表示无须被授权人的承诺。

经理权只可由自然人享有，法人不可享有经理权。[1] 因为经理权必须以商人与经理人之间特殊的信任关系为前提，因此只允许于自然人身上发生。这一点还体现在《德国商法典》第52条第1款特别赋予商人随时撤回权，以及该条第2款规定的经理权不得转让。相反，法人的机关部门可以调换。本案中P作为自然人被授予了经理权。

C履行了《德国商法典》第48条第1款所规定的授予P经理权之必备要件。

②形式

委托授权一般无须特定形式（《德国民法典》第167条第2款）。商人是通过书面还是口头的形式明示作出授权的意思表示并不重要。但《德国民法典》第492条第4款、第1484条第2款、第1945条第3款，《德国有限责任公司法》第2条第2款或者《德国股份法》第134条第3款、第135条规定了例外情形。此外，当无特定形式的授权将导致规避格式要求以及违反其保护目的（提醒功能）时，授权应以所涉法律行为的形式作出（对《德国民法典》第167条第2款的目的性限缩）。因此转让或取得房产的委托必须以《德国民法典》第311b条第1款规定的形式作出授权。[2]

C口头授予经理权有效。P被特别授权出售土地［经理权并不因此自动延伸（《德国商法典》第49条第2款）］，但必须以《德国民法典》第311b条第1款规定的形式作出。根据案情，该要件也被满足（有效的形式）。

---

[1] Canaris § 12 Rn. 6; K. Schmidt § 16 III 2b.
[2] Köhler § 11 Rn. 27.

③范围

A. 民法上的原则

14 根据民法上的相关规定，授权人可自己决定权限范围。存有疑义时，授权人必须通过解释告知，意思表示受领人（《德国民法典》第133条、第157条）应如何理解授权人的行为。

B.《德国商法典》第49条所规定的商法上的特殊性

15 由于商事交易对法律安定和交易保护有更高的要求，法律对经理人经理权的范围做出限定（《德国商法典》第49条）。经理权延伸至"营业经营所产生的诉讼上和诉讼外的一切种类的交易和法律上行为"（《德国商法典》第49条第1款），例如雇用员工、进行购买和出售、贷款、设立和关闭分公司、提起民事诉讼以及接受入股投资。对于商事营业（任何）的表述指出，经理人可以有效地从事企业经营范围以外的交易行为。经理人也可有效地代理商人在特殊的或非专业领域从事交易。经营项目不设限。

16 倘若未特定授权，经理人的代理范围排除土地的让与和设定负担（《德国商法典》第49条第2款）。《德国商法典》第49条第2款按照其文义仅提及处分行为（Verfügungsgeschäft），然而对该条的目的限缩解释要求延伸至负担行为。[1] 但本案中考虑该条款作出的限制并无意义，因为C公司的董事会通过有效的形式授权P销售其土地，因此P的代理权限覆盖了该交易。但P的代理权可能受到针对串通或者滥用代理权的准则之限制。

C. 限制

17 理论上，应当由被代理人承担滥用代理权的风险。由于被代理人和代理人之间的内部关系（法律上允许）与代理人和第

---

[1] Koller/Kinder/Roth/Morck/Roth §49 Rn. 7; Canaris §12 Rn. 17.

三人之间的外部关系（法律上可以）原则上互相独立，所以代理人的法律行为即使突破了内部关系所设限制，原则上也是有效的。在两种例外情形下，即代理人与第三人串通以及代理人滥用代理权，内部关系与外部关系的相互独立性被突破。

a. 串通

代理人与第三人共同合意损害被代理人利益（串通）的，代理行为因《德国民法典》第138条第1款无效。本案中不存在P与V共同合意损害C利益的情形。 18

b. 代理权滥用

（a）民法上的原则

滥用代理权（并非逾越代理权限）原则上必须以代理人存在不合法行为，且第三人明知代理人滥用代理权或者因为代理人通过十分可疑的方式行使代理权从而可推知为前提。[1]但第三人不负有查验义务。[2]同时也不要求代理人自知滥用了代理权。[3] 19

（b）商法上的特殊要件

a）经理人违反义务

经理人必须存在义务违反行为，即超越了内部关系所定之权限。本案中存在该情形，因为P将土地以比本身价值低45万欧元的价格出售。 20

b）代理行为产生不利并无关系

代理行为对代理人是否产生不利并不重要。这是出于《德 21

---

[1] 类似重大过失，参见BGH NJW 1994, 2082, 2083；1995, 250, 251："引起重大怀疑的客观证据"。
[2] BGH NJW 1994, 2082, 2083.
[3] BGH NJW 1988, 3012, 3013.

国商法典》第 50 条第 2 款交易保护目的之考虑。[1] 代理人与第三人共同合意的损害被代理人利益的法律行为，可根据《德国民法典》第 138 条第 1 款之串通被认定为无效。本案中，因 P 以低于原本价值 45 万欧元的价格出售该土地，C 受有不利。

c）经理人是否故意

22 P 并非故意，而是过失。他是认为该土地无人问津才以该低价出售。问题在于，该理由是否构成滥用代理权。有观点指出，滥用代理权要求代理人在行使商法上未设法律限制的代理权时，必须明知会给商业所有人带来不利，且故意违反其内部关系约定的义务。[2] 由于代理权限未作限制，当然相应地要提高认定滥用代理权门槛，如代理人选任。原因在于，商法上典型的法定代理对信任保护有着更高要求。此外，仅于明知不利的交易才将该风险承担归于代理人。相反，另一种观点则认为故意并不是必然要件[3]，因为主观因素相对于另一方合同当事人的应保护性无关紧要。

23 上述观点提到的合同另一方当事人的应保护性更有说服力。只有对滥用代理权在主观要件上不设定比民法上更高的门槛，比商事法定代理更高的信赖保护才可能实现。因此只要代理人客观上违反义务就符合要件。当然，争议的问题可能无统一的答案。本案涉及土地出售，经理权权限范围原本并未延伸至此（《德国商法典》第 49 条第 2 款）。此处不用考虑商业代理的特殊性，P 被授权出售 C 的土地自始都归于民法调整。那么代理

---

[1] Canaris § 12 Rn. 38; a. A. K. Schmidt § 16 III 4b bb aaa; Großkomm/Joost § 50 Rn. 42.

[2] BGH NJW 1984, 1461, 1462; 1988, 3012, 3013; BGHZ 50, 112, 114.

[3] Baumbach/Hopt/Hopt § 50 Rn. 5; K. Schmidt § 16 III 4b bb.

人是否已知将对被代理人产生不利则无须考量。

d) 第三人已知或应知

第三人必须已知代理人滥用代理权或因重大过失而不知。[1] 必须存在明显滥用的客观证据以认定有巨大嫌疑。[2] 滥用代理权必须是对第三人作出。基于《德国商法典》第49条第1款、第50条第1款和第2款之交易保护目的，第三人仅因轻微过失而不知代理权滥用并无影响。[3] 在本案中存有客观迹象表明P滥用职权。V是房屋中介商，对房屋市场业务有所了解。V应知，P以低于价值45万欧元的价格销售一块土地逾越了其与C基于内部关系产生的代理权限。

(c) 法律后果

代理权的滥用并不必然导致法律行为无效，根据主流观点[4]应类推适用《德国民法典》第177条而效力待定。被代理人可对该法律行为追认。相反，部分判例[5]认为：首先，依据《德国民法典》第242条，第三人不能无条件信赖代理权限。更为准确的是，滥用代理权的法律后果更应首先类推适用《德国民法典》第177条及以下，因为依据《德国民法典》第242条主张滥用权利之抗辩而最终仍可认定欠缺代理权。[6] 其次，被代理人仍可追认该法律行为，在教义学上要考虑抽象原则的例外。因此，该让与行为根据《德国民法典》第177条第1款为

---

[1] Vgl. BGH NJW 1990, 384, 385.
[2] BGH DB 2002, 1439, 1440: "疑点重重"。
[3] Großkomm/Joost §50 Rn. 46; Baubach/Hopt/Hopt §50 Rn. 5; K. Schmidt §16 III 4b bb ddd.
[4] BGHZ 141, 357, 364; Großkomm/Joost §50 Rn. 51; Koller/Kindler/Roth/Morck/Roth §50 Rn. 13.
[5] BGHZ 50, 112, 114; 113, 315, 320.
[6] Canaris §12 Rn. 41.

效力待定,是否有效取决于 C 是否追认。C 并未表达对 P 和 V 之间法律行为的认可,相反 C 希望该法律行为无效。此为拒绝追认的表现。由此,双方之间的代理行为无效。

26     虽然根据判例[1],当存在被代理人因疏忽未对代理人进行可期待的控制(或因被代理人的不作为)从而使代理权滥用发生时,第三人可以针对滥用代理权主张抗辩。但案情并未提及 C 疏于作出可被期待的控制,通过 C 滥用代理权的抗辩不完全或者部分被排除。

(d) 小结

27     C 与 V 之间因 P 的代理行为所成立的法律关系无效。C 并未因 P 将该土地以 C 的名义让与予 V 而失去所有权。由于 V 被登记为该土地的所有权人,因此该土地登记簿存在《德国民法典》第 894 条所指的登记错误。

2. 原告 C 适格(Aktivlegitimation)

28     有资格作为所有人登记入簿的 C 诉讼主体适格,因为归属于它的土地财产被错误登记。

3. 被告 V 适格(Passivlegitimation)

29     被告 V 适格,因为他作为所有权人被登记入簿。

4. 结论

30     C 对 V 享有要求其同意将 C 在土地登记簿上重新登记为所有权人的请求权。

---

[1] BGHZ 50, 112, 114.

## 案例 9　沉默并非总是金

一、案情

超能量有限责任公司（E）是一家为电力网络提供能源服务的企业。手机生产商——安德尔科技股份有限责任公司（A）在 E 的电网覆盖区域内从事生产活动。由于电价上涨，A 决定与前供电公司合同到期后，不再续约，自 2011 年 1 月 1 日起与 E 签订合同。因此，E 的负责人约见了 A 的董事。A 询问，E 是否愿意以一个特定的价格向 A 提供供电服务。A 与 E 约定自 2011 年 1 月 1 日起开始由 E 供电。在一系列谈判后，A 的建议被采纳，A 于是宣布于 2010 年 12 月 31 日终止与之前供电公司的合同。在 A 与 E 商定后的第二日，A 收到了 E 以邮件的方式发出的，附有 E 签名的"订购确认书"，邮件标题为"昨日的合同"。邮件中还提到，E 所附的"一般商业条款"（之前在约定中并未提及）同时适用于该合同。A 的董事并未作出反应，因为负责邮件的工作人员并没有将该邮件转达给该董事。2011 年 1 月 1 日，A 未能等到 E 的供电。由于 E 一位工作人员的轻微过失，造成 A 公司供电使用的机器毁坏。于 2011 年 1 月 7 日 A 才重获供电。在此期间 A 不得不歇业并中断生产，由此遭受高达 300 万欧元的损失。E 在一般商业条款中指出，E 的轻微过失排除客户的损害赔偿请求权。A 就受有的损失请求赔偿。当 E 对 A 主张一般商业条款中的排除权利抗辩时,A 的董事表示,从未收到任何所谓一般商业条款。因此该一般商业条款不能对 A 适用。

A 是否有权向 E 主张 300 万欧元的损害赔偿?

## 二、结构

**A 对 E 依据《德国民法典》第 280 条第 1 款、第 2 款和第 286 条主张因中断生产所产生损害赔偿的请求权** …………… 1

   1. 债务关系 ………… 1

   2. 义务违反 ………… 2

   3. 依《德国民法典》第 280 条第 1 款第 2 句义务违反的可归责性 ………… 3

   4.《德国民法典》第 286 条的额外要件(《德国民法典》第 280 条第 2 款) ………… 4

   5. 损害的发生 ………… 5

   6. 损害赔偿的方式和范围(《德国民法典》第 249 条及以下) ………… 6

   7. 损害赔偿义务未被排除 ………… 7

     (1)一般商业条款作为 E 合同的内容 ………… 8

        ①最初的合同 ………… 8

        ②通过"订购确认书"作出合同变更(《德国民法典》第 311 条第 1 款) ………… 9

          A. E 通过邮件作出的合同变更属于《德国民

　　　　法典》第 145 条之要约 …………… 9
　　B.《德国民法典》第 146 条及以下之承诺 … 10
　　　　a. 沉默作为表示行为 …………… 11
　　　　b. 具有表示效力的沉默 …………… 12
　　　　　（a）《德国商法典》第 362 条 ………… 13
　　　　　　a）接收要约一方为商人 ………… 14
　　　　　　b）它的营业经营必须是为他人处
　　　　　　　理事务 …………… 15
　　　　　　c）自愿请求 …………… 16
　　　　　　d）小结 …………… 17
　　　　　（b）对商人的确认函保持缄默 ………… 18
　　　　　　a）接收方 …………… 18
　　　　　　b）发送方 …………… 19
　　　　　　c）交易联系 …………… 20
　　　　　　d）书面确认口头约定的内容 ……… 21
　　　　　　e）与交易联系存在紧密关系 ……… 22
　　　　　　f）发送方的应保护性 …………… 23
　　　　　　g）A 并未不迟延地表示拒绝
　　　　　　　（《德国民法典》第 121 条
　　　　　　　第 1 款第 1 句）…………… 25
　　　　　　h）法律效果 …………… 26
　　　　c. 小结 …………………… 27
　　　　d. 因撤销使法律行为无效（《德国民法典》
　　　　　第 142 条第 1 款）…………… 28
　（2）责任排除有效……………………… 29
8. 结论………………………………………… 30

三、解题

**A 对 E 依据《德国民法典》第 280 条第 1 款、第 2 款和第 286 条主张因中断生产所产生损害赔偿的请求权**

1. 债务关系

1  因签订供电合同，供电人有供电义务，客户负有支付酬劳的义务。虽然电并非《德国民法典》第 433 条和第 90 条所指之动产，但根据《德国民法典》第 453 条第 1 款，关于物的买卖的规定准用于其他标的物（sonstige Gegenstände）的买卖。电属于该意义上的其他标的物。[1] 买卖合同成立的前提是，E 和 A 之间（关于权利能力适用《德国有限责任公司法》第 13 条第 1 款和《德国股份法》第 3 条第 1 款；关于企业负责人代理适用《德国有限责任公司法》第 35 条第 1 款，董事代理适用《德国股份法》第 78 条第 1 款）合意签订买卖合同。合同的签订以双方之间一致合意，即要约（《德国民法典》第 145 条）和承诺（《德国民法典》第 146 条及以下）为前提。A 和 E 作出了相应的意思表示，A 提出 E 是否愿意以特定的价格向其供电，E 接受了 A 的建议，因此双方达成了合意。A 与 E 之间存在《德国民法典》第 433 条之有效合同，亦即《德国民法典》第 280 条第 1 款之债务关系。

2. 义务违反

2  E 的义务，即于 2011 年 1 月 1 日向 A 供电，并未履行。E

---

[1] Palandt/Weidenkaff § 453 Rn. 6.

直到 2011 年 1 月 7 日才开始供电,涉及履行迟延。因此 E 构成义务违反。

**3. 依《德国民法典》第 280 条第 1 款第 2 句义务违反的可归责性**

E 存在《德国民法典》第 280 条第 1 款第 2 句中的义务违反行为。根据案情,并无可推翻《德国民法典》第 280 条第 1 款第 2 句之推定的情形。相反,A 未被供电是由于 E 工作人员疏忽,其行为因《德国民法典》第 278 条归责于 E。

**4.《德国民法典》第 286 条的额外要件(《德国民法典》第 280 条第 2 款)**

对于因迟延履行合同所带来的损害,债权人仅能在符合《德国民法典》第 286 条之额外要件时请求赔偿(《德国民法典》第 280 条第 2 款)。《德国民法典》第 286 条要求债权人在清偿期到来后一般先予以催告(《德国民法典》第 286 条第 1 款第 1 句)、提起给付之诉(《德国民法典》第 286 条第 1 款第 2 句第 1 项)或送达督促程序中的支付令(《德国民法典》第 286 条第 1 款第 2 句第 2 项)。但本案中未发生以上情形。若给付时间已经按日历确定,则根据《德国民法典》第 286 条无须进行催告。本案中,合同约定了自 2011 年 1 月 1 日起开始履行,迟延履行可归责于债务人。合同陷入履行迟延(《德国民法典》第 286 条第 4 款)(见边码 3)。《德国民法典》第 286 条的额外要件满足。

### 5. 损害的发生

5　　A 事实上遭受 300 万欧元的损害。

### 6. 损害赔偿的方式和范围（《德国民法典》第 249 条及以下）

6　　E 的义务违反行为（无《德国民法典》第 433 条第 1 款之履行）直接导致 A 因营业中止遭受 300 万欧元的损失。因此，倘若损害赔偿请求权未被有效排除，A 可以基于《德国民法典》第 280 条第 1 款和第 2 款、第 286 条、第 251 条第 1 款向 E 主张赔偿。

### 7. 损害赔偿义务未被排除

7　　当 E 的一般商业条款属合同内容且有效，A 对 E 的损害赔偿请求权将被排除。

提示：E 的一般商业条款并非原始合同的组成部分。一般商业条款可通过对合同变更后纳入合同内容。本案涉及的是一个关于法律行为理论的问题，亦即涉及意思表示通过沉默作出。于此，商法有其特殊性，存在《德国商法典》第 362 条以及对商人的确认函表示沉默的准则。

（1）一般商业条款作为 E 合同的内容
①最初的合同

8　　A 与 E 缔结合同，约定 2011 年 1 月 1 日起由 E 向 A 提供电力。双方合意受合同约束并作出一致表示（《德国民法典》第 133 条、第 157 条）。双方并未谈及 E 的一般商业条款，且该条款并未被纳入合同，因此该责任排除条款并非合同内容。但基于合同自由，该一般商业条款可以在任何时间通过合同变更成为 E 和 A 所缔结之合同的组成部分。前提是，存在《德国民法典》第 145 条所指的要约和第 146 条及以下所指的承诺。

②通过"订购确认书"作出合同变更（《德国民法典》第 311 条第 1 款）

A. E 通过邮件作出的合同变更属于《德国民法典》第 145 条之要约

在 E 的邮件中可能存在一项《德国民法典》第 311 条意义下以变更合同为内容的要约。E 必须作出了一个意思表示，该表示（以授意人同意为前提）旨在达到一个设权性的，亦即合同变更之目的。但订购确认书本质上（即《德国民法典》第 146 条及以下之承诺）并无此作用（比照《德国民法典》第 150 条第 2 款），因为订购确认书仅意味着合同始成立。本案中，并非涉及 E 发出邮件使得 A 作出承诺并成立合同。准确地来说，E 只是提及了已经成立的合同。E 欲通过邮件将已经成立的合同通过文本记录并使 A 注意到他所提供的一般商业条款。E 邮件的关键内容实质上不在于订购确认书，而是发出一个以变更合同为内容的要约。A 应当对此作出承诺。

B.《德国民法典》第 146 条及以下之承诺

A 并未对 E 的邮件作出反应，而是保持沉默。倘若不存在一个确凿的行为动作（如上地铁），单纯的沉默一般并非意思表示。沉默作出者并无表示事实，他并不表达同意也不表达拒绝。通常情况下，在商事交易中原则上沉默视为拒绝[1]，尤其是在

---

[1] BGH NJW 1995, 1281, 1282.

不存在相反的商业惯例时。[1] 但沉默不能产生任何法律效果的基本原则也存在例外。

a. 沉默作为表示行为

11 当约定沉默表示为一种特定的意愿时，沉默者的沉默应作为一种表示事实（生动的沉默）。根据当事人意愿可将沉默作为一种表示行为（但请注意《德国民法典》第 308 条第 5 项）。然而这种当事人的意愿在本案中并不存在。

b. 具有表示效力的沉默

12 在无表示行为的特定案件中，沉默也可以具有表示效力，即所谓规范化的沉默或替代表示的沉默（Schweigen an Erklärungs statt）。

（a）《德国商法典》第 362 条

13 《德国商法典》第 362 条第 1 款是规定可通过沉默成立合同的条款。它适用于由商人的营业经营产生为他人处理事务或者自愿为他人处理事务之情形。《德国商法典》第 362 条第 1 款规定，基于这类情形，只要商人没有就对其作出的要约及时表示拒绝，则视为作出承诺。由于商人没有及时拒绝该要约，该沉默视为对要约的承诺（《德国商法典》第 362 条第 1 款第 1 句第 2 分句）。该条与《德国民法典》第 663 条不同，前者更倾向于建立法的确定性和交易保护，后者则规定了因未作出不迟延的拒绝而产生的信赖损害的赔偿。[2]《德国商法典》第 362 条第 1 款应当避免关于意思表示构成要件是否满足的争议，这类争议往往存在于涉及《德国商法典》第 362 条第 1 款的案件。《德国

---

[1] BGH NJW 1996, 919, 920.
[2] Koller/Kindler/Roth/Morck/Roth § 362 Rn. 1.

商法典》第362条第1款第1句要求：其一，接收要约一方为商人；其二，它的营业经营必须是为他人处理事务；其三，关于处理此种事务的要约到达该商人；其四，该商人与要约作出方有固定的交易关系；其五，要约接收方未不迟延地作出回答。

a）接收要约一方为商人

要约接收方（不是指发出人）必须是商人。A满足该前提要件（《德国商法典》第6条第2款、《德国股份法》第3条第1款）。

b）它的营业经营必须是为他人处理事务

《德国商法典》第362条第1款所指为他人处理事务的定义不同于《德国民法典》第662条、第675条所指之委托。《德国商法典》第362条第1款应理解成为第三人服务且有利于第三人的一切法律上或事实上的独立活动。也就是说商人必须要为他人处理本属于他人的事务。[1]例如银行在账户管理范围的事务，运输承包商、中介和经纪人。《德国商法典》第362条第1款不调整简单的关于买卖之要约。因为A发出手机出售的要约虽然属于营业经营，但并非为他人处理事务。所以本案中正是欠缺该特征。然而，当申请处理事务的要约由某人送达商人，而该商人已向此人主动自愿提出可处理他的事务时（《德国商法典》第362条第1款第2句），沉默视为承诺的规定同样适用《德国商法典》第362条第1款第1句第2分句。

c）自愿请求

仅在报纸广告或者广播中公开表示自愿请求并不足以构成《德国商法典》第362条第1款第2句所指之自愿请求。还要求

---

[1] BGHZ 46, 43, 57.

单独地表达，如通过一般形式寄送单独列有收件人地址的广告印刷品。本案中，A 并未对 E 表示自愿请求处理其事务。

d）小结

17　　A 的沉默并不能根据《德国商法典》第 362 条第 1 款第 1 句第 2 分句视为对 E 的要约作出承诺。但 A 的沉默可能根据对商人的确认函保持缄默之基本原则而视为对 E 的要约作出承诺。

（b）对商人的确认函保持缄默

a）接收方

18　　确认函（Bestätigungsschreiben）可能的接收方必须是商人或者如商人一样在较大范围内独立地参与法律交往。若接收方为《德国民法典》第 14 条意义下的企业，则满足定义。A 作为《德国商法典》第 6 条第 2 款和《德国股份法》第 3 条第 1 款所指的要式商人，也符合该要件。

b）发送方

19　　根据判例[1]和部分学说观点，发送方也必须为《德国商法典》第 1 条及以下所指的商人或者如商人一样在大范围内独立参与法律交往。因为商人在与商人交易领域范围外的私人进行交易时无须适用商人间对确认函表示沉默的商事习惯。其他观点[2]认为，可能发出确认函的人，依据《德国商法典》第 345 条的法的思想和类推适用《德国商法典》第 75h 条、第 91a 条、第 362 条可为任何人，与是否以商人或者类似商人身份参与法律交往无关。[3] 该问题暂可搁置，因为 E 本来就是《德国商法

---

〔1〕 BGHZ 40, 42, 44；BGH NJW 1975, 1358, 1359；私人通过律师代理从事事务绝对不适用对确认函缄默的一般原则。

〔2〕 Palandt/Ellenberger § 148 Rn. 10；K. Schmidt § 19 III 2b.

〔3〕 Baumbach/Hopt/Hopt § 346 Rn. 19；Canaris § 23 Rn. 45.

典》第 6 条第 2 款和《德国有限责任公司法》第 13 条第 3 款所指的要式商人。

c) 交易联系

当事人之间必须存在交易上的联系。该要件可在磋商趋于缔结合同或合同订立（可无预先磋商）时发生。在此意义上的合同成立可以通过口头方式，也可以通过书面方式订立。当然，在书面协定中，尤其是大量书信往来的情形下，仍可能就合同的具体内容约定不清楚。[1] 本案中，A 与 E 订立了口头上的合同，因此存在交易联系。

d) 书面确认口头约定的内容

一个（拟定的）协议必须通过书面形式确定下来，至少根据发出方的意愿对协议的基本内容（接收方可辨认）最终和完整地复述。[2] 除要求书面化外，对于商人的确认函并无其他形式要求，可通过传真或者（如本案中）通过邮件方式作出。当然，允许事实上并非是一个真正的订购确认书，所以仅因使用了错误的表述不构成影响。真正的订购确认书作出前，事实上不存在已（拟定）成立的合同，而订购确认书使得合同始成立。E 的邮件并非真正的订购确认书（见上文边码 9）。该邮件也提及了前一天已缔结的合同。商人是否获知了该要约的到达并不重要，只要是因企业应承担的特定风险而未获知即已足够。[3] 本案则属于这种情形。因为该邮件没有由负责邮件的工作人员转交，属于 A 自身风险承担范围。

---

[1] Canaris § 23 Rn. 21；其他观点参见 Großkomm/Koller § 346 Rn. 68。

[2] BGH NJW 1965, 965；1972, 820.

[3] Großkomm/Canaris § 362 Rn. 18；Baumbach/Hopt/Hopt § 362 Rn. 5；K. Schmidt § 19 II 2d ff.；其他观点参见 Heymann/Horn § 362 Rn. 11：过错是关键。

e) 与交易联系存在紧密关系

22　　发送方发出的确认函必须与交易联系（合同磋商或者缔结）直接的有时间上的紧密关系。另外，确认函必须随即到达接收方（《德国民法典》第 130 条第 1 款第 1 句）。有效期限根据个案的情况而定，五天可能毫无问题[1]，三周也可能会不够，因为接收方不一定可预料会收到确认函。本案中，E 的邮件在合同缔结后第二天就送达 A 处，因此与交易联系有密切关系。

f) 发送方的应保护性

23　　当同意的外观性足够可相信时，信件的发送方才被保护。发送方必须具有应保护性。但当他自始知道确认函与协议内容不符或他从理性的角度可以预料到不会得到接收方的认可时，发送方不具有应保护性。[2] 比如，当确认函与最初订立的合同内容有很大出入，如报酬双倍提高或包含不可预期或者并非行业惯例的条件。对次要内容的补充、具体化或者纳入常见且与任意法无巨大偏差的一般商业条款，一般来说不会排除发送方的可保护性。本案中涉及的是，纳入在轻微过失时责任排除的一般商业条款。

24　　当商业确认函的发送方本身收到其交易对象变更了约定（内容交叉的）的确认函，抑或确认函中提到的某份合同或条件已由接收方明确表达过拒绝的，发送方同样也不具有应保护性。因为发送方无法期待会获得接收方的同意。本案中并未涉及这种例外情形。

---

[1] BGH WM 1975, 324, 325.
[2] BGH NJW 1994, 1288; BGHZ 40, 42, 44; 61, 282, 286; 93, 338, 343; 101, 357, 365; MünchKommHBG/K. Schmidt § 346 Rn. 162f.

g）A 并未不迟延地表示拒绝（《德国民法典》第 121 条第 1 款第 1 句）

商业确认函的接收方不得有所迟延地拒绝（《德国民法典》第 121 条第 1 款第 1 句）。此意义上的拒绝为一种意思表示。由于在商事交易中对于合同成立和合同内容应当有迅速清晰的认知，因此对不迟延有严格的标准。本案中，A 对 E 发出的商业确认函根本没有表示拒绝，因此无须考虑作出拒绝是否迟延的问题。尽管董事对 E 的邮件完全不知情，但这一点并不重要（见边码 21 段尾）。

h）法律效果

商业确认函仅作为证明书，一般并不发生特殊的法律效果，只具有对外宣告的作用。当确认函的内容与之前订立的口头协议不一致时，确认函则有设权性的作用。行为的客观表示效果将归属于沉默者。对确认书未表示反对的容忍会发生其内容变为合同内容的作用。确认函本身具有使合同自始成立的作用或如本案发生合同变更。只要接收人为商人，例如 A（《德国商法典》第 6 条第 2 款和《德国股份法》第 3 条第 1 款），确认函的内容尤其是一般商业条款可以变为合同内容（非商人则根据《德国民法典》第 305 条第 2 款将确认函的内容纳入合同内容）。未对确认函表示拒绝则可推定其无相反的意思。该观点符合商业确认函的目的，意图创设可信赖、可证明的基础。因此，只要不存在选择权，双方当事人均可依据该确认书的效力主张权益。

c. 小结

根据对商业确认函作出沉默表示的基本原则可以认定 A 接受了 E 对合同作出的变更。

d. 因撤销使法律行为无效（《德国民法典》第 142 条第 1 款）

28　　A 的董事作出表示，E 不能依据该一般商业条款向 A 主张抗辩，因为 A 并未收到该一般商业条款，因此可以对同意合同变更这一表示行为作出撤销（《德国民法典》第 143 条第 1 款和第 2 款）。商业确认函的接收方不可以主张其误解了沉默的法律意思或者他对确认书的送达并不知情。[1] 基于商业交易保护原则，企业必须承担此类风险。否则同意拟制（Zustimmungsfiktion）就毫无意义。如果接收方在对商业确认函作出沉默的基本原则的界限存在认知上的偏差，则应排除《德国民法典》第 119 条第 1 款之撤销，因为此时仅为动机错误。[2] 否则，商业确认书确认合同内容这一目的将未实现。因此，应排除以合同磋商时作为依据但与确认书内容相悖的错误为由要求撤销的权利。[3] 如果接收方对确认函内容存在的错误（如误解或读错）未表示拒绝，情况就不同了。此时，他可以类推适用《德国民法典》第 119 条第 1 款对沉默表示撤销，因为不应将接收方置于比对确认函作出同意表示时更不利的地位。错误是否基于接收方的不认真仔细并不重要。[4] 依据《德国民法典》第 119 条第 2 款和第 123 条主张撤销一直都为可能。关键点在于，本案并不存在类推适用《德国民法典》第 119 条第 1 款、第 119 条第 2

---

[1]　Baumbach/Hopt/Hopt § 346 Rn. 33；Koller/Kinder/Roth/Morck/Roth § 346 Rn. 34；Canaris § 23 Rn. 34.
[2]　BGH NJW 1969. 1711, 1712；1972, 45；K. Schmidt § 19 III 6b.
[3]　Großkomm/Koller § 346 Rn. 121.
[4]　Baumbach/Hopt/Hopt § 346 Rn. 33；Canaris § 23 Rn. 38；a. A. BGH NJW 1972, 45；MünchKommHGB/K. Schmidt § 346 Rn. 167；Koller/Kindler/Roth/Morck/Roth § 346 Rn. 34.

款或第 123 条的撤销事由。

(2) 责任排除有效

一般商业条款中 E 仅存在轻微过失时不承担责任的条款,应在《德国民法典》第 307 条第 1 款和第 2 款下进行考量(依据《德国民法典》第 310 条第 1 款第 1 句,第 308 条和第 309 条在本案中不适用)。因此轻微过失时排除责任承担是允许的。[1] 理由在于,E 无法供电是不能预估的责任风险,责任排除是 E 的合理需求。也可从《德国民法典》第 309 条第 7 项 b 反向得出允许 E 责任排除的结论。

8. 结论

A 对 E 并不享有基于《德国民法典》第 280 条第 1 款和第 2 款、第 286 条主张 300 万欧元的损害赔偿请求权。

---

[1] BGH NJW 1998, 1640, 1642; Palandt/Grüneberg § 309 Rn. 57.

## 案例 10 手机入网签约业务

### 一、案情

Udo Unruh（U）提供移动通信服务业务。U 与 Hubert Heinze（H）口头约定，H 就 U 所提供的通信网络业务在 Potsdam-Mittelmark 区内作为中间人介绍签约，由 H 提供所需的咨询服务。U 欲与因介绍前来的客户亲自签订合同。H 应当对约定的事务自行担责并单独地在自属场所进行，工作时间和工作范围由 H 自行决定。激活名为"自由简单"的套餐要求签订 2 年合同，H 从每单入网业务中获取 100 欧元的佣金。U 和 H 协议的有效期为自 2010 年 1 月 1 日起至同年 12 月 31 日止。该期间内，H 在 Potsdam-Mittelmarkt 区为 U 促成了 1899 单 2 年合同期的"自由简单"套餐业务，U 向 H 支付了 15 万欧元。之后，H 继续从事该业务，在 2011 年 1 月 1 日至同年 8 月 3 日期间，H 又为 U 介绍了 1968 单该种业务，并且在 Dahme-Spreewald 区也成功介绍了 456 单。截至 2011 年 8 月 3 日，H 在 Potsdam-Mittelmarkt 区另外还介绍了 300 单由 U 自 2011 年 2 月 1 日起提供的名为"飞翔高空"的入网套餐，当地对于这一类网络套餐普遍给予每单 90 欧元的佣金。H 全面地开展他的居间业务，客户也都有序履约。在整个时间里，U 表示对 H 的业务能力非常满意，对 H 的工作时间和工作范围并未作出其他表示。2011 年 8 月 3 日，U 和 H 因琐事发生争吵，因此 U 和 H 合意，之后不再一起合作。

问题 1：H 是否可向 U 要求支付 2010 年 1 月 1 日至同年 12 月 31 日所产生的佣金？若能，数额为多少？

问题 2：H 是否可向 U 要求支付 2011 年 1 月 1 日至同年 8 月 3 日所产生的佣金？若能，数额为多少？

问题 3：由于 U 现有的老顾客都是 H 介绍的，H 可否于 2012 年 12 月 4 日要求 U 支付一定的价款？若能，金额为多少？

## 二、梗概

| 2010 年 1 月 1 日至同年 12 月 31 日 | 2011 年 1 月 1 日至同年 8 月 3 日 |
| --- | --- |
| 1899 单"自由简单"套餐，在 Postdam-Mittelmark 区 | 1968 单"自由简单"套餐，在 Postdam-Mittelmark 区； 456 单"自由简单"套餐，在 Dahme-Spreewald 区； 300 单"飞翔高空"套餐，在 Postdam-Mittelmark 区。 |

## 三、结构

**（一）问题 1：H 根据《德国商法典》第 87 条第 1 款第 1 句向 U 主张支付自 2010 年 1 月 1 日至同年 12 月 31 日期间内的佣金请求权** ·················································· 1

    1. 订立《德国商法典》第 84 条第 1 款意义下的商业

代理合同 …………………………………………… 2
　(1) 独立的经营者 ………………………………… 3
　　　①经营者 …………………………………… 3
　　　②独立性 …………………………………… 4
　(2) 为其他企业主介绍交易或者成立交易 ………… 6
　　　①另一企业主 ……………………………… 6
　　　②介绍和成立交易 ………………………… 7
　(3) 持续受托 ……………………………………… 9
　(4) 小结…………………………………………… 10
2. 商业代理合同的效力………………………………… 11
3. 在合同关系存续期间成立的交易…………………… 12
4. 代理商的活动与交易成立之间存在因果关系……… 13
5. 《德国商法典》第 87a 条第 1 款第 1 句之企业主执行交易…………………………………………………… 14
6. 第三人为《德国商法典》第 87a 条第 2 款之给付 … 15
7. 佣金的范围…………………………………………… 16
8. 佣金请求权并未消灭………………………………… 17
　(1)《德国民法典》第 362 条第 1 款之履行 ……… 17
　(2) 放弃…………………………………………… 18
9. 结论…………………………………………………… 19

**(二) 问题 2：H 依据《德国商法典》第 87 条第 1 款第 1 句，向 U 主张支付 2011 年 1 月 1 日至同年 8 月 3 日之佣金的请求权** …… 20

1. 在 Postdam-Mittelmark 区的"自由简单"通信入网套餐交易………………………………………………… 20
2. 在 Dahme-Spreewald 区的"自由简单"通信入网

套餐交易……………………………………………… 21

　3. 在 Postdam-Mittemark 区的"飞翔高空"通信入网
　　　套餐交易……………………………………………… 22

**（三）问题 3：H 对 U 基于《德国商法典》第 89b 条第 1 款第 1
句和第 2 款主张补偿请求权**…………………………… 23

　1. 商业代理合同终止…………………………………… 24
　2. 满足《德国商法典》第 89b 条第 1 款第 1 句第 1、2
　　　项的所有前提………………………………………… 25
　　（1）《德国商法典》第 89b 条第 1 款第 1 句第 1 项 …… 25
　　（2）《德国商法典》第 89b 条第 1 款第 1 句第 2 项 …… 27
　3. 不存在《德国商法典》第 89b 条第 3 款的排除
　　　情形……………………………………………………… 28
　　（1）《德国商法典》第 89b 条第 3 款第 1 项 ………… 28
　　（2）《德国商法典》第 89b 条第 3 款第 2 项 ………… 29
　　（3）《德国商法典》第 89b 条第 3 款第 3 项 ………… 30
　4. 补偿请求权的价额…………………………………… 31
　5. 除斥期间未到期……………………………………… 32
　6. 结论…………………………………………………… 34

## 四、解题

　　预先思考：根据案情陈述，H 更像是代理商。因此，应当首先从《德国商法典》第 84 条及以下查找请求权基础。《德国商法典》第 84 条第 1 款第 1 句的代理商是指，作为独立的经营者受托为另一企业主进行业务介绍交易或者以其名义成立交易的人。由于代理商本身也是企业主，《德国商法典》第84条第1款第1句将代理商的委托方通过括号补充的方式定性为企业主。商业代理合同针对的是《德国民法典》第675条第1款意义下具有《德国民法典》第611条及以下的雇佣合同性质（劳务作为义务）的事务处理关系。[1] 该合同因时间设定（固定的委托）而表现为长期的债务关系。如果一个代理商因合同不被允许为其他企业主从事事务，那么就涉及单个特定代理商（《德国商法典》第92a条）。这种代理商因其商业依赖性需要予以特别保护，且应当纳入劳动法的适用范围（如《德国劳动法院法》第5条第1款第2句；《德国联邦休假法》第2条第1款第2句）。但这与本案所提问题无关。此外，法律区分了主业代理商和兼职代理商（《德国商法典》第92b条），但本案的问题也不涉及该条。

### (一) 问题1：H根据《德国商法典》第87条第1款第1句向U主张支付自2010年1月1日至同年12月31日期间内的佣金请求权

1　　根据《德国商法典》第87条第1款第1句，代理商对合同关系期间成立的，应归因于其业务开展的交易或者与他经争取作为同一种类交易客户的第三人成立的一切交易，均享有佣金请求权。代理商佣金请求权之前提为：其一，商业代理合同有效成立；其二，企业主和第三人在商业代理合同期间成立交易（关于商业代理合同签订后的交易参见《德国商法典》第87条第3款）；其三，该交易必须可归因于代理商所从事的业务活动（因果关系，《德国商法典》第87条第1款第1句第1种情形），

---

[1] BGHZ 59, 87, 93.

或代理商必须就同一种类交易争取到另一位客户（《德国商法典》第87条第1款第1句第2种情形），或必须满足《德国商法典》第87条第2款第1句的要件（例外情形，《德国商法典》第87条第2款第2句）；其四，企业主已经进行了交易（《德国商法典》第87a条第1款第1句）且第三人已给付（《德国商法典》第87a条第2款），或者企业主因可归责于其的原因不执行已成立的交易（《德国商法典》第87a条第3款）。

提示：本案存在两个要点：一个是U和H口头上协商一致的时间段为2010年1月1日至同年12月31日。只有双方达成的协议在到期后仍有效，协议中所约定的基于交易产生的权利才予以考量。另一个是，H介绍"飞翔高空"这一移动网络套餐并非U和H最初约定的标的物。

### 1. 订立《德国商法典》第84条第1款意义下的商业代理合同

商业代理合同的成立通常适用《德国民法典》上之一般规则。U和H之间，因一致合意，相互作出意思表示，即要约（《德国民法典》第145条）和承诺（《德国民法典》第146条及以下），而成立合同。该合同可能在内容上表现为《德国商法典》第84条第1款所指的商业代理合同。《德国商法典》第84条第1款第1句所调整的代理商具有以下特征：其一，必须是一个独立的经营者；其二，作为媒介交易或者（与第三人）直接成立交易；其三，为另一企业主经营；其四，持续受托。

（1）独立的经营者

①经营者

当代理商满足所需具备的前提要件，即进行《德国商法典》

第 1 条意义下的经营活动时，则为商人。当商人特质的前提要件不具备时，则适用《德国商法典》第 85 条及以下（《德国商法典》第 84 条第 4 款）。该类条款也适用于小工商业者（Kleingewerbetreibende）。代理商可以是自然人也可以是法人，亦可是商事企业。重点是，H 从事经营，因此具备代理商特征。《德国商法典》第 84 条第 1 款第 1 句的经营者与《德国商法典》第 1 条的经营概念相一致。《德国商法典》第 1 条意义下的经营是指独立且从事大量营利交易，对外表现出在商业领域开展业务。[1] H 为了 U 的利益介绍第三人签订移动通信入网合同，从而获取酬金的活动符合以上要件。独立的特征是否具备于此需要特别检验，因为不仅定义经营者，定义代理商同样需要具备该特征。

②独立性

4　　《德国商法典》第 84 条第 1 款第 2 句明确定义了独立性。独立的人是指基本上可以自由开展活动和决定其工作时间的人，活动的形式则并不重要。事实上是否具备《德国商法典》第 84 条第 1 款第 2 句所要求的在活动时长和时间点上的自由，即个人的（而非经济上的）独立性，是根据合同的总体内容以及履行情况，即个案情况来认定的。若不存在独立性，则为雇员身份的中间商（《德国商法典》第 84 条第 2 款），适用劳动法。这一假定是为了更明确地归类以及与劳动法加以区分。

5　　根据本案的情况，H 是独立的。他在自己的场所进行活动。因此，H 并非（例如在 U 公司的办公室）任职于 U 的某一企业

---

[1] Vgl. auch BT-Drs. 13/8444, S. 24；MünchKommHGB/K. Schmidt § 1 Rn. 26；Canaris § 2 Rn. 16.

部门。此外，U 和 H 之间的合同并未对 H 的工作时间和工作范围作出任何规定。事实上 H 并不服从 U 的安排。因此，H 具备《德国商法典》第 84 条第 1 款第 2 句之独立性。

（2）为其他企业主介绍交易或者成立交易

①另一企业主

同代理商一样，仅少数情况下另一企业主必须为商人。为非商人处理事务亦可[1]，但必须至少属于《德国民法典》第 14 条之经营者（如自由职业者）。如同代理商，另一个企业主可以为自然人也可以是法人，抑或是商事企业。U 提供移动通信服务，因此他独立地营利经营，属《德国商法典》第 14 条第 1 款的经营者。

②介绍和成立交易

代理商的工作旨在影响第三人从而在企业主与第三人之间成立交易。[2] 这不仅仅是单纯地告知存在合同缔结的机会（可参见《德国民法典》第 652 条第 1 款第 1 句第 1 种情形）和单纯的广告。代理商作为媒介促成交易时，该交易将直接在企业主和第三人之间成立（中介代理商）。代理商缔结一项交易时，该交易因代理商作为《德国民法典》第 164 条第 1 款意义下的企业代理人，使企业主和第三人之间成立合同（缔约代理商）。由代理商为企业主介绍或成立的交易可以是物品的销售和购入或服务的提供。根据内容不同，代理商可作为销售或者订购中间人，交易形式并不重要。

H 在本案中仅仅作为中介促成 U 和第三人之间直接缔结手

---

[1] BGHZ 43, 108, 110.
[2] BGH NJW 1983, 42.

机通信合同,并非作出自身之意思表示,因此为中介代理商。

(3) 持续受托

9  受托应理解为接受授权委托,从而负有开展活动的义务。如欠缺该要件,则为中间商合同(Handelsmaklervertrag)。当代理人的活动目的是给企业主带来不定数量的交易,以至于双方当事人作出了长期受约束的计划,即存在持续受托。[1] 在此长期存续的关系中产生了对代理商予以特殊保护的需要。在本案中,H 遵守合同约定,在 2010 年 1 月 1 日至 2010 年 12 月 31 日这一持续时间内,积极地为 U 促成许多交易,因此存在持续受托。

(4) 小结

10  在 2010 年 1 月 1 日至同年 12 月 31 日这段时间内,U 和 H 之间至少成立了《德国商法典》第 84 条第 1 款之商业代理合同。

2. 商业代理合同的效力

11  商业合同的效力原则上适用《德国民法典》的一般条款。所以商业代理合同的成立并无形式要求。《德国商法典》第 85 条并未作出相反规定。因持续受托而对代理商予以特殊保护的需要使《德国商法典》上一些不利于代理商的条款被排除适用(如《德国商法典》第 86a 条第 3 款、第 87a 条第 5 款、第 87c 条第 5 款、88a 条第 1 款、第 89 条第 2 款、第 89b 条第 4 款、第 90a 条第 4 款和第 92a 条)。预先拟定的商业代理合同在《德国民法典》第 305 条第 1 款的其他要件之下还要受制于《德国民

---

[1] BGH NJW 1992, 2818, 2819; Canaris § 15 Rn. 13.

法典》第 307 条。只要商业代理合同包含代理商在合同结束后在活动上必须受到额外限制的条款（竞业协议），则合同应为书面形式（《德国商法典》第 90a 条第 1 款第 1 句）。因为 U 和 H 的合同并不含竞业协议，其仅以口头的形式缔结并不影响其效力。其他不生效的事由在本案中也未体现，因此 U 和 K 之间的商业代理合同有效。

### 3. 在合同关系存续期间成立的交易

在合同存续期间，U 因 H 的居间工作与第三人订立了 1899 单"自由简单"移动通信合同。

### 4. 代理商的活动与交易成立之间存在因果关系

代理商的活动必须是交易成立的原因。根据《德国商法典》第 87 条第 1 款第 1 句第 1 种情形，代理商必须对顾客缔结交易起决定性作用，如通过激发客户做出购买决定。就缔约代理商而言，无疑存在因果关系，但中介代理商则需要证据。仅仅只是对因果关系有所贡献亦足矣。当代理商的活动（本案中为 H）通过协助销售活动而促成了一项特定交易，那么应认定代理商活动与交易成立之间存在所需要的因果关系。[1]本案中，U 能与第三人缔结 1899 单手机通信合同完全归因于 H 的活动。因此 H 从事的活动是这些交易成立的原因。

### 5.《德国商法典》第 87a 条第 1 款第 1 句之企业主执行交易

企业主 U 按照《德国商法典》第 87a 条第 1 款第 1 句执行

---

[1] BGH WM 2006, 1358, 1361; MünchKommHGB/v. Hoyningen-Huene §87 Rn. 31.

了由 H 介绍的 1899 单交易。

#### 6. 第三人为《德国商法典》第 87a 条第 2 款之给付

15　　第三人按照与 U 缔结的合同约定履行义务，为《德国商法典》第 87a 条第 2 款之给付。

#### 7. 佣金的范围

16　　如果佣金金额没有确定，则应视通常的率值为约定的率值（《德国商法典》第 87 条第 2 款）。U 和 H 之间关于佣金的约定为每签订一单通信入网合同 100 欧元。H 因此对 U 享有支付 189900 欧元价款的请求权。

#### 8. 佣金请求权并未消灭

（1）《德国民法典》第 362 条第 1 款之履行

17　　H 对 U 享有的 189900 欧元佣金请求权因 U 已支付 15 万欧元而消灭，因为 U 在该金额范围内已为《德国民法典》第 362 条第 1 款之给付。U 对 H 仍负有剩余 39900 欧元的支付义务。

（2）放弃

18　　可能出现的情况是，H 因为接受了 U 的支付且未作出行为，而代表放弃了对剩余佣金的权利。对此应由双方对佣金结算表示一致合意，并认可将不再享有其他权利，通常不能因代理商单纯的无作为而直接认定。企业主和代理商之间关于结算的合意通常要求代理商必须明确地作出意思表示。[1] 毕竟，暗示表

---

[1] BGH NJW 1996, 588.

示放弃通常有着严格的要求。[1] 因此,在本案中 H 无异议地接受 U 的结算支付的事实,既不能视为 H 对结算作出沉默表示的同意,也不能视为放弃了对剩余佣金的请求权。

9. 结论

H 对 U 基于《德国商法典》第 87 条第 1 款第 1 句享有要求支付 39900 欧元的请求权。

**(二) 问题 2:H 依据《德国商法典》第 87 条第 1 款第 1 句,向 U 主张支付 2011 年 1 月 1 日至同年 8 月 3 日之佣金的请求权**

1. 在 Postdam-Mittelmark 区的"自由简单"通信入网套餐交易

U 和 H 之间的合同关系可能在 2010 年 12 月 31 日已终止,因为于此时间点合同有效期已届满。则作为 H 对 U 的佣金支付请求权基础,仅在适用《德国商法典》第 89 条第 3 款第 1 句之合同关系的不定期延长时才予考虑。其前提是,双方当事人在约定的期限届满后继续该合同关系。单方面继续而另一方并未不迟延地表示拒绝并不足以符合要件。[2] 双方无须就所有合同条件重新达成协议。[3] 只有代理商在合同期间届满后继续为企业主从事业务,而企业主也继续实行之前由代理商介绍的交易,佣金请求权才存在。本案中符合该情形,因此 U 和 H 之间的商业代理合同在 2010 年 12 月 31 日后视为不定期延长。由此,H

---

[1] BGH WM 1994, 13; 1995, 1677, 1678.
[2] BT-Drs. 11/3077, S. 9.
[3] BGH WM 2005, 1041, 1045.

对 U（在该请求权的其他要件都符合时）根据《德国商法典》第 87 条第 1 款第 1 句继续享有支付佣金请求权。介绍 1968 单"自由简单"通信入网套餐交易，应支付 196800 欧元（＝1968×100 欧元）佣金。

2. 在 Dahme‑Spreewald 区的"自由简单"通信入网套餐交易

21　　2011 年 1 月 1 日至同年 8 月 3 日，H 在 Dahme‑Spreewald 区向 U 共介绍了 456 单 2 年合同期的"自由简单"通信入网套餐交易。H 原本仅限于在 Postdam‑Mittelmark 区开展业务，属于《德国商法典》第 87 条第 2 款之区域代理商，但他实际在合同约定区域外进行了媒介交易。这类交易通常不享有合同约定的佣金请求权。但 U 和 H 可能已经将在 Dahme‑Spreewald 区的介绍通信入网套餐交易纳入了双方已存在的合同中。区域代理商的活动（如本案中）在企业主的同意下（U 订立并执行了由 H 介绍的交易）在约定的区域外进行，通常也认定享有《德国商法典》第 87 条第 1 款的对订立的交易有完全的合同上的佣金请求权。[1] 此点符合利益保护目的。企业主可能希望代理商提供更多的媒介交易。企业主无必须接受媒介的义务（在与中介代理商对接时），他可以自由决定，是否以及以何种价格（在考虑以此为基础的佣金支付义务之上）接受代理商的要约。U 事实上在本案中执行了 H 介绍的所有交易。H 的获利也指向针对"这些特定区域外"交易之合同约定的对价。站在一个理性受领人角度，应对合同作如下补充解释：在 Dahme‑Spree‑

---

〔1〕　BGH WM 1971, 563f.；2006, 1358, 1361.

wald 区域进行的通信入网套餐交易介绍，应当纳入双方已经存在的商业代理合同中。因此 H（在满足该请求权的其他前提要件下）就 Dahme-Spreewald 区介绍的 456 单 2 年合同期的"自由简单"通信入网交易，根据《德国商法典》第 87 条第 1 款第 1 句对 U 享有支付 45600 欧元（= 456×100 欧元）的佣金请求权。

3. 在 Postdam-Mittemark 区的"飞翔高空"通信入网套餐交易

虽然 2010 年 12 月 31 日后 U 和 H 仍存有商业代理合同关系（见边码 20）。但合同中并没有 H 向 U 主张在 Postdam-Mittemark 区介绍"飞翔高空"通信入网套餐交易佣金的相关条款，亦即缺乏关于佣金的明确约定。但鉴于上文论证的利益状况而进行的补充的合同解释，特别是 U 也执行了交易，H 因此享有佣金请求权（《德国商法典》第 87 条第 1 款）。在本案中，该笔佣金的金额并未确定，应视通常的率值为约定的率值（《德国商法典》第 87b 条第 1 款）。在《德国商法典》第 87b 条第 1 款所指通常率值无法得知时，企业主对代理商所负佣金债务可依据《德国民法典》第 315 条确定。[1] 案情中提到，介绍"飞翔高空"通信入网套餐交易的佣金在当地大概为每单 90 欧元，H 对 U 就在 Postdam-Mittemark 区介绍的 300 单享有支付 27000 欧元（= 300×90 欧元）佣金的请求权。

---

[1] BGH WM 2005, 1041, 1045.

## (三) 问题3：H 对 U 基于《德国商法典》第 89b 条第 1 款第 1 句和第 2 款主张补偿请求权

23  代理商在合同结束并满足《德国商法典》第 89b 条的前提时，可向企业主要求补偿。因为代理商从事活动的报酬，并未通过佣金完全得以支付。[1] 并且企业主在合同结束后仍从代理商所建立的客户群获有收益，但由于合同已终止，代理商无法再分得该收益，故这样的补偿请求权显然是合理的。由于《德国商法典》第 89b 条的补偿请求权为代理商提供了社会保障[2]，该条款也具有社会政策属性，这在其强制性特征中（《德国商法典》第 89b 条第 4 款）也得到体现。《德国商法典》第 89b 第 1 款第 1 句补偿请求权的前提是：其一，商业代理合同已经终止；其二，《德国商法典》第 89b 条第 1 款第 1 句第 1 项和第 2 项的前提要件全部满足；其三，不存在《德国商法典》第 89b 条第 3 款第 1—3 项所列举的排除情形。

### 1. 商业代理合同终止

24  U 与 H 对终止合作达成一致。本案为解约合同（Aufhebungsvertrag），U 和 H 之间的商业代理合同关系终止。

### 2. 满足《德国商法典》第 89b 条第 1 款第 1 句第 1、2 项的所有前提

(1)《德国商法典》第 89b 条第 1 款第 1 句第 1 项

25  《德国商法典》第 89b 条第 1 款第 1 句第 1 项的前提是，企

---

[1] BGHZ 24, 214, 222; Baumbach/Hopt/Hopt § 89b Rn. 2.
[2] BVerfG NJW 1996, 381; Baumbach/Hopt/Hopt § 89b Rn. 3.

业主在合同关系终止后，仍与因代理商介绍所获得的新客户保持交易关系并从中获取显著利益。《德国商法典》第 89b 条所指的补偿，是基于该收益是从代理商所赢得的客户上获取。

当新客户与企业主成立持久的关系，则双方之间的交易联系生成。但仅限于该客户成为"老客户"，单纯的非固定顾客则不符合。[1] 此种联系的强度由产品和区域来决定。在本案中，H 向 U 介绍的顾客基本都成了 U 的老顾客。《德国商法典》第 89b 条第 1 款第 1 句第 1 项所规定的要件因此满足。

(2)《德国商法典》第 89b 条第 1 款第 1 句第 2 项

《德国商法典》第 89b 条第 1 款第 1 句第 2 项要求，支付补偿必须在考量所有情况后符合公平原则，尤其考虑合同期限的长短、双方经济和社会地位以及代理商的年龄和劳动能力等因素。代理商违反合同义务时将使请求权缩减。如企业主须特别支出额外费用以促使交易成立，也可能缩小代理商补偿请求权的范围。[2] 企业主的品牌吸入效应也是考量因素之一。[3] 案情中并不涉及此类请求权缩减的情形。

3. 不存在《德国商法典》第 89b 条第 3 款的排除情形

(1)《德国商法典》第 89b 条第 3 款第 1 项

当代理商已经表示终止合同关系时，《德国商法典》第 89b 条第 1 款的请求权因《德国商法典》第 89b 条第 3 款第 1 项之规定被排除，除非企业主的行为是有正当理由或者代理商因年

---

[1] BGH NJW 1974, 1242, 1243; 1985, 860, 861; BGHZ 42, 244, 247.
[2] BGHZ 56, 242, 245.
[3] BGH NJW-RR 2003, 1342ff.

龄或疾病不能再被期待从事该活动。[1] 本案中 H 并未作出解除合同的表示。更确切来说，U 和 H 一致同意结束该商业代理关系。合同关系的终止并不能等同于代理商与企业主之间的解约合同。

（2）《德国商法典》第 89b 条第 3 款第 2 项

29　　当企业主已经终止该合同关系并且因代理商的过失行为存在终止的重大事由时[2]，《德国商法典》第 89b 条第 1 款的权利也可因《德国商法典》第 89b 条第 3 款第 2 项被排除。本案中 U 并未作出解除合同的表示，确切来说，U 和 H 对合同结束是协商一致。

（3）《德国商法典》第 89b 条第 3 款第 3 项

30　　当根据企业主和代理商之间的协议，第三人替代代理商加入合同关系（契约承担 Vertragsübernahme）的，《德国商法典》第 89b 条第 1 款的请求权因《德国商法典》第 89b 条第 3 款第 3 项之规定被排除。企业主和代理商就继任和由此产生的收益进行自由磋商。第三人是否对代理商负有补偿，并不重要。本案未提及 U 和 H 之间有第三人加入合同关系之约定。

4. 补偿请求权的价额

31　　根据《德国商法典》第 89b 条第 1 款第 1 句的规定，代理商可要求"适当的"补偿。此时应当根据《德国商法典》第 89b 条第 1 款第 1 句第 1、2 项所设定的标准来确定（只要）。《德国商法典》第 89b 条第 2 款将平均计算的年佣金作为限额。

---

[1] 参见代理商指导条例 86/653/EWG 第 18 条 b 项。
[2] 参见代理商指导条例 86/653/EWG 第 18 条 b 项。

5. 除斥期间未到期

《德国商法典》第 89b 条第 4 款第 2 句规定,请求权应在合同关系终止之日起 1 年内主张。主张权利特指向法院提起支付价款诉讼。当起诉书一经到达,即为期限遵守(《德国民事诉讼法》第 167 条)。否则请求权消灭,之后主张抵销也不再可能。于此,《德国民法典》第 215 条不适用。权利主张要求以特殊的方式作出,至少表明权利存在。要求补偿作为单方表示,必须由代理商明确且清晰地表达出来。代理商可在商业合同事实或法律上终止之前主张该权利。[1] 当企业主因诚实信用原则不允许以除斥期间已过进行抗辩时,除斥期间经过并不影响权利主张。尤其当代理商并没有在因企业主利益而设定的期限内主张补偿请求权,企业主对此也负有责任时。

U 和 H 于 2011 年 8 月 3 日协商一致结束合作,双方之间的合同关系就此终止。《德国商法典》第 89b 条第 4 款第 1 句之 1 年的除斥期间从 2011 年 8 月 4 日起算(《德国民法典》第 187 条第 1 款),到 2012 年 8 月 3 日终止(《德国民法典》第 188 条第 2 款第 1 种情形)。2012 年 12 月 4 日,除斥期间已届满且不存在因诚实信用原则而排除 U 主张除斥期间经过抗辩的情形。故 H 基于《德国商法典》第 89b 条第 1 款和第 2 款要求补偿的请求权消灭。

6. 结论

H 对 U 不享有《德国商法典》第 89b 条第 1 款第 1 句和第 2 款规定的补偿请求权。

---

[1] BGHZ 50, 86, 89; 53, 332, 338.

# 案例11　强者的权利

（根据 BGHZ 164，11 = NJW-RR 2005，1496 改编）

## 一、案情

"安德森汽车和零部件股份公司"（A）在德国汽车和零部件经销商圈推销品牌为 A 的产品。A 与经销商之间通常采用商业格式合同（HV）缔约。A 在与经销商 Bert Born（B）签约时使用的同样是这份格式合同。B 成为由 A 建立的经营组织中的一员，并听从 A 的指示。合同包含以下条款：

§2. 合同标的物与储备

（1）合同标的物为所有由 A 向合同经销商提供的汽车和零部件。

（2）经销商必须保证储备充足，保证合同中特定区域市场潜力的标的物供应。A 作出关于经销商货物库存数量的计划；此外，A 也可要求经销商与之达成储备合同标的物的协议。

§3. 由 A 直接出售

（1）A 在特定区域范围内既不能向最终购买方直接销售，也不允许对最终购买方购买的合同标的物提供客户服务。该条款不适用于大客户，即在 12 个月内至少购买了 50 辆汽车的客户。

（2）倘若可证明，因 A 的直接销售使经销商于特定区域内在特定情况下销路受损,经销商可向 A 主张适当补偿。如有必要,该补偿数额将由 A 根据公平衡量确定。

§4. 经销商购买价与价格平衡

A 于合同标的物交付之日开具发票且以该日购买价为准,收到发票后经销商应立即支付税前总价(Netto Kasse)。

§5. 合同终止后清算

(1) 如经销商要求,合同终止后 A 应将经销商处库存的标的物购回。如合同终止归责于经销商(不包括行使合同权利合理地提出终止)则不适用。其他情形下,经销商仅能要求 A 购回满足以下条件的标的物:

①从 A 处直接购进;

②不论功能是否良好,经销商根据合同约定的或者由 A 明确要求或者推荐的方式验收、储备以及存放的货物;

(2) 回购价格按以下方式决定:……

(3) 不论 A 是否有回购义务或经销商是否要求回购,经销商在任何终止合同情况下都有义务在 A 的要求下将库存的货物全部或者部分向 A 出售。在此情况下,回购以第 5 条第 2 款所确定的价格为准,除非经销商能在书面的回购要求送达后四周内向 A 证明,存在以更优价格出售的可能性。在此情形下,A 仅能以与经销商叫证明的更优销售机会相符的价格回购货物。

(4) 合同终止是指由可归责于 A 的事由引起,经销商基于此对 A 享有损害赔偿请求权,该赔偿请求权不因上述关于回购库存的条款而被排除或受限。只要违约不涉及违反基本义务(Kardinalpflicht)的责任,A 就仅在故意或者重大过失时承担责任。

B就A可否在发生争议时主张适用上述条款的问题,向史蒂芬·西劳(S)律师咨询。S应如何答复?

提示:在本案中无须检验反垄断法问题。

## 二、结构

### (一) 商业格式合同第3条第2款之补偿条款因不具有透明性违反《德国民法典》第307条第1款第1、2句 …………… 1

    1. 内容清晰易懂 ……………………………………… 2
    2. 违反透明性原则 …………………………………… 3

### (二) 商业格式合同第3条第2款第1句因其所规定的证明责任使经销商受有不利益而违法 ……………………… 5

    1.《德国民法典》第309条第12项 ………………… 6
    2.《德国民法典》第307条第1款第1句 …………… 7

### (三) 商业格式合同第4条因A的单方给付确定权而违反《德国民法典》第307条第1款第1句 ……………………… 8

    1. 允许依据《德国民法典》第307条第3款第1句对商业格式合同第4条进行内容审查 ……………… 9
    2. 违反《德国民法典》第307条第1款第1句 ……… 10

### (四) 商业格式合同第5条因对回购请求权作出不合理限制而违反了《德国民法典》第307条第1款第1句之规定 ………… 12

    1. 条文内容 ……………………………………………… 12

2. 商业格式合同第 5 条第 1 款第 3 句违反《德国民法典》
第 307 条第 1 款第 1 句之规定 ………………………… 13
①商业格式合同第5条第 1 款第 3 句 ………………… 13
②商业格式合同第5条第 1 款第 3 句第①项 ………… 14
③商业格式合同第5条第 1 款第 3 句第②项 ………… 15

**(五) 基于使经销商负有向 A 出售货物的义务（尽管之前已向第三人出售），商业格式合同第 5 条第 3 款违反《德国民法典》第 307 条第 1 款第 1 句** ………………………………………… 16
1. 对商业格式合同第 5 条第 3 款进行解释……………… 17
2. 违反《德国民法典》第 307 条第 1 款第 1 句 ……… 18

**(六) 因涉及"基本义务"，商业格式合同第 5 条第 4 款违反《德国民法典》第 307 条第 1 款** …………………………… 19

**(七) 结论** ………………………………………………………… 21


## 三、解题

预先思考：本案非常适合作为初级职业培训题。因为案例问题涉及对合同内容的法律咨询。这种类型的条款越来越多地成为考试的重点。这要求解题者必须摆脱以往考试中检验请求权的惯常思维，但也并不要求解题者必须了解权威的相关判例。更多的是要求解题者对每项条款所涉及的各方利益能进行详细说明，以及依据《德国民法典》第 307 条第 1 款对格式条款内容所设的限制，对条款内容进行合理调整。本案涉及授权经销商。法律上无授权经销商的相关规定。其以本人名义和隶属账户从事活动，并承担所有销售风险。但授权经销商（与一般的商人不同）长期地受制于制造商提供的框架合同，并属于其经营网络的成员。授权经销商应定义为[1]：授权经销商作为经营者被长期委托，以自身名义和隶属的账户销售另一企业主（生产商）的产品，并以代理商或经纪商的类似方式销售。由此可知，生产商和授权经销商之间存在框架合同，基于此双方之间成立了大量关于框架合同所约定产品的买卖合同（双层）。从生产商处购置的合同产品由授权经销商以自身名义和账户向第三人销售。由此产生的营利机会即为生产商对授权经销商的对待给付。授权经销合同包含商业代理合同的要素，属于带有服务特征的代理合同（《德国民法典》第675条第1款结合第611条及以下）。同时，因授权代理合同又指向一系列待订立的买卖合同，这些买卖合同中基于《德国民法典》第433条所产生的交付和买受义务是合同之主义务，所以也就具有了（预约合同）买卖法之要素。[2] 授权经销合同应属混合合同。生产商和销售商的权利义务由授权经销合同决定。倘若授权经销合同（定期地）是生产商为大量的合同所预先拟定（《德国民法典》第305条第1款），则应依据《德国民法典》第307条进行一般交易条款审查。这是本案的重点。首先必须认知各项条款的内容，对利益相关的内容仔细分析，并且借助法律对程序上和实际上的法律状况进行比较。

---

[1] Vgl. auch BGHZ 54, 338, 344; 74, 136, 140; etwas enger K. Schmidt § 28 II 2a.
[2] Canaris § 17 Rn. 10.

## (一) 商业格式合同第 3 条第 2 款之补偿条款因不具有透明性违反《德国民法典》第 307 条第 1 款第 1、2 句

基于比例性原则（Verhältnismäßigkeitsgrundsatzes），A 的直接供货限制之保留条款（商业格式合同第 3 条第 2 款）对授权经销商（在本案中即加入 A 的经销组织并且服从 A 的指令和决定的经销商）于经济领域扩展销售的自由造成损害，则 A 必须使其获得合理的补偿。[1] 该直接供货的保留条款只在此情形下才有效。根据案情，本案涉及《德国民法典》第 305 条规定中的一般交易条款，评价的标准应将《德国民法典》第 307 条第 1 款纳入考虑。

1

### 1. 内容清晰易懂

当由 A 提供的有利于 B 的补偿无法清晰和易理解地确定时，根据《德国民法典》第 307 条第 1 款第 2 句，该条款使合同一方当事人受有不适当的歧视（《德国民法典》第 307 条第 1 款第 1 句的法律后果：一般交易条款不生效力）。该规定要求一般交易条款的使用者，尽可能地明确、清晰地表达合同中规定对方权利、义务的条款。涉及补偿授权经销商的条款之构成要件和法律后果必须准确地予以规定，以使授权经销商主张补偿的权利范围在 A 可充分预期的框架内。应该注意的是，不允许使用者有自我评断的空间。[2]

2

---

[1] BGHZ 124, 351, 356f.; 164, 11, 15f.
[2] BGH NJW 2004, 1738.

### 2. 违反透明性原则

3　　经销商 B 依照商业格式合同第 3 条第 2 款第 1 句的适当补偿请求权必须要先证明其销路因 A 的直接销售而受损。如果经销商因销路受损而失去本应获得的利润，显然这个利润应当得以补偿。A 的补偿义务还应包括经销商为获取利润而支出的必要费用（如广告、人力）。经销商所遭受的其他经济上的不利益同样也必须纳入商业格式合同第 3 条第 2 款因销路受损而要求赔偿的范围内。逐一列举所有可能发生的不利益既不可能也不合理。因此应将经销商要求合理补偿的权利与因直接售卖致使经销商销路受损情况和财产上所受影响相联系。

4　　商业格式合同第 3 条第 2 款的补偿条款可能因其第 2 句而违反《德国民法典》第 307 条第 1 款第 2 句的规定。依照商业格式合同第 3 条第 2 款，补偿在必要时由 A 根据公平衡量确定。A 享有《德国民法典》第 315 条下的单方给付确定权。虽然关于 A 享有该给付决定权的前提条件并未明确给出，但该规定不透明不会导致第 1 句中规定的合理补偿所依据的客观标准在公平衡量下也变为不透明（参见《德国民法典》第 315 第 3 款）。因此商业格式合同第 3 条第 2 款第 2 句并未违反《德国民法典》第 307 条第 1 款第 2 句。

### （二）商业格式合同第 3 条第 2 款第 1 句因其所规定的证明责任使经销商受有不利益而违法

5　　商业格式合同第 3 条第 2 款第 1 句可能因条款内容使经销商负有证明销路受损的责任而无效（可证明）。

1.《德国民法典》第 309 条第 12 项

虽然《德国民法典》第 309 条不适用于对经营者使用的一般交易条款（《德国民法典》第 310 条第 1 款第 1 句）。但对经营者使用的一般交易条款违反《德国民法典》第 309 条也就意味着内容上存在不适当的歧视。[1] 根据《德国民法典》第 309 条第 12 项，当使用人作出一项变更证明责任的条款，使合同另一方当事人受有不利益，该变更与其适用的法律不相符，则该条款无效。[2] 本案不存在该情形。因为商业格式合同第 3 条第 2 款第 1 句的证明责任分配符合基本原则，合同双方必须证明符合对其有利的法律条文所必备的前提要件。权利主张者承担权利产生的举证责任。[3] 当授权经销商 B 因 A 违反合同义务进行直接销售而依据《德国民法典》第 280 条第 1 款享有损害赔偿请求权并向 A 主张权利时，B 承担销路受损以及受有不利的证明责任。

2.《德国民法典》第 307 条第 1 款第 1 句

B 可依据《德国民法典》第 307 条第 1 款第 1 句主张因商业格式合同条款违反诚实信用原则而受有不适当的歧视，因为 A 保留了直接向 12 个月内购入超过 50 台汽车的大客户销售的权利，尽管经销商可因受有销路损害主张补偿请求权，但同时也要求 B 对此承担证明责任。禁止直接销售的例外情形可因事实

---

[1] BGHZ 174, 1 Rn. 12; Palandt/Grüneberg § 307 Rn. 40 (有争议)。
[2] BGHZ 127, 275, 282; 164, 11, 18.
[3] BGH NJW 2005, 2395, 2396; BGHZ 116, 278, 288; 113, 222, 224f.; 164, 11, 18.

上的原因（如长期与大客户就该品牌建立的联系以及所带来的广告效应）而成为完全合理的。要求经销商承担证明责任也并非不恰当。[1] 因为经销商的经营交易状况以及之后（如不存在 A 直接销售的可能性）产生的获利机会在诉讼过程中只有其本身可以说明和证明。因此，商业格式合同第 3 条第 2 款并没有违反《德国民法典》第 307 条第 1 款第 1 句的规定。

### （三）商业格式合同第 4 条因 A 的单方给付确定权而违反《德国民法典》第 307 条第 1 款第 1 句

8  商业格式合同第 4 条赋予了 A 单方给付确定权。B 可能因该条违反诚实信用原则而受有不适当的歧视（《德国民法典》第 307 条第 1 款第 1 句）。问题在于，该第 4 条是否依据《德国民法典》第 307 条第 3 款并未避开内容审查。

#### 1. 允许依据《德国民法典》第 307 条第 3 款第 1 句对商业格式合同第 4 条进行内容审查

9  商业格式合同第 4 条不能因《德国民法典》第 307 条第 3 款第 1 句而避开条款内容审查。单方给付确定权的设立理应（如涉及价款）受《德国民法典》第 307 条及以下检验。因为该类条款违背了通过合同确定给付和对待给付的原则（《德国民法典》第 305 条）。[2]

#### 2. 违反《德国民法典》第 307 条第 1 款第 1 句

10  以《德国民法典》第 145 条及以下为法律条款参照，授权

---

[1] BGHZ 164, 11, 18.
[2] BGHZ 124, 351, 362.

经销商的购买价格根据 B 和 A 之间对合同标的物签订的个别买卖合同来确定。当 A 在订购与订单确认间隔时间内对经销商的购买价格作出变更，B 有权根据《德国民法典》第 150 条第 2 款拒绝与 A 缔结合同。但商业格式合同第 4 条作出了不同的规定。根据该条，A 有权在授权经销商订购后随意更改价格。此外，A 有权单方决定合同价格，且授权经销商必须接受。对于商业格式合同使用者，这种单方给付确定权必须满足以下前提要件：其一，使用者必须基于重大事由而享有该合理利益；其二，给付确定权必须足够具体化；其三，必须充分考虑另一方的合理利益。

商业格式合同第 4 条不具备这些要件。该条并没有指出 A 享有在授权经销商订购后单方更改合同购买价权利的理由。更确切地说，A 的这项权利单方面随意地减少了经销商的进售价差，也减少了其盈利机会。订购确认书上所列购买价必须在授权经销商预估范围内，同时授权经销商有权因订购与订单确认书之间发生价格变更而不缔结合同。因此商业格式合同第 4 条违反了《德国民法典》第 307 条第 1 款第 1 句的规定。

### （四）商业格式合同第 5 条第 1 款因对回购请求权作出不合理限制而违反了《德国民法典》第 307 条第 1 款第 1 句之规定

1. 条文内容

商业格式合同第 5 条第 1 款第 1 句赋予授权经销商在合同终止后要求生产商回购库存货物的权利，但接下来两句的内容将该权利做了不同程度的限制。商业格式合同第 5 条第 1 款第 2 句将本权利在合同终止可归责于授权经销商的情形下排除。商业格式合同第 5 条第 1 款第 3 句还规定在其他情形中行使本权利（其他情形下）须通过第①项和第②项确切地限定合同标的物。

2. 商业格式合同第 5 条第 1 款第 3 句违反《德国民法典》第 307 条第 1 款第 1 句之规定

①商业格式合同第 5 条第 1 款第 3 句

13　　倘若生产商主张，经销商必须作出特殊的合同终止通知才能发生经销合同终止的效力，那么商业格式合同第 5 条第 1 款第 3 句可能构成通过不合理的方式限制经销商的回购请求权。如果合同条款并未区分合同终止是由授权经销商还是由生产商或者非合同当事人提出，那么在合同终止可归责于生产商时，经销商行使立即终止合同权利不应受有不适当的歧视。[1] 本案所讨论的合同符合该要求。原因在于，在经销商合同终止可归责于 A 时，商业格式合同第 5 条第 4 款第 1 句明确规定经销商享有损害赔偿请求权（其内容如回购合同标的物）。

②商业格式合同第 5 条第 1 款第 3 句第①项

14　　商业格式合同第 5 条第 1 款第 3 句第①项排除了经销商要求回购并非从 A 处直接购入的合同标的物的权利。因此，A 可能违反了后合同之忠实义务（《德国民法典》第 307 条第 1 款第 1 句），基于该义务，即使经销合同不存在相关约定，经销商仍享有回购请求权。合同回购请求权的前提是，授权经销商必须在经销合同期内仓储库存货物。[2] 本案符合该前提（商业格式合同第 2 条第 2 款）。授权经销商并未表明，经销商可以就并非

---

〔1〕 BGHZ 124, 351, 368.
〔2〕 BGHZ 54, 338, 344ff.；124, 351, 369f.；128, 67, 70；164, 11, 32.

直接从 A 处，而是从其他经销商处进购的货物履行该义务。倘若经销商履行了对非从 A 处购入货物的库存保管义务，A 并无合理利益（通过格式条款）主张将此类物品排除在回购请求权之外。对于与合同标的物之间存在竞争关系的其他货物，商业格式合同第 5 条第 1 款的回购请求权则并不产生。经销商是否以比从 A 处直接拿货更高的价格在第三人处进购货物并不重要，因为 A 所支付的回购价格根据商业格式合同第 5 条第 1 款第 2、3 句确定。商业格式合同第 5 条第 1 款第 3 句第②项要求 A 仅对验收、储备和存放货物符合合同规定的库存履行回购义务。因此事实上已经规避了经销商追加订货填满仓库，以求通过 A 回购货物而获利的风险。因此，将 B 的回购请求权限制于 B 直接从 A 处购入的货物，似乎存在利益不公平。商业格式合同第 5 条第 1 款第 3 句第①项违背了 A 的后合同忠实义务，违反了《德国民法典》第 307 条第 1 款第 1 句的规定。

③商业格式合同第 5 条第 1 款第 3 句第②项

商业格式合同第 5 条第 1 款第 3 句第②项将经销商的回购请求权仅限于根据合同约定的或者是由 A 明确要求或者推荐的方式验收、储备以及存放的货物。[1] 经销商行使回购请求权，对于生产商理应仅就其合同义务的后果获得赔偿。经销商不应将超出自身企业决策的风险转嫁给生产商。本条款合理地考量了合同双方当事人的利益。商业格式合同第 5 条第 1 款第 3 句第②项对回购请求权的限制必须特别清楚以及易懂地表达，从而不存在违反透明性原则的情形（《德国民法典》第 307 条第 1 款第 2 句）。该条将限制 A 回购义务的范围与经销商仓储保管义务的

---

〔1〕 BGHZ 54, 338, 346.

范围联系起来。经销商仅在按照约定履行仓储之合同义务时，才能在对生产商主张回购请求权。商业格式合同第 5 条第 1 款第 3 句第②项意义下关于"根据合同约定"的方式履行的具体解释，由商业格式合同第 2 条第 2 款所规定的合理储备库存标的物的义务来判定。商业格式合同第 2 条第 2 款符合《德国民法典》第 307 条第 1 款第 2 句的要求。因此，商业格式合同第 5 条第 1 款第 3 句第②项所要求的根据合同约定的履行方式得以确定。因此，合同明确指出了如何验收、储备以及存放符合合同约定。本条并不与《德国民法典》第 307 条第 1 款的规定相悖。

**（五） 基于使经销商负有向 A 出售货物的义务（尽管之前已向第三人出售），商业格式合同第 5 条第 3 款违反《德国民法典》第 307 条第 1 款第 1 句**

16 商业格式合同第 5 条第 3 款可能造成经销商受有不适当的歧视，因为经销商对存放于其仓库中已经出售但仍未交付的货物，应生产商要求，必须全部或者部分出售。这将对授权经销商带来不利：授权经销商可能不可预估地被客户主张损害赔偿请求权，或其自身的处分自由被不适当地损害。但首先需要对商业格式合同第 5 条第 3 款的内容进行解释。

1. 对商业格式合同第 5 条第 3 款进行解释

17 授权经销商和顾客之间单纯订立买卖合同，并不影响货物在发送和转移给顾客前仍存储在经销商仓库。但依据商业格式合同第 5 条第 3 款，在生产商要求下，授权代理商必须全部或部分出清其仓库中已经售出但仍未交付的货物。A 通过商业格式合同第 5 条第 3 款追求的利益是将其生产的货物限制在自身销售系统中。当经销商已经将该货物出售于第三人，该利益亦可以或甚至因此而存在。

2. 违反《德国民法典》第 307 条第 1 款第 1 句

通过对商业格式合同第 5 条第 3 款的解释查明的内容，可能使经销商受有《德国民法典》第 307 条第 1 款第 1 句所指的不适当的歧视。即使依据该条，经销商仍可获得与第三人交易所产生的利润。这是因为该条款规定，倘若经销商可以向 A 证明他四周内有更有利的销售机会，此时他有权依据商业格式合同第 5 条第 2 款要求 A 以该更高价格回购。此时，如果 A 行使回购权经销商必然要么违反对 A 之合同义务，要么违反对客户之合同义务，因为经销商不能就两个买卖合同同时履行。如果他选择对 A 履行，则客户对经销商享有《德国民法典》第 280 条第 1 款、第 3 款和第 281 条之权利。如果他选择对客户交付，则 A 享有损害赔偿请求权。此处涉及对经销商企业自主权的严重侵害，因此商业格式合同第 5 条第 3 款违背了诚实信用原则，经销商受有《德国民法典》第 307 条第 1 款第 1 句所指之不适当的歧视。

## （六）因涉及"基本义务"，商业格式合同第 5 条第 4 款违反《德国民法典》第 307 条第 1 款

商业格式合同第 5 条第 4 款可能违反条款透明性要求（《德国民法典》第 307 条第 1 款第 2 句）。这可能是因条款本身语法上的缺陷而产生。"只要违约不涉及违反合同基本义务的责任，则 A 仅在故意或者重大过失时承担责任"并不会被理解为"违

反基本义务不承担责任"。因为第 2 句与第 1 句衔接，且仅限于未违反基本义务情形时。因此，违反基本义务的责任并不受本条款调整。

20　　因为轻微过失时作出的有效格式性免除责任规定的适用前提和限制，并未足够清晰地表述，商业格式合同第 5 条第 4 款也可能被认定为不透明。通过格式条款免除轻微过失的责任时，不允许降低合同另一方实质性的法律地位。如若此类保留性条款使相对方的权利和使用方的义务受到限制，而该权利和义务是合同内容和目的所决定的，则为不适当（《德国民法典》第 307 条第 2 款第 2 项）。[1] 商业格式合同第 5 条第 3 款将经销商的法律地位和生产商的义务仅仅通过"基本义务"笼统地表达。尽管该概念在德国联邦最高法院的判例中使用过，但并非法律用语。一个普通的经销商作为法律门外汉未必了解判例，因此该条存在《德国民法典》第 307 条第 1 款第 2 句所指的条款不透明。

**（七）结论**

21　　A 不可援引商业格式合同第 3 条第 2 款第 2 句、第 4 句，第 5 条第 1 款第 3 句第①项、第 3 款和第 4 款，因为这些条款违反《德国民法典》第 307 条的规定。

---

[1] BGH NJW 1993, 335; BGHZ 145, 203, 244; 149, 89, 95f.

## 案例 12　困境中的有限责任公司

### 一、案情

供货商 Anselm Anders（A）对 Gert Göber 建筑有限责任公司（B）享有要求支付 65 万欧元因供应建筑材料所产生费用之请求权，B 每年的营业额为 10 亿欧元。因 B 当下陷于破产清算危机，对企业事务有丰富经验的唯一经理人 Gert Göber（G）请求 A 同意 B 在 6 个月后支付该款项。A 表示同意，但前提是 G 就支付款项以个人提供保证。G 作为 B 公司唯一的代表，口头表示同意，旨在确保该家族企业能继续经营。几周之后，B 陷入支付不能。A 因此要求 G 个人支付 65 万欧元。G 拒绝，并告知 A，真实情况是在其提供保证时已经离职，A 可以通过 B 的财产获得债务偿还。

A 对 G 是否可以主张支付 65 万欧元的请求权？

### 二、梗概

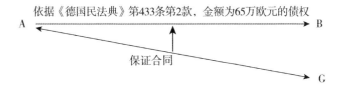

## 三、结构

**A 对 G 基于保证合同主张支付 65 万欧元的请求权（《德国民法典》第 765 条第 1 款）** …… 1

 1. 存在主债务 …… 2
 2. 保证合同有效成立 …… 3
  （1）《德国民法典》第 145 条之要约 …… 4
  （2）《德国民法典》第 146 条及以下之承诺 …… 5
  （3）小结 …… 7
 3. 保证合同有效性：因《德国民法典》第 766 条第 1 句结合第 125 条第 1 句，作出无效的担保意思表示 …… 8
  （1）原则 …… 8
  （2）《德国商法典》第 350 条的例外情形 …… 9
   ①前提 …… 9
   ②因经营管理活动而具有商人资格 …… 10
   ③《德国商法典》第 350 条类推适用于企业负责人 …… 11
    A. 观点 1：《德国商法典》第 350 条类推适用于企业负责人 …… 11
    B. 观点 2：《德国商法典》第 350 条不可类推适用于企业负责人 …… 12
    C. 小结 …… 13
   ④因股东身份而具有商人资格 …… 14
   ⑤《德国商法典》第 350 条类推适用于股东 …… 15
    A. 观点 1：《德国商法典》第 350 条可类推

　　　　适用于股东 ·················· 15
　　B. 观点 2：《德国商法典》第 350 条不可类
　　　　推适用于股东 ················ 16
　　C. 小结 ······················· 17
　　⑥基于其他因素而不能类推适用《德国商法典》
　　第 350 条 ······················ 18
4. 结论 ····························· 19

## 四、解题

**A 对 G 基于保证合同主张支付 65 万欧元的请求权（《德国民法典》第 765 条第 1 款）**

　　A 对 G 主张支付 65 万欧元的请求权基础可以只考虑 A 与 G 之间的保证合同。但必须满足以下要件：其一，A 要求 B 支付 65 万欧元价款的主债务存在；其二，G 对该主债务向 A 作出个人保证。A 可向 G 基于保证合同（《德国民法典》第 765 条第 1 款）请求支付 65 万欧元。其前提是主债务存在，亦即 A 对 B 享有请求支付 65 万欧元的权利。　　1

### 1. 存在主债务

　　根据《德国民法典》第 433 条第 2 款，A 对 B 因供应货物，即享有要求 B 支付 65 万欧元价款的权利。因此，主债务存在。若 A 与 G 之间的保证合同成立，则 G 就该主债务对 B 以个人担责。　　2

## 2. 保证合同有效成立

3　　A 对 G 基于保证合同（《德国民法典》第 765 条第 1 款）主张 65 万欧元价款的前提条件是 A 与 G 之间成立有效的保证合同，G 因此就 B 对 A 金额为 65 万欧元的主债务承担保证责任。保证合同的成立以双方之间作出一致的意思表示为要件，即要约（《德国民法典》第 145 条）与承诺（《德国民法典》第 146 条及以下）。

### （1）《德国民法典》第 145 条之要约

4　　A 愿意延期向 B 请求支付金额为 65 万欧元债务的前提条件是，A 和 G 之间成立保证合同。本案中，存在《德国民法典》第 145 条之作出缔结保证合同的要约，该合同要求 G 就 B 对 A 金额为 65 万欧元的债务提供保证。A 的表述是一项包含上述内容的意思表示，该意思表示对 G 作出。该意思表示也已送达 G（《德国民法典》第 130 条第 1 款第 1 句）。因此，本案存在《德国民法典》第 145 条之要约。

### （2）《德国民法典》第 146 条及以下之承诺

5　　G 在 A 的要求下表示同意。此为《德国民法典》第 146 条及以下所指之承诺。该意思表示由 G 对 A 作出，并送达 A（《德国民法典》第 130 条第 1 款第 1 句）。

6　　G 表示，其作出债务保证时已经退出企业，拒绝支付，B 可通过 A 的财产获得债务清偿，这一意思表示是对承诺的抗辩。此时，应考察是否涉及自然人（或法人）实质交易资格的错误。自然人的资格是指，在一定时间内附着的特征或表现的特性。[1] 自然人的资产状况和支付能力是《德国民法典》第119条第2款意义上交易中重要的自然人的资格。当卖家以赊购方式出售一件货物时，如果他对买家的支付能力存在错误理解，则他可以依据《德国民法典》第119条第2款撤销该买卖合同。被评价资产状况的人并非必须是意思表示的相对人，当对第三人的资产状况存在错误理解也可以主张撤销合同。重要的只是，自然人的资产状况对交易内容和目的都具有决定性作用。因此债权人如对担保人的支付能力出现错误理解，可以主张撤销。同时，一般也考虑担保人对保证合同的撤销。倘若交易行为只是存在典型的或者已知的风险，则排除该权利。[2] 合同当事人应当承担根据合同意义和目的所产生的风险，故不考虑是否对该风险存在错误理解。若考虑，则所涉资格对合同而言就并非"对交易重要的"（verkehrswesentlich）。在保证行为中，主债务人缺乏支付能力属于典型的一般风险。因此他不能依据《德国民法典》第119条撤销其意思表示。

（3）小结

A 和 G 之间成立保证合同，根据合同约定，G 有义务就 B 对 A 的 65 万欧元的债务提供个人担保。　　7

3. 保证合同有效性：因《德国民法典》第766条第1句结合第125条第1句，作出无效的担保意思表示

（1）原则

A 和 G 订立的保证合同可能因《德国民法典》第766条第1　　8

---

[1] BGH NJW 1992, 1222.
[2] Köhler § 7 Rn. 32.

句结合第125条第1句无效。因为依据《德国民法典》第766条第1句，有效的保证合同要求保证的意思表示以书面形式作出。但本案中，G仅是口头作出保证的意思表示。因此，如若不存在《德国商法典》第350条的例外情形，G的保证将因《德国民法典》第766条第1句结合第125条第1句之规定无效。[1]

(2)《德国商法典》第350条的例外情形

①前提

根据《德国商法典》第350条，于保证、债务约束或债务承认中，单个法律行为对于保证人或债务人而言属于商行为时，《德国民法典》第766条第1句和第2句、第780条、第781条第1句和第2句这种对形式作出要求的条款不予适用。由此，保证、债务约定或债务承认形式自由地生效。形式自由的延伸是商事交易的成立须有自由空间。另外，在一个根据个人自主意识作出是否提供保证的决定中，商人因日常积累的商业经验无须再通过设定形式要件而被额外警诫。依据《德国商法典》第350条，该法律行为于债务人或担保人而言属于商行为。因此，债务人或者保证人必须是商人（可为形式商人，只要根据《德国商法典》第2条及以下登记是可能的商人即可），且保证、债务约定或债务承认必须是因商事营业经营（《德国商法典》第345条及以下）而发生。首先，应考虑G是否为商人。

②因经营管理活动而具有商人资格

G是B企业的负责人。此处问题在于，股份有限责任公司的董事或有限责任公司的负责人以个人名义作出的意思表示是

---

[1] Vgl. dazu Lettl § 10 Rn. 68-70.

否适用《德国商法典》第 350 条。商人是经营商事营业的人。该特征要件将特定人的经营行为归于经营的载体。这类人既可以是自然人，也可以是法人或具有法律行为能力的团体（参见《德国民法典》第 14 条第 2 款）。经营活动归属于以自己的名义从事经营的人。因为在商业活动中所实施的行为，尤其是缔结法律行为，对此人可能有利或者不利。如果某人用个人名义作出行为，一般都属于其自身的经营行为。于代理中，缔结的法律行为都将对被代理人带来有利或不利的后果，属于被代理人从事该经营（例如股份有限责任公司或有限责任公司）。若某人以代理人身份用他人名义从事行为，则属于《德国商法典》第 1 条之非商人（或《德国商法典》第 14 条第 1 款所指的非企业主）所作出的代理行为。股份有限责任公司的董事和有限责任公司的负责人即属于此类。[1] 因此须解决的问题是，《德国商法典》第 350 条是否类推适用于有限责任公司的负责人，即本案中的 G。

③《德国商法典》第 350 条类推适用于企业负责人

A. 观点 1：《德国商法典》第 350 条类推适用于企业负责人

部分学说[2]主张，企业负责人不论是否拥有公司股份或拥有股份数额的多少，均应视为商人。因此，企业负责人面对正在寻求贷款的企业委托，在判断是否作出保证或者债务约定或债务承诺时，对危险无须被警示。

B. 观点 2：《德国商法典》第 350 条不可类推适用于企业负责人

《德国商法典》第 350 条类推适用于欠缺商人特性的资本公

---

[1] BGH WM 2006, 81, 82; 2006, 380, 390; BGHZ 104, 95, 98; 132, 119, 122.
[2] Z. B. MünchKommHGB/K. Schmidt § 350 Rn. 10; ders., ZIP 1986, 1510, 1515.

司负责人而不考虑入股关系，违背了立法者的设想，且超出了法律续造所允许之界限。[1] 此外，将企业负责人和商人置于同等地位需要满足更高要求。[2]

C. 小结

13 　　观点2更具有说服力，因为该观点与条文内容紧密联系。G不能因作为企业负责人从事活动而成为《德国商法典》意义下的商人。但他可以因股东地位而成为商人。

④因股东身份而具有商人资格

14 　　G是B的（唯一）负责人。问题在于，股份有限责任公司或有限责任公司的股东是否为商人，尤其是在唯一的股东同时也是唯一的代理机关的一人公司中。无限公司的股东以及两合公司中个人担责的股东为商人。[3] 尽管有《德国商法典》第124条的规定，人合公司仍不具有法律主体资格，由对外个人担责的股东代表公司（《德国商法典》第125条第1款、第161条第2款）从事商事经营。资合公司的股东（如股票持有人或有限责任公司的股东）以及有限合伙人并非商人。[4] 理由在于，这些股东一般对公司债务不以个人身份承担责任并且无权对外代表企业（《德国股份法》第76条第1款、《德国有限责任公司法》第35条第1款及《德国商法典》第170条）。因此，资合

---

[1] BGH WM 2006, 81, 82f.
[2] BGH WM 2006, 81, 83.
[3] BGHZ 45, 282, 284; Großkomm/Oetker § 1 Rn. 65; Canaris § 2 Rn. 20; 反对意见称，因《德国商法典》第124条要求营业必须为公司经营，《德国商法典》第128条对外个人担责和承担无限责任的股东应当适用商人的相应法律条款；参见 K. Schmidt § 4 II 1b。
[4] BGH WM 2006, 81, 82f.（关于个人公司的负责人）；BGHZ 45, 282, 285（关于有限合伙人）；BGHZ 133, 71, 78（关于有限责任公司的股东）；BGHZ 121, 224, 228。

公司股东自身并非商人，即使他们能够作为单独股东或多数股东对外代表公司。如此，股东（至少一般来说）并非以个人身份对外担责，而仅是以财产参与到资合公司中。接下来问题在于，《德国商法典》第350条是否可以类推适用于资合公司的股东，本案中即为G。

⑤《德国商法典》第350条类推适用于股东

A. 观点1：《德国商法典》第350条可类推适用于股东

部分学说[1]认为，单独股东或多数股东因企业代表权限，于价值衡量下应视同商人，在评估考虑是否因正寻求贷款的企业之委托而作出保证、债务约定或债务承诺时，亦无须对风险作出警示。

B. 观点2：《德国商法典》第350条不可类推适用于股东

《德国商法典》第350条类推适用于一人公司的企业负责人，显然违反了立法者的设想，且超越了法律续造所允许之界限，因为资合公司负责人和股东欠缺商人特征。[2] 虽然单独或多数股东作为企业负责人对公司的决定起着关键作用，但《德国商法典》第1条及以下所指的商人基本特征在于，对其从事的活动对外以个人承担无限责任。但有限责任公司的负责人，基于有限责任公司独自担责之原则（《德国有限责任公司法》第13条），并不对公司债务承担责任。[3]

C. 小结

观点2更具说服力，因为其符合法律条文的规定。G并不

---

[1] 例如 MünchKommHGB / K. Schmidt § 350 Rn. 10; MünchKommBGB/Habersack § 766 Rn. 3; Canaris § 24 Rn. 13。

[2] BGH WM 2006, 81, 83.

[3] BGH WM 2006, 81, 83.

因作为 B 唯一股东的地位以及作为 B 公司负责人从事活动而应被视为《德国商法典》上的商人。

⑥基于其他因素而不能类推适用《德国商法典》第 350 条

18　　案情中所提到的信息,例如由 G 担任经理人的 B 公司每年的营业额为 10 亿欧元,G 具备丰富的交易经验,以及作出保证是为了维持家族企业存续等,都不能成为类推适用《德国商法典》第 350 条而进行法律续造的原因。[1] 因为 G 是以个人身份作出保证的,即使是商人在进行私人交易活动时,也不应适用《德国商法典》上的严苛规则,例如《德国商法典》第 350 条。此外,法律条文通常对交易经验丰富的代理人也不苛以如《德国商法典》第 350 条这一类的商事法律规定。

4. 结论

19　　对非商人身份的 G 不能直接适用也不能类推适用《德国商法典》第 350 条。因此 G 口头作出保证的意思表示根据《德国民法典》第 766 条第 1 句结合《德国民法典》第 125 条第 1 句无效。由此,A 与 G 之间保证合同无效,A 不能基于保证合同要求 G 支付 65 万欧元(《德国民法典》第 765 条第 1 款)。

---

[1] BGH WM 2006, 81, 83.

## 案例 13　变来变去的债权

### 一、案情

供货商"Albert 零配件股份有限责任公司"（A）和汽车生产商"Beiersdorfer 股份有限责任公司"（B）协商一致，双方之间以 B 提供的一般交易条款为基础订立供货合同，A 对 B 的债权只有在取得 B 的同意后方可转让给第三人。倘若与法律条款相互抵触，则该法律条款对 A 和 B 不适用。A 因供应货物对 B 产生了金额为 80 万欧元的支付请求权。A 因资金短缺，将该债权出售与 Casper Cüspert（C），并与 C 达成一致，该债权只能由 C 主张。A 并未将该事告知 B。在接下来的时间里，因 A 履行迟延，B 对 A 产生了金额为 40 万欧元的损害赔偿请求权。此外，B 已向 A 支付了 80 万欧元货款中的 20 万。之后 A 告知 B，其已将该 80 万欧元的债权转让给 C，但仍保留 B 已支付的 20 万欧元作为周转资金。为避免 B 提出任何反对，A 对 B 表示，80 万欧元的债务总额可以减去 10 万欧元，B 对此表示同意。当 C 向 B 主张支付 80 万欧元的债权时，B 表示，C 仅能就金额为 40 万元的债权请求支付，因为必须考虑 B 已经向 A 支付的 20 万欧元，以及 A 提出的减免 10 万欧元债务。C 反驳道，他对此毫不知情并仍向 B 主张支付 80 万欧元。

## 二、梗概

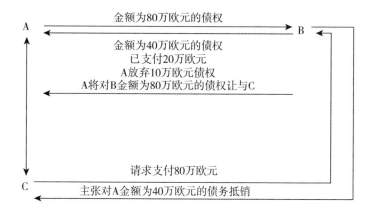

## 三、结构

**C 根据《德国民法典》第 433 条第 2 款、第 398 条对 B 主张支付 80 万欧元的请求权** ································ 1
  1. A 对 B 存在金额为 80 万欧元的债权 ············· 1
  2. 将债权让与 C ···································· 2
    （1）债权让与的要件 ····························· 2
    （2）A 将该债权让与 C ·························· 3
    （3）A 和 C 的债权让与的效力 ··················· 4
      ①让与限制的效力 ····························· 5
        A. B 的一般交易条款作为合同组成部分 ········ 5
        B. 不存在《德国民法典》第 307 条第 1 款
           第 1 句之不生效力情形 ···················· 6

C. 不存在《德国商法典》第354a条第1句之不生效力情形 ⋯⋯⋯⋯⋯⋯⋯⋯⋯⋯⋯⋯ 7
 a. 根据《德国商法典》第354a条第3句，不存在有效排除《德国商法典》第354a条第1句内容的约定 ⋯⋯⋯⋯ 8
 b. 双方商行为下的金钱债权 ⋯⋯⋯ 9
  （a）金钱债权 ⋯⋯⋯⋯⋯⋯⋯ 9
  （b）双方商行为 ⋯⋯⋯⋯⋯⋯ 10
   a）于A为商行为 ⋯⋯⋯⋯ 11
    （aa）行为 ⋯⋯⋯⋯⋯⋯ 11
    （bb）商人资格 ⋯⋯⋯⋯ 12
    （cc）属于经营（Betreibszugehörigkeit） ⋯⋯⋯⋯⋯⋯ 13
    （dd）小结 ⋯⋯⋯⋯⋯⋯ 14
   b）于B为商行为 ⋯⋯⋯⋯ 15
    （aa）行为 ⋯⋯⋯⋯⋯⋯ 15
    （bb）商人资格 ⋯⋯⋯⋯ 16
    （cc）属于经营 ⋯⋯⋯⋯ 17
    （dd）小结 ⋯⋯⋯⋯⋯⋯ 18
 c. 依据《德国民法典》第399条作出约定 ⋯⋯⋯⋯⋯⋯⋯⋯⋯⋯⋯⋯⋯ 19
 d. 法律后果 ⋯⋯⋯⋯⋯⋯⋯⋯⋯⋯ 20
D. 小结 ⋯⋯⋯⋯⋯⋯⋯⋯⋯⋯⋯⋯⋯ 21
3. 债权消灭 ⋯⋯⋯⋯⋯⋯⋯⋯⋯⋯⋯⋯⋯⋯ 22
 （1）债权转让人根据《德国商法典》第354a条第2句的受领权限 ⋯⋯⋯⋯⋯⋯⋯⋯⋯⋯⋯ 22

（2）债权根据《德国民法典》第 362 条第 1 款而消灭 ·················· 23

（3）债权根据《德国民法典》第 398 条而消灭 ·················· 24

①《德国民法典》第 388 条意义上的抵销表示 ·················· 24

②抵销状况 ·················· 25

　A. 债权的相互关系 ·················· 25

　B. 债权属同一种类 ·················· 26

　C. 自身的相对债权［主动债权（Aktivforderung）］有效、到期、可执行且可诉请 ··· 27

　D. 主债权存在且可履行［被动债权（Passivforderung）］ ·················· 28

　E. 不存在排除抵销的情形（抵销禁止）······ 29

③小结 ·················· 30

④抵销的效力（《德国民法典》第 389 条）····· 31

（4）债权因《德国民法典》第 397 条第 1 款之免除而消灭 ·················· 32

4. 结论 ·················· 33

## 四、解题

预先思考：A 对 B 因供货发生的债权是基于《德国民法典》第 433 条第 2 款，B 对 A 因履行迟延而产生的债权是基于《德国民法典》第 280 条第 1 款、第 2 款和第 286 条。根据案情介绍，两个债权都存在，因此无须再进行检验。关键点在于，A 与 C

之间的债权转让因 A 和 B 之间存在让与排除约定而是否有效。此外还须考虑《德国商法典》第 354a 条第 1 款的要点。[1] 让与若生效，C 对 B 的债权也可能因不同的、独立发生的事件而缩减。应当考察的是债务人对原债权人 A 的支付、债务人对新债权人 C 主张抵销以及原债权人 A 做出的免除。这些行为的有效性首先必须经《德国商法典》第 354a 条第 2 句检验。[2]

## C 根据《德国民法典》第 433 条第 2 款、第 398 条对 B 主张支付 80 万欧元的请求权

### 1. A 对 B 存在金额为 80 万欧元的债权

A（依据《德国股份法》第 1 条第 1 款具有法律资格）对 B（依据《德国股份法》第 1 条第 1 款具有法律资格）依据《德国民法典》第 433 条第 2 款享有因供货产生的金额为 80 万欧元的债权。该债权转让给 C。

### 2. 将债权让与 C

（1）债权让与的要件

根据《德国民法典》第 398 条第 1 句，债权人的债权可通过与第三人订立合同予以转让。新的债权人通过缔结这种合同替代原债权人的地位（《德国民法典》第 398 条第 2 句）。

（2）A 将该债权让与 C

A 和 C 达成合意，将 A 对 B 享有的支付 80 万欧元的债权让与 C。《德国民法典》第 398 条第 1 款所指的合同成立。

---

[1] Vgl. dazu Lettl §11 Rn. 7–11.
[2] Vgl. dazu Lettl §11 Rn. 12–15.

(3) A 和 C 的债权让与的效力

4　　A 对 C 的债权让与有效。本案中，因为 A 与 B 是基于 B 提供的一般交易条款合意约定，A 对 B 的债权只有在取得 B 的同意后方可转让给第三人，所以债权让与是否有效仍须检验。违反有效的让与禁止或限制条件将导致债权让与对任何人都不发生效力。[1] 让与禁止或限制与其他法律行为上的处分禁止（《德国民法典》第 137 条）不同，具有物权效力。因此该让与禁止或限制所涉之债权，本身不得或仅以有限的方式用于融资目的（例如，通过转让给一家保理公司）。

①让与限制的效力

A. B 的一般交易条款作为合同组成部分

5　　对 A 限制让与是 B 所提供的《德国民法典》第 305 条第 1 款意义下的一般交易条款（见案情）。B 的一般交易条款属于 A 和 B 之间合同的组成部分。《德国民法典》第 305 条第 2 款中的特殊纳入前提在本案中无须考虑，因为 B 是对作为公司的 A（《德国民法典》第 14 条第 1 款和《德国股份法》第 3 条第 1 款）使用一般交易条款（《德国民法典》第 310 条第 1 款第 1 句）。

B. 不存在《德国民法典》第 307 条第 1 款第 1 句之不生效力情形

6　　当对公司使用一般交易条款时，《德国民法典》第 308、309 条不予适用（《德国民法典》第 310 条第 1 款第 1 句）。B 使用一般交易条款对 A 让与债权作出的限制是否有效，必须依据《德国民法典》第 307 条第 1 款第 1 句来评价。当条款因违反诚

---

[1] BGHZ 77, 274, 275; 112, 387, 389ff.

实信用使相对方受有不适当的歧视时，该一般交易条款不生效力。债权让与禁止或限制通常不会导致此类歧视[1]（参见《德国民法典》第 399 条第 2 种情形），在非商人交易中亦同。条款的内容因《德国民法典》第 307 条第 1 款第 1 句不生效，仅属于利益衡量的结果。因此，当让与禁止或限制条款的使用者并无值得保护的利益，或者虽然存在此种利益，但相对方自由让与合同债权的合理利益超过了使用者的利益时，则可根据《德国民法典》第 307 条第 1 款第 1 句认定为不生效力。[2] 案情中并无相关线索。因此《德国民法典》第 307 条第 1 款第 1 句并不影响 A 与 B 约定使 A 负担让与限制之条款的效力。

C. 不存在《德国商法典》第 354a 条第 1 句之不生效力情形

《德国商法典》第 354a 条第 1 句出于保护中小企业利益的考虑，维护为融资目的而使用债权的权利。该条认定，尽管存在基于个别合同或一般交易条款的让与禁止约定，债权让与仍然有效。[3] 这样做的目的是促进债权的转让以担保贷款。[4]《德国商法典》第 354a 条第 1 句的适用前提是：其一，存在一项基于双方商行为而产生或针对公法人或债务人方面的公法上特别财产的金钱债权；其二，债权人和债务人基于《德国民法典》第 399 条约定，不允许债权人让与该债权；其三，《德国商法典》第 354a 条第 1 句未有效地被协议排除。此案中，A 和 B 协商，法律规定不能对抗对 A 的让与限制。

---

[1] BGH WM 2006, 2142 Tz. 14; BGHZ 108, 52, 54f.; 108, 172, 174.
[2] BGH NJW 1997, 3434, 3436.
[3] MünchKommHGB/K. Schmidt § 354a Rn. 1f.
[4] BT-Drs. 12/7912, S. 24f.; BGH WM 2005, 429, 431; MünchKommHGB/K. Schmidt § 354a Rn. 11.

a. 根据《德国商法典》第 354a 条第 3 句，不存在有效排除《德国商法典》第 354a 条第 1 句内容的约定。

8　　A 和 B 约定，法律规定不能对抗使 A 负有让与限制的约定，此处可能涉及《德国商法典》第 354a 条第 1 句规定的因约定而排除适用。但依据《德国商法典》第 354a 条第 3 句，这一约定无效。

　　b. 双方商行为下的金钱债权

　　（a）金钱债权

9　　A 对 B 金额为 80 万欧元的债权是一项金钱债权。

　　（b）双方商行为

10　　该金钱债权必须是基于一项无论是对 A 还是 B 都为商行为的法律行为产生。[1]《德国商法典》在双重意义上适用"商行为"的概念：一方面是指公司（如《德国商法典》第 22 条、第 25 条），另一方面是指商人进行的单个法律行为（如买卖合同）。《德国商法典》第 343 条及以下指的是后者。《德国商法典》第 343 条将商行为定义为，"属于经营商人营业的一切行为"。根据法律定义，一项商行为必须具备以下要件：其一，存在交易；其二，商人参与；其三，属于经营商人的营业。该法律行为根据于一方或双方而言为商行为，被区分为单方商行为或双方商行为。根据《德国商法典》第 345 条，若法律行为仅于一方为商行为，一般而言关于商行为的条款（如《德国商法典》第 352 条第 2 款结合《德国商法典》第 354 条第 2 款，《德国商法典》第 355—357 条，《德国商法典》第 358—361 条，《德国商法典》第 366、367、373、376、383 条及以下）仍然应

---

〔1〕 Vgl. zum Begriff des Handelsgeschäft Lettl§9 Rn. 1-25.

对双方适用。如有其他特别规定，则仅单方商行为不足以适用。《德国商法典》第 354a 条第 1 句的规定构成一项例外。因为该条款要求法律行为必须对双方均为一项商行为。

a）于 A 为商行为

（aa）行为

对"行为"这一要件特征作进一步解释，要求在商事交易中存在有目的性的行为。首先应当理解为法律行为。A 和 B 之间的买卖合同即为一个行为。

（bb）商人资格

只有商人可以实施商行为。商人资格根据《德国商法典》第 1 条及以下判断。该资格必须在行为实施时已具备。在与 B 缔结买卖合同时，A 作为股份有限责任公司属于形式商人（《德国商法典》第 6 条第 2 款，《德国股份法》第 3 条第 1 款）。

（cc）属于经营（Betriebszugehörigkeit）

一项行为属于商业经营的营业尤其体现在，该行为在功能目的上与商业经营紧密联系。这是由客观上的实际状况所决定的，第三人是否可辨认并不重要。行为必须涉及商业经营的目的或对象，即行为服务于企业利益、资本维护和获取收益。行为和商业经营之间存在间接的且不紧密的联系亦可。[1] 主业、从业和副业都归属于商业经营的营业行为，这有别于商人的私人事务。主业是指商事企业自身的经营对象，A 和 B 之间的买卖合同是 A 的一项主业。另外，公司不能从事私人事务，它的行为一定为商行为。[2] 私人事务和商行为的区分仅对自然人有

---

[1] BGH NJW 1960, 1852, 1853; WM 1976, 424, 425; BGHZ 63, 32, 35.
[2] BGH NJW 1960, 1852, 1853.

意义（此处可参见《德国商法典》第 344 条的推定）。

(dd) 小结

14　A 和 B 之间的买卖合同属于 A 的商行为。

b) 于 B 为商行为

(aa) 行为

15　A 与 B 的买卖合同是一项行为。

(bb) 商人资格

16　B 是形式商人（《德国商法典》第 6 条第 2 款，《德国股份法》第 3 条第 1 款）

(cc) 属于经营

17　A 与 B 之间的买卖合同是 B 的商业经营的营业行为，上述对 A 所作的考察于此处同样适用。

(dd) 小结

18　A 和 B 之间的买卖合同对 B 而言也属于商行为。因此，此处存在一个双方商行为。

c. 依据《德国民法典》第 399 条作出约定

19　金钱债权让与必须依据《德国民法典》第 399 条通过约定被排除。考虑到条文目的本身，该条与其他让与限制相同。如本案中，金钱债权的可转让性取决于债务人的同意。[1]

d. 法律后果

20　根据《德国商法典》第 354a 条第 1 句，虽然存在让与禁止约定，但无论是发生在债权让与人（Zedent）和受让人（Zessionar）之间，还是受让人与债务人之间的债权让与行为都有效。受让人因此成为债权所有人，享有对债务人主张债权的权利。

---

[1] BGH WM 2005, 429, 431; MünchKommHGB/K. Schmidt § 354a Rn. 11.

对于让与人的债权人们对债权收押，受让人有权根据《德国民事诉讼法》第 771 条提起第三人异议之诉。A 将对 B 的 80 万欧元的债权让与 C。本案中，A 受有限制，该债权仅在 B 同意时才可让与，但因《德国商法典》第 354a 条之规定，该限制并不影响债权让与的有效性。

D. 小结

即使未取得 B 的同意，A 将对 B 的 80 万欧元的债权转让给 C 也是有效的。

3. 债权消灭

（1）债权转让人根据《德国商法典》第 354a 条第 2 句的受领权限

债务人可以在让与成功发生后仍向已无权限的原债权人作出给付（《德国商法典》第 354 条第 2 句）。此条是基于债务人的利益，与已更换的债权人无关，债务人仍可对原债权人（转让人，本案中则为 A）进行清算。[1] 债务人应当继续保有其对原债权人享有的权利。原债权人仍保有受领权限，但问题是，在以下情形是否有不同结果，即 B 向 A 给付，B 以对 A 的一项债权向 C 提出抗辩，尽管 B 已知 A 已将 80 万欧元货款的债权让与 C。《德国民法典》第 406 条及以下对于解答该问题非常有参照意义。但《德国商法典》第 354a 条的表述并未提到《德国民法典》第 406 条及以下相关内容，且《德国商法典》第 354a 条第 2 句之保护目的并非与《德国民法典》第 406 条相对应，更像是与之相反。原因在于让与禁止未使债务人受到保护，《德国

---

[1] BT-Drs. 12/7912, S. 25.

商法典》第354a条第2句至少应当保证债务人履行及主张抵销的权利，这一保护目的远远超出了《德国民法典》第406及以下的目的。[1] 允许债务人向原债权人履行和主张抵销，即使他明知该债权已经转与第三人，也并未违反《德国民法典》第406条。如债务人获得一项对原债权人之债权，该债权获得在债务人已知和已转让的债权到期后发生，亦同。[2]

（2）债权根据《德国民法典》第362条第1款而消灭

23  B向A支付了20万欧元。A根据《德国商法典》第354a条第2句仍享有受领权限（《德国民法典》第406条及以下在此不能适用），因已支付20万欧元，C对B 20万欧元的债权依据《德国民法典》第362条第1款消灭。据此，C对B仅享有60万欧元的债权。

（3）债权根据《德国民法典》第398条而消灭

①《德国民法典》第388条意义上的抵销表示

24  抵销表示是一项单方的、须受领的意思表示。只要关于抵销的其他要件同时满足，则该表示产生法律效力。本案中，B被C诉请支付80万欧元，而B对A主张40万欧元抵销。因此B针对一般客观表示接受方（《德国民法典》第133、157条）作出了明确的意思表示，欲就该40万元的债权对C的80万元债权主张抵销。B作出了抵销之意思表示。

②抵销状况

A. 债权的相互关系

25  债权必须存在于同一人：某一债权的债务人必须是另一债

---

[1] BGH WM 2005, 429, 432.
[2] BGH WM 2005, 429, 432.

权的债权人（《德国民法典》第 387 条）。也可表述为"两个人互负债务"。因此，B 不可就其对 A 主张抵销的债权对抗 C 的债务。但本案中还应考虑《德国商法典》第 354a 条第 2 句。债务人可对债权转让人履行，同理也应当允许债务人就对原债权人的相对债权主张抵销。[1] 因《德国商法典》第 354a 条出于保护债务人的目的，该抵销不仅可向债权转让人主张，也应可以向债权受让人主张。[2] B 向 A 就一项 B 对 A 的债权主张抵销，对 C 同样发生作用。这并不违背《德国民法典》第 406 条及以下之规定（参见边码 22）。

B. 债权属同一种类

二人相互主张的债权就履行标的而言，必须为同一种类的给付（《德国民法典》第 387 条）。本案中，双方都负有金钱债务，因此属于典型的同种类给付。同种类并不意味着必须是金额相同，而是要求关联性（基于同一法律关系）或者履行或交付地点具有同一性（《德国民法典》第 391 条第 1 款第 1 句）。

26

C. 自身的相对债权 [主动债权（Aktivforderung）] 有效、到期、可执行且可诉请

相对债权，即债务人欲以主张抵销的债权（在本案中即为 B 对 A 金额为 40 万欧元的债权），该债权必须有效、到期且可履行。因为如不能主张该债权，则同样不能就该债权进行抵销。这些前提在本案中都满足。因为案情中提到，B 对 A 享有因交付迟延而产生的金额为 40 万欧元的损害赔偿请求权。

27

---

[1] BGH NJW‑RR 2004, 50, 51f.; WM 2005, 429, 432; Großkomm/Canaris §354a Rn. 12; MünchKommHGB/K. Schmidt §354a Rn. 20; Baumbach/Hopt/Hopt §354a Rn. 2.

[2] BGH WM 2005, 429, 432; E. Wagner, WM 1996. Sonderbeilage 1, S. 1, 13.

D. 主债权存在且可履行［被动债权（Passivforderung）］

28　　主债权，即被抵销的债权，必须存在，否则主张抵销一方不为债务人。同时该债权必须可履行，债务人有权履行该债务。但该债权无须到期，亦即，债权人无权要求履行该债务。此外，并不要求主债权可诉请及无抗辩权。根据案情，C 对 B 因受让债权而享有 80 万欧元的债权，符合主债权之所有前提要件。

E. 不存在排除抵销的情形（抵销禁止）

29　　可能基于合同（《德国民法典》第 311 条第 1 款）和法律（《德国民法典》第 393—395 条）发生抵销禁止。但本案中不存在任何禁止情形。

③小结

30　　B 对 C 作出的金额为 40 万欧元的抵销表示是有效的。

④抵销的效力（《德国民法典》第 389 条）

31　　在双方债权因抵销而相对时，倘若范围重叠，两个债权因抵销而消灭（《德国民法典》第 389 条）。两个债权只要重叠，在第一次适合主张抵销之时，双方的债权就已消灭。该条款并非针对该抵销表示，而是抵销的效力。B 对 C 就 40 万欧元债权有效抵销的法律效果是，C 对 B 的债权就该金额发生消灭。

（4）债权因《德国民法典》第 397 条第 1 款之免除而消灭

32　　《德国商法典》第 354a 条第 2 句规定，原债权人无权再就已让与的债权主张或处分（例如主张让与或抵销），因为该条文仅仅是出于保护债务人之目的。原债权人不能就该债权进行免除或延期，因为《德国商法典》第 354a 条第 2 句所指之"给付"不存在。[1] 因为仅当涉及《德国民法典》第362条或第364条之履行行为,即履行或代替履行时,才存在该条的给付。《德国商法典》第354a条第2句同样仅保护债务人,避免其向原债权人给付后又必须再一次向受让人给付。A与B约定免除只有在满足《德国民法典》第407条第1款的要件时才有效。B在作出该法律行为时(A与B之间的免除约定)已知A已将债权让与C。因此,A与B之间的免除合同对C并不发生法律效力。

4. 结论

因A有效的债权让与,C首先享有对B要求支付80万欧元的债权。该债权,因B已对A支付20万欧元,以及B对A就40万欧元债权向C主张抵销,在60万欧元范围内消灭。A和B之间的免除合同对C不生效力。因此C对B享有支付20万欧元的请求权。

---

[1] BGHZ 178, 315 Rn. 13ff. (für Vergleich); MünchKommHGB/K. Schmidt §354a Rn. 22; Koller/Kindler/Roth/Morck/Roth §354a Rn. 3; Baumbach/Hopt/Hopt §354a Rn. 2; a. A. Canaris §26 Rn. 15:补充的法律续造。

## 案例 14　网球比赛的后果

一、案情

商人 Anton Ammer（A）和 Bert Biersack（B）有着长期固定的交易合作，因此两人之间产生各种请求权。为从简，A 和 B 约定，双方之间因合同产生的支付请求权分成两个时间段结算（即 4 月 1 日到 9 月 30 日、10 月 1 日到次年 3 月 31 日）。双方之间的请求权到期后各以 5% 每年计算逾期利息。双方就 2011 年 4 月 1 日至 9 月 30 日期间的债权债务结算后，A 保有 2 万欧元（包括所生利息）的结余。A 和 B 对该数额达成一致。2011 年 10 月 1 日至 2012 年 3 月 31 日期间的情况如下：A 对 B 因供货产生两个付款请求权，金额分别为 7 万欧元和 3 万欧元，7 万欧元的债权产生于 2011 年 11 月 1 日，而 3 万欧元的债权产生于 2012 年 1 月 15 日；B 为 A 建造展厅而享有 1 万欧元的债权，产生于 2012 年 1 月 1 日。A 和 B 于 2012 年 1 月 31 日在一场网球比赛中发生争吵，A 表示，双方之间因交易往来而产生的债权债务此时起不再使用上述方式进行结算。在双方不再想理清债务也互不关注的一段时间过后，A 于 2015 年的秋天陷入了破产危机。A 突然记起，他还可向 B 主张债权。因此 A 向 B 请求支付仍未支付的价款。B 愤怒地予以拒绝，并提及那次争吵。此外，B 还表示时间已过去太久。A 予以反驳，同样拒绝接受 B 很长时间以前的权利主张。

2015 年 9 月 30 日，A 对 B 是否还享有可实现的支付请求权？金额是多少？

## 二、梗概

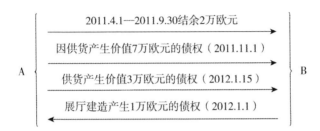

## 三、结构

**A 依据《德国商法典》第 355 条第 3 款向 B 主张支付结余款的请求权** ·················································· 1
  1. 存在《德国商法典》第 355 条第 1 款所指的往来结算关系 ·········································· 1
    （1）至少有一方合同当事人符合商人特质 ············· 2
    （2）双方之间产生请求权和给付连同利息的交易关系 ······································· 3
    （3）双方债权具有往来结算关联性 ················ 4
      ①可往来结算 ································ 4
      ②当事人意愿 ································ 5
      ③时间点 ····································· 6

(4）小结 ································································ 7
2. 有效地终止往来结算关系 ······································ 8
　（1）终止的意思表示 ············································· 8
　（2）终止权 ·························································· 9
　（3）小结 ···························································· 10
3. 结余的数额 ························································· 11
　（1）2011年4月1日至2011年9月30日 ············· 11
　　①余额 ···························································· 11
　　②不存在《德国民法典》第214条第1款之拒绝
　　　履行请求权 ················································· 12
　　　A. 单独债权 ················································· 12
　　　　a. 余额承认前提下债权仍存在 ················· 12
　　　　b. 时效经过 ············································· 13
　　　　　（a）类推适用《德国民法典》
　　　　　　　 第205条 ······································· 13
　　　　　（b）期间计算 ······································ 14
　　　B. 抽象的余额债权 ······································· 15
　　③小结 ···························································· 16
　（2）2011年10月1日至2012年3月1日 ············· 17
　　①观点1：按比例进行共同抵销和计算时效 ······ 18
　　②观点2：类推适用《德国民法典》第396条
　　　第1款第2句、第366条及以下进行结算并
　　　计算时效 ···················································· 21
　　③个人观点 ···················································· 24
　　④小结 ···························································· 25
4. 结论 ··································································· 26

## 四、解题

**A 依据《德国商法典》第 355 条第 3 款向 B 主张支付结余款的请求权**

1. 存在《德国商法典》第 355 条第 1 款所指的往来结算关系

《德国商法典》第 355 条第 1 款要求：其一，至少有一方当事人符合商人特质；其二，双方之间产生请求权和给付连同利息的交易关系；其三，所有或部分债权因往来结算约定而具有往来结算关联性。

提示：请求权是基于该原因产生。本案中，取决于相互之间的请求权是否以及如何进行结算。此外，还需要从往来账条款（《德国商法典》第 355—357 条）中进一步多找线索[1]。另外，时效因素也需要考虑。

（1）至少有一方当事人符合商人特质

《德国商法典》第 355 条第 1 款要求，至少一方合同当事人为商人，或一方属于《德国商法典》第 383 条第 2 款、第 407 条第 3 款第 2 句、第 453 条第 3 款第 2 句、第 467 条第 3 款第 2 句所指的人。当然，两个非商人也可约定以往来记账方式结算，只是此时不适用《德国商法典》第 355—357 条。本案中，A 为商人。根据案情描述，不可得知 B 是否为商人。

（2）双方之间产生请求权和给付连同利息的交易关系

双方之间的请求权和给付连同利息必须基于交易关系而产

---

[1] Vgl. dazu Lettl § 11 Rn. 17-45.

生。这个前提条件在 A 和 B 间也满足。

（3）双方债权具有往来结算关联性

①可往来结算

4　　债权具有往来结算属性，首先要求该债权可往来结算。若债权的结算在法律上为不可能，则欠缺该前提要件。资合公司股东的余账结算在法律上是不可能的，因为该结算违反了《德国股份法》第 66 条第 1 款第 2 句、《德国有限责任公司法》第 19 条第 2 款第 2 句所规定的禁止冲抵。本案中，根据《德国民法典》第 433 条因供货产生的支付价款的债权，以及根据《德国民法典》第 631 条第 2 款因建造展厅而产生的报酬债权，是可以往来结算的。

②当事人意愿

5　　债权具有往来结算属性，必须是按双方当事人的意愿协商使用往来结算的方式，其并非自然而然地生成，而是在一段时间内，在双方承认结余款的前提下进行结算。这种意愿（通常为可推知的）可体现为承认给余款而作出的定期结算。A 和 B 明确地一致表示，双方之间所产生的支付请求权分为两个时间段，即从 4 月 1 日到 9 月 30 日、10 月 1 日到次年 3 月 31 日一起结算。因此，当事人的意愿是，双方之间所产生的支付请求权，不仅包括《德国民法典》第 433 条第 2 款所生之买卖价款支付请求权，也包括《德国民法典》第 631 条第 2 款所生之报酬支付请求权，二者都应归入往来账。

③时间点

6　　结算必须按一定的期间进行（《德国商法典》第 355 条第 1 款），如无其他特别约定，则每年进行一次结算（《德国商法典》第 355 条第 2 款）。当事人可以约定其他计算期间。在一定期间后进行结算，则存在一个期间往来账目。本案中，A 和 B 约定了两个不同的结算期间，分别是 4 月 1 日至 9 月 30 日、10 月 1 日至次年 3 月 31 日。

(4) 小结

A 和 B 之间存在《德国商法典》第 355 条第 1 款所指的往来账结算关系。 7

2. 有效地终止往来结算关系

(1) 终止的意思表示

A 在网球比赛争吵后表示，将不再考虑结算双方之间基于交易往来产生的债权债务。因此，A 欲结束该往来结算关系的意愿已明确地向客观受领人 B（《德国民法典》第 133、157 条）作出。A 作出了终止往来结算关系之意思表示。 8

(2) 终止权

根据《德国商法典》第 355 条第 3 款，当事人一方存疑时，可在清算持续时间内终止该往来结算关系。因为 A 和 B 之间对此并未有其他特别约定，因此该解释规则可适用于本案。A 有权在 2012 年 1 月 31 日表示终止往来结算关系。 9

(3) 小结

A 于 2012 年 1 月 31 日作出的往来结算关系的终止表示有效，A 和 B 之间的往来结算关系结束。 10

3. 结余的数额

(1) 2011 年 4 月 1 日至 2011 年 9 月 30 日

①余额

因往来结算约定进行的结算是一项独立的、可预期的处分 11

行为，只要债权相互间的数额一致，类推适用《德国民法典》第 389 条即可致使债权消灭。该效果自动产生，无须合同当事人对余额的认可。[1] 在这一点上，结算具有债权分期偿还的作用。结算后，只有有余额的一方享有请求权（余额请求权）。对这项结余的债权是所谓要因的余额债权。在往来结算关系继续进行时，该笔余额权将自动计入新的账目中，并且也可被进行往来结算。该余额因此被转入新账。2011 年 4 月 1 日至 2011 年 9 月 30 日期间内的余额是第一笔结余价款。应由 A 享有该笔 2 万欧元的结余。该余额将在下一个结算期间内生成利息。在对余额承认后，依据双方一致表示，仅有抽象的余额，并未提及《德国商法典》第 355 条第 1 款的连同利息。余额是否已经包含利息并不重要（《德国民法典》第 248 条第 1 款作出例外规定）。由于非商人之间禁止计算复利，因此该条款具有特殊的商事法特征。同时，利率的数额首先由双方当事人约定。如果未作约定，则适用《德国商法典》第 352 条。本案中，双方约定相互债权以年化利率 5%计算利息。对结余余额的请求权也属这种债权，因此利息应按约定的年化利率 5%进行计算。

②不存在《德国民法典》第 214 条第 1 款之拒绝履行请求权

A. 单独债权

a. 余额承认前提下债权仍存在

12　　B 指出，从双方之间结束交易联系到 A 主张支付请求权相隔时间较长，因此提出时效经过而拒绝履行之抗辩。此时问题在于，2011 年 4 月 1 日至 2011 年 9 月 30 日期间内的权利是否仍

---

〔1〕 BGHZ 107, 192, 197; K. Schmidt § 21 IV 1.

为可执行。同时，A 也指出，B 的权利也因时效经过而不再接受，同样是提出时效抗辩。时效的问题首先可能涉及在此期间内所产生的各个债权，即使双方对结余作出承认"A 和 B 对该数额达成一致"，这些债权是否仍然存在，这个问题是存有争议的。判例[1]和部分学说[2]观点认为，对一定的结余作出承认在法律上属于债务更新：旧的债权消灭，产生余额权（要因的），在此意义上应视为《德国民法典》第 781 条意义上的抽象的债务承认。对此双方当事人负有义务（可诉性，《德国民事诉讼法》第 894 条）。无特定形式甚至沉默的债务承认，表现为一方告知余额，另一方承认结余。[3] 其他不同学术观点[4]则认为，因《德国民法典》第 781 条的结余承认而产生的新债权对其他已结算的债权并不发生影响，后者仍继续存在，但不再可执行。根据《德国民法典》第 364 条第 2 款 ［亦即间接给付（erfüllungshalber）］，抽象的债务承认通过结算而成的余额权产生（有因的除外）。因为，《德国民法典》第 364 条第 2 款之规定通常不会导致原债务消灭，而仅是通过一个新的债权补充。债权人由此不仅可基于《德国民法典》第 781 条意义上的结余承认，也可以因基础的结余债权关系，向债务人主张权利。这一学术观点与法条本身立意更接近更具有说服力。因此，虽然存在债务承认，单个的债权也仍然存在。债权可能因时效经过而不再可执行。

[1] BGH WM 1985, 936, 937; 2000, 2667, 2668; BGHZ 93, 307, 313.
[2] Vgl. nur Palandt/Sprau § 781 Rn. 9; Pfeiffer, JA 2006, 105, 108.
[3] BGHZ 26, 142, 150; 58, 257, 260.
[4] Großkomm/Canaris § 355 Rn. 192; MünchKommHGB/Langenbucher § 355 Rn. 93f.; MünchKommBGB/Habersack § 781 Rn. 12; Baumbach/Hopt/Hopt § 355 Rn. 7; K. Schmidt § 21 V 1; Wessels, WM 1997, 1509, 1512.

b. 时效经过

（a）类推适用《德国民法典》第 205 条

13　　时效是否经过首先应注意，债权通过往来账方式计算时是否仍受时效期间限制。根据《德国民法典》第 205 条，倘若债务人因与债权人的约定而暂时有权拒绝履行给付，消灭时效就停止。但基于往来账结算关系，本案中并不存在这种约定。仅能考虑类推适用《德国民法典》第 205 条。必须指出的是，在结算期间内，归于往来账上的债权是联结在一起的（抗辩）。当事人既不能单独主张这些债权［单个债权停滞（Lähmung der Einzelforderung)］，也不能实施各种方式的处分行为（如让与、单独抵销、扣押、抵押）。[1] 对往来账中的一项单独债权作出处分，如转让是可实现的，但却是无客体的。[2] 同样排除诉请履行往来账中的一项单独债权，对此提起的诉讼将被认为无理由而驳回。另外，还必须考虑与《德国民法典》第 205 条所调整案型有着利益状况的可比性。只要一项债权归入往来账，类推适用《德国民法典》第 205 条则产生类推适用《德国民法典》第 209 条所指之时效停止效力。[3] 该时效停止时经过的时间段，不计入消灭时效。这意味着消灭时效因该停止期间得以延长[4]，且无最长时限。[5] 停止期间包含停止事由发生或失去的那一日。[6] 如果该期限已经过，债权根据其所适用的规则，

---

［1］　BGH NJW 1985, 1218, 1219; BGHZ 80, 172, 175.
［2］　BGHZ 73, 259, 263.
［3］　So auch MünchKomm HGB/Langenbucher § 355 Rn. 58; Baumbach/Hopt/Hopt § 355 Rn. 12; Koller/Kindler/Roth/Morck/Koller § 355 Rn. 6; Canaris § 25 Rn. 8.
［4］　Palandt/Ellenberger § 209 Rn. 1.
［5］　BGH NJW 1990, 176, 178; BGHZ 37, 113.
［6］　BGH NJW 1998, 1058, 1059.

发生因时效届满而消灭之法律效果。类推适用《德国民法典》第 205 条，意味着往来结算关系中的当事人被置于如同双方约定了一项暂时拒绝履行权的状态。亦即归入往来账的债权在消灭时效期间（根据《德国民法典》第 199 条第 1 款起算）连同往来账的期间经过后不再可执行（类推适用《德国民法典》第 209 条）。但《德国民法典》第 205 条的类推适用并不意味着消灭时效在结算期间经过后始起算。因为消灭时效期间如果是在结算期间经过后才起算，性质上就不再属于期间停止，而是时效推迟。

（b）期间计算

2011 年 4 月 1 日至 2011 年 9 月 30 日期间内生成的单个债权根据《德国民法典》第 195、199 条起算时效，因此根据《德国民法典》第 195、199 条，债权于 2014 年 12 月 31 日时效经过（根据《德国民法典》第 199 条第 1 款起算时效：自 2011 年 12 月 31 日起，期间为 3 年）。此处应计算这些债权归入往来账的时间（最长为 4 月 1 日至 9 月 30 日，即 6 个月），在对应的时间段范围内发生时效停止。因此，2011 年 4 月 1 日至 2011 年 9 月 30 日期间内所产生的债权最迟于 2015 年 6 月 30 日（0 时）经过消灭时效，因此 2015 年 9 月 30 日是已过时效的。

B. 抽象的余额债权

通过对结算余额承认产生的抽象余额债权构成了一个新的、统一的和法律上独立的债务关系，该债权依据《德国民法典》第 195 条和第 199 条第 1、4 款之规定已过时效。2011 年 4 月 1 日至 2011 年 9 月 30 日期间产生的余额权于 2014 年 12 月 31 日经过时效（时效起算于 2011 年 12 月 31 日，时效期间为 3 年），因此于 2015 年 9 月 30 日不再可执行。

③小结

16　　A 和 B 于 2011 年 4 月 1 日至 2011 年 9 月 30 日期间所产生的一切请求权都已经过时效。由于这些债权不再可执行，因此在计算余额时无须考虑《德国商法典》第 355 条第 3 款。

（2）2011 年 10 月 1 日至 2012 年 3 月 1 日

17　　在大量债权存续以及欠缺当事人对余额的承认时，关于《德国商法典》第 355 条第 3 款所提及的计算余额形式和方法，存在两种相对的观点，即按比例进行共同抵销的判例观点[1]与提出类推适用《德国民法典》第 396 条第 1 款第 2 句、第 366 条及以下条款的主流学术观点[2]。

①观点 1：按比例进行共同抵销和计算时效

18　　按比例进行共同抵销是指，一方当事人的债权按份额比例与另一方当事人的相对债权进行结算。所产生的余额则与之后生效的其他债权"融合"在一起。B 所享有的价额为 1 万欧元的报酬请求权与 A 所享有的两项买卖价款请求权按比例进行共同抵销后，得出结果，A 对 B 的两项债权金额分别为 6.3 万欧元和 2.7 万欧元。

19　　2015 年 9 月 30 日，B 享有的 1 万欧元的债权并未经过时效。A 的 7 万欧元的债权（经结算后为 6.3 万欧元）已于 2015 年 9 月 30 日经过时效，但数额为 3 万欧元（结算后为 2.7 万欧元）的债权并未经过时效。

20　　根据按比例进行共同抵销的理论，2015 年 9 月 1 日 A 对 B 仍享有金额为 2.7 万欧元（以及 2012 年 1 月 15 日至 2012 年 1

---

[1] BGHZ 49, 24, 30; 其他观点参见 BGH NJW 1999, 1709, 1710：利益衡量。
[2] Großkomm/Canaris § 355 Rn. 117ff.; MünchKommHGB/Langenbucher § 355 Rn. 82ff.; K. Schmidt § 31 V2.

月 31 日按年化利率 5%另算的利息）的可执行请求权。

②观点 2：类推适用《德国民法典》第 396 条第 1 款第 2 句、第 366 条及以下进行结算并计算时效

类推适用《德国民法典》第 396 条第 1 款第 2 句、第 366 条及以下进行结算，这些条款确定了一方当事人的债权与相对方的债权之间的结算顺序。类推适用《德国民法典》第 396 条第 1 款第 2 句、第 366 条及以下，结算时优先对债务人指定清偿的债务进行清偿（《德国民法典》第 366 条第 1 款），如债务人未指定，则根据《德国民法典》第 366 条第 2 款决定顺序。

本案中，债务人未进行指定，B 数额为 1 万欧元报酬请求权（于 2015 年 9 月 30 日经过时效）优先于在先产生的 A 对 B 数额为 7 万欧元的买卖价款请求权进行结算。原因在于，该买卖价款请求权因时效将至（《德国民法典》第 195、199 条）而受到最低保护（《德国民法典》第 366 条第 2 款）。A 对 B 数额为 7 万欧元的买卖价款请求权在结算清偿后剩下 6 万欧元，此外，A 对 B 还享有价值总额为 3 万欧元的买卖价款请求权。

2015 年 9 月 30 日，根据类推适用《德国民法典》第 396 条第 1 款第 2 句、第 366 条及以下进行结算的理论，A 可对 B 要求支付 3 万欧元的买卖价款请求权以及 2012 年 1 月 15 日至 2012 年 1 月 31 日按年化利率 5%另算的利息。

③个人观点

因产生不同的法律后果，争议观点的选择尤显关键。类推适用《德国民法典》第 396 条第 1 款第 2 句、第 366 条及以下进行结算的观点更值得赞同，因为该观点考虑了《德国民法典》的价值，并因此更接近立法本身之意。

④小结

25　　2015 年 9 月 30 日，A 对 B 仍可主张于 2011 年 10 月 1 日至 2012 年 3 月 1 日期间产生的金额为 3 万欧元的可执行支付价款请求权以及 2012 年 1 月 15 日至 2012 年 1 月 31 日按年化利率 5% 另算的利息。

4. 结论

26　　2015 年 9 月 30 日，根据《德国商法典》第 355 条第 3 款对 B 享有要求支付 3 万欧元以及以 2012 年 1 月 15 日至 2012 年 1 月 31 日按年化利率 5% 另算的利息的可执行请求权。

## 案例 15　摩托迷

### 一、案情

Anton Antonitsch（A）是一个狂热的摩托车迷。其作为一名提供一切形式金融贷款服务的中介，考虑到其在业务上的交通需求，A 欲专门置办一辆 X 品牌的摩托车。A 认为成为商主体会享有优势，遂登记成为注册商人。某天，A 在一家专门收购和销售旧摩托车的 Elder Bikes 有限责任公司（E）的展厅发现了一辆生产于 1960 年的二手 Jamison 摩托车，售价为 9800 欧元。于是，2012 年 6 月 7 日他迅速决定买下这辆摩托车作为以后的工作用车，他认为这样的形象会使他的顾客记住他。Thomas Thorstenson（T）是 E 公司唯一的负责人，他在售卖过程中非常支持 A 的想法，并建议 A 应当立即骑着这辆 Jamison 摩托车去往下一个顾客处。当 A 问及这辆摩托车是否发生过事故损害时，T 予以否认。E 未对这辆 Jamison 摩托车作任何检查，T 对此也未予以提示。

A 和 T 遂达成买卖合意，A 支付 9800 欧元。A 欲在第一次驾驶 Jamison 摩托车前，让与他关系很好的摩托车老板 Berthold Bader（B）进行一次检查。经 T 与 A 协商一致后，E 并非将该 Jamison 摩托车移交给 A，而是于 2012 年 6 月 7 日移交给 B，之后再由 A 前往 B 处取走该摩托车。E 如期将摩托车移交给 B，B 并非商人。然而在对摩托车进行检查时，B 发现摩托车的发动机曾因一次严重事故遭受了无法修复的损害，而市场上也无法找到可替换的发动机。因此，A 所购的这辆 Jamison 摩托车无法发动。Xaver Xaidoo（X）是 B 雇用的一名核心岗位的短期帮工，他在当天致电 E，并告知 E 的采购主管 Claus Cüspert（C）该摩托车存在的瑕疵。C 向 X 解释道，他并不认识 X，因此拒绝接收该瑕疵通知。2012 年 6 月 30 日，B 的库存主管 Lothar Lustig（L）因为记恨公司过度加班，以 B 的名义电话告知 A 发动机受损的事实。于是，A 在同一日以传真的形式向 E 指出该瑕疵，并要求 E 交付另一辆此前在 E 处看过的价值相当的二手 Jamison 摩托车，否则要求返还已支付的价款。E 如实告知 A，他原本愿意提供那辆价值相当的二手 Jamison 摩托车，并已准备好再交付，但因 A 理应更早地告知瑕疵的存在，现在为时已晚，E 现拒绝另行交付。

谁是对的？

## 二、梗概

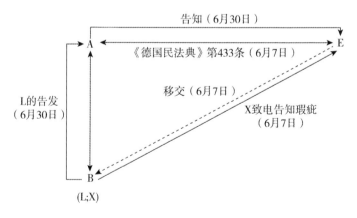

三、结构

**（一）A 依《德国民法典》第 439 条第 1 款第 2 种情形、第 437 条第 1 项和第 434 条第 1 款第 2 句请求 E 交付价值相当的 Jamison 摩托车的请求权** ································· 1

  1. 有效的买卖合同 ································· 1
  2. 买卖标的物存在《德国民法典》第 434 条第 1 款
     所指之瑕疵 ································· 2
  3. 买卖标的物的瑕疵在风险移转时（《德国民法典》
     第 446 条及以下）已存在 ································· 3
  4. 不存在《德国民法典》第 442 条第 1 款排除瑕疵
     所生之权利的情形 ································· 4
  5. 法律后果 ································· 5
  6. 请求权未因履行不能（《德国民法典》第 275 条
     第 1 款）而消灭 ································· 6
    （1）《德国民法典》第 439 条第 1 款第 1 种情形之
        修补 ································· 6
    （2）《德国民法典》第 439 条第 1 款第 2 种情形之
        再交付 ································· 7
       ①观点1：特定物买卖无再交付 ················ 8
       ②观点2：不对《德国民法典》第 439 条第 1 款
         作限缩性解释 ································· 9
       ③个人观点 ································· 11
       ④买卖标的物根据 A 与 E 意愿的可替代性 ······ 12

7. 不存在《德国商法典》第 377 条第 2 款排除瑕疵所生之权利的情形 ·············· 15
   （1）买卖 ·············· 16
   （2）双方商行为 ·············· 17
      ①于 E 之商行为 ·············· 17
      ②于 A 之商行为 ·············· 18
      ③小结 ·············· 19
   （3）移交 ·············· 20
   （4）物之瑕疵责任 ·············· 21
   （5）未毫不迟延地提出异议 ·············· 22
      ①约定向第三人交货时，买受人提出异议的义务 ··· 23
      ②X 有效且及时的通知 ·············· 24
         A. 以他人名义实施行为 ·············· 25
         B. 代理权 ·············· 26
         C. 小结 ·············· 27
      ③A 是否在2012 年 6 月 30 日作出了有效及时的书面通知 ·············· 28
         A. 推迟期间起算时间 ·············· 30
         B. 期间的延长 ·············· 31
   （6）不存在出卖人恶意不告知瑕疵的情形（《德国商法典》第 377 条第 5 款） ·············· 35

（二）结论 ·············· 36

## 四、解题

预先思考：本案存在的问题是，A 对 E 享有何种权利。A

要求 E 交付一辆价值相当的 Jamison 摩托车。因此，此处涉及的是合同履行请求权的主张。请求权基础并非《德国民法典》第 812 条第 1 款第 1 句（如根据《德国民法典》第 123 条第 1 款第 1 种情形因欠缺法律原因而撤销买卖合同）。此外，也排除《德国民法典》第 433 条第 1 款第 1 句作为请求权基础。因为如果存在物的瑕疵责任承担之事实，则《德国民法典》第 433 条第 1 款前段所指的原给付请求权将根据《德国民法典》第 439 条第 1 款被修正。当然，本案还须注意的是，A 原本购买的 Jamison 摩托车无法再发动，仅请求交付另一辆价值相当的 Jamison 摩托车以供使用。

**（一）A 依《德国民法典》第 439 条第 1 款第 2 种情形、第 437 条第 1 项和第 434 条第 1 款第 2 句请求 E 交付价值相当的 Jamison 摩托车的请求权**

1. 有效的买卖合同

E（《德国有限责任公司法》第 13 条）——通过负责人 T 代表（《德国有限责任公司法》第 35 条第 1 款）和 A 之间订立了一个有效的买卖合同，约定以 9800 欧元购买一辆 1960 年生产的 Jamison 摩托车。A 对 E 依据《德国民法典》第 433 条第 1 款第 1 句交付标的物的请求权因此成立。 1

2. 买卖标的物存在《德国民法典》第 434 条第 1 款所指之瑕疵

本案并不存在《德国民法典》第 434 条第 1 款第 1 句所指欠缺约定性质的物之瑕疵。因为 A 和 E（由出卖人 T 代表）在 2

买卖合同中并未约定摩托车需具有某一特定性质。本案存在《德国民法典》第 434 条第 1 款第 2 句第 1 项所指的瑕疵类型，确定存在《德国民法典》第 434 条第 1 款第 2 句第 2 项所指的情形。因为 A 所购的 Jamison 摩托车不满足合同原定之使用目的。A 和 E（由出卖人 T 代表）协商一致，A 所购的 Jamison 摩托车是为了驾驶前往顾客处。这一使用目的因发动机损伤已不可能实现。原给付请求权因此消灭。

3. 买卖标的物的瑕疵在风险移转时（《德国民法典》第 446 条及以下）已存在

3    在《德国民法典》第 446 条所规定的风险移转时间点，物之瑕疵已经存在。

4. 不存在《德国民法典》第 442 条第 1 款排除瑕疵所生之权利的情形

4    A 所享有的瑕疵所生之权利并未因《德国民法典》第 443 条第 1 款被排除。

5. 法律后果

5    因摩托车上存在瑕疵，此时 A 根据《德国民法典》第 439 条第 1 款享有继续履行请求权，买受人据此可以选择请求修补（《德国民法典》第 439 条第 1 款第 1 种情形）或请求再交付（《德国民法典》第 439 条第 1 款第 2 种情形）。但该请求权可能因《德国民法典》第 275 条第 1 款之履行不能而消灭。

6. 请求权未因履行不能（《德国民法典》第 275 条第 1 款）而消灭

(1)《德国民法典》第 439 条第 1 款第 1 种情形之修补

因发动机损害不可能修复且无法获得替代的发动机，于此不考虑《德国民法典》第 439 条第 1 款第 1 种情形补正履行请求权之修补。由于该辆摩托车作为事故车这一事实无法通过修理补正，故通过排除瑕疵实现继续履行也因此被排除。[1] E 则依据《德国民法典》第 275 条第 1 款的履行不能而免于承担事后修补的义务。此外，A 并未向 E 要求修补，而是要求 E 再交付。

(2)《德国民法典》第 439 条第 1 款第 2 种情形之再交付

本案涉及《德国民法典》第 439 条第 1 款第 2 种情形所指继续履行请求权之再交付。在此即买受人要求出卖人另行交付一辆无瑕疵的摩托车。购买一辆二手 Jamison 摩托车属特定物买卖，因此出现了在特定物买卖中，继续履行请求权（《德国民法典》第 439 条第 1 款第 2 种情形是否因履行不能（《德国民法典》第 275 条第 1 款）被彻底排除，出卖人即不负有再交付之义务的问题。这个问题存有争议。

①观点 1：特定物买卖无再交付

学界存在一种观点，特定物买卖中再交付在任何情况下都是不可能的。[2] 因为出卖人的履行义务仅指向所选之标的物，

---

[1] BGH NJW 2006, 2839 Rn. 17；另参见 BT-Drs. 14/6040. S. 209。
[2] Ackermann JZ 2002, 378, 379; Faust ZGS 2004, 252. 253f.; P. Huber NJW 2002, 1004, 1006; U. Huber, FS Schlechtriem, 2003, S. 521, 523 Fn. 9; Tiedtke/Schmitt JuS 2005, 583. 586.

任何他物的交付都将导致合同履行不符合约定。

②观点2：不对《德国民法典》第439条第1款作限缩性解释

9  其他观点[1]认为，根据《德国民法典》第439条第1款条文规定并不能得出特定物之买受人在任何情况下都不能要求再交付的解释结论。一概而论地否定特定物的再交付请求权将导致继续履行请求权的优先性在特定物买卖中自始不存在。这显然有违立法者意图。因立法草案理由书中有道，"买受人无疑首先欲获得无瑕疵之物。在大多数案例中买受人的此种利益可通过修补或交付同一类物得到满足，特定物买卖中亦同"。[2]

10  然而在特定买卖中，再给付并非在一切情况下都为可能，尤其在二手物买卖中。因为立法者主张，"在多数二手物买卖中，请求再交付一样特定的使用过的物自始就被排除"。[3] 特定买卖再给付是否可能，要根据合同订立时双方当事人意思表示之解释来确定（《德国民法典》第133、157条）。如果存在瑕疵之标的物可通过同种类和同价值的另一物所替代，则特定物买卖再给付请求权根据当事人意见可予以考虑。

③个人观点

11  《德国民法典》第439条第1款的产生过程、文义及规范意义与目的均支持观点2。本文接下来将着重探讨，买卖标的物是否可根据当事人的意愿而可替代。

---

[1] BGH NJW 2006, 2839 Rn. 19ff.; MünchKommBGB/Westermann §439 Rn. 11f.; Palandt/Weidenkaff §439 Rn. 15; Bitter/Meidt ZIP 2001, 2114, 2119f.; Canaris JZ 2003, 831, 1156.

[2] Vgl. BT-Drs. 14/6040 S. 89, 220, 230.

[3] Vgl. BT-Drs. 14/6040 S. 232.

④买卖标的物根据 A 与 E 意愿的可替代性

A 作出购买决定不仅出于自身的客观情况，亦因选购时该摩托车给他个人的主观印象。首先，对双方当事人所签订的合同内容进行解释，该标的物根据双方当事人的意思表示不能替代。此外，因二手物使用耗损程度不同（即使是同类型物），在二手物买卖中通常否认交付另一物符合当事人意愿的观点。

在多数二手物买卖中，这一观点是合乎事实的。再交付之物是否真正具有同等价值的问题尤有产生争议的风险。

本案案情略微不同的是，A 和 E 都同意再交付一辆价值相当的摩托车，也就不存在替代之物是否真正同价值这一争议。E 拒绝再给付仅仅是因为已过合理期间。因此，《德国民法典》第 439 条第 1 款第 2 种情形的再交付不存在《德国民法典》第 275 条第 1 款所指的履行不能情形（另一种观点亦有理，即《德国民法典》第 326 条第 5 款的解除权可认为是 A 享有的物瑕疵所生之权利，同时可请求返还所支付的价款。）然而问题是，A 是否因《德国商法典》第 377 条第 2 款所指的视为认可而丧失了再交付请求权。

### 7. 不存在《德国商法典》第 377 条第 2 款排除瑕疵所生之权利的情形

如 A 未根据《德国商法典》第 377 条第 1 款和第 3 款就物之瑕疵作及时通知，且依照该条第 2 款视为认可货物之效力发生，A 即不享有再交付请求权。当以下条件都满足时，视为买受人认可该物，其瑕疵所生之权利因《德国商法典》第 377 条第 2 款之规定而被排除：其一，买卖对当事人双方而言都为商行为；其二，买受人对货物进行检查，在发现瑕疵时并未不迟延地通知出卖人；其三，出卖人未恶意不告知瑕疵（《德国商法典》第 377 条第 5 款）；其四，提出异议非无目的的（《德国民法典》第 242 条）。[1]

提示：即使 A 有权主张瑕疵请求权，也可能根据《德国商法典》第 377 条第 1 款和第 2 款被排除。根据第 377 条的规范目的排除了买受人与物瑕疵相关的要求和权利。

（1）买卖

16　　E（由 T 代表，该代理权根据《德国商法典》第 56 条获得）和 A 之间缔结了一个有效的买卖合同（《德国民法典》第 433 条）。此种买卖合同属于《德国商法典》第 377 条第 1 款所指之买卖。

（2）双方商行为

①于 E 之商行为

17　　商行为是指商人在商业活动中的所有交易（《德国商法典》第 343 条）。E 至少为形式商人（《德国商法典》第 6 条第 2 款、《德国有限责任公司法》第 13 条第 3 款）。摩托车的出卖属 E 的商事经营行为。无须根据《德国商法典》第 344 条对此予以推定。

②于 A 之商行为

18　　A 至少属《德国商法典》第 2 条所指之商人（可为商人），因其自愿（A 期待登记后带来的优势）在商事登记簿上以 e. K 名称注册（参见《德国商法典》第 19 条第 1 款第 1 项）。A 购买摩托车只为工作交通便利，因此购买 Jamison 摩托车应属 A 之

---

[1] 参见本书案例 1，边码 14；关于规范的目的、体系、要件和法律效果参见 Lettl § 12 Rn. 49-89。

商事经营行为。亦无须根据《德国商法典》第344条予以推定。

③小结

于双方都为商行为。 19

(3) 移交

该摩托必须由 E 向 A 移交。移交（参照《德国民法典》第 20
438 条第 2 款）属事实过程，以买受人直接占有该物为前提。这
意味着，买受人取代出卖人获得对物的实际支配权，且可事实
地对物进行检查。移交和交付（Übergabe）通常同时发生。[1]
只有在正确的地点和正确的时间，真正完整地完成，才属于
《德国商法典》第 377 条第 1 款意义上的移交。[2] 本案中，E 并
非移交给 A 而是 B。因此，A 并未获得对该摩托的实际支配权。
倘若本案存在直运交易，则可认定向 A 移交。直运交易是指，
出卖人不将物直接交于买受人，而是按照约定向第三人交货，
由第三人代替买受人对物进行检验，此类交易中，向第一任买
受人的交货事实上是通过交于第三人完成的。本案中，E 与 A
达成合意，不向 A 交货，而应将摩托车直接交于 B。

(4) 物之瑕疵责任

瑕疵的概念包含了《德国民法典》第 434 条所有情形下的 21
物的瑕疵概念。本案中摩托车的瑕疵属于《德国民法典》第
434 条第 1 款第 2 句第 1 项所指的瑕疵类型，至少存在第 434 条
第 1 款第 2 句第 2 项的瑕疵（见边码 2）。虽然《德国商法典》
第 377 条第 1 款所指的瑕疵概念是否受到《德国民法典》434 条
的物之瑕疵定义的限制，是否也包括《德国民法典》435 条的

---

[1] BGH NJW 1961, 730; BGHZ 60, 5, 6; 93, 338, 346; K. Schmidt § 29 III 2c.
[2] BGH NJW 1961, 730, 731; 1993, 2436, 2438; NJW-RR 1990, 1462, 1465; a. A. Canaris § 29 Rn. 66.

权利瑕疵[1]，仍存争议，但本案与此无关。

(5) 未毫不迟延地提出异议

22　　根据《德国商法典》第 377 条第 1 款，A 必须立即在尽职检查确定瑕疵后不迟延地通知 E，以获得物之瑕疵所生权利。为确定是否违反通知之不真正义务，必须区分瑕疵是否明显。原因在于，只有明显的瑕疵，买受人才须不迟延地指明。不迟延时间点的起算取决于，该瑕疵为起初就明显（《德国商法典》第 377 条第 1 款）还是之后显现（《德国商法典》第 377 条第 3 款）。在检验中，瑕疵一旦显现，买受人应立即（《德国民法典》第 121 条第 1 款第 1 句）告知。告知（亦可不要式）并非意思表示，而是买受人作出的准法律行为，以主张请求权和获得物之瑕疵所生权利。[2] 因此，关于意思表示的大多数规定（如《德国民法典》第 104 条及以下、第 164 条及以下，以及因单方作出而涉及的《德国民法典》第 174 条，第 180 条）都类推适用。关于通知则类推适用《德国民法典》第 130 条第 1 款第 1 句，不与《德国商法典》377 条第 4 款冲突（参见案例 1 亦同）。瑕疵的通知在内容上必须足够确定。[3] 买受人必须将发现的每一个瑕疵进行详实地描述，使出卖人能够完整想象从而提供补救办法。如此《德国商法典》第 377 条的条文目的才能实现，并保护出卖人免于迟延的不具体索赔。单纯地将物品寄回或者大致地提出申诉（如声称物品"破烂"或者"违约"）则还不够。本案中应当分析，通过各种行为是否可认定 A 作出

---

[1] So MünchKomm HGB/Grunnewald § 377 Rn. 47.

[2] Baumbach/Hopt/Hopt § 377 Rn. 32；Koller/Kindler/Roth/Morck/Roth § 377 Rn. 11.

[3] BGH WM 1998, 936, 938；Canaris § 29 Rn. 67.

了瑕疵通知。

①约定向第三人交货时，买受人提出异议的义务

即使在出卖人按约定向第三人移交货物的直运交易中，作为商人的（第一）买受人也应当在正常检查后将发现的可辨认的或之后显现的瑕疵立即通知出卖人。（第一）买受人必须作出及时通知，即使第三人为非商人。[1] 此处无须对《德国商法典》第377条进行目的性限缩解释。[2] 因为（第一）出卖人和（第一）买受人订立的该合同与通常的商业买卖并无区别。（第一）买受人也可向（第一）出卖人要求不受《德国商法典》第377条的限制，因为根据案情不能获知，A根据《德国商法典》第377条第1款负有对瑕疵提出异议的义务。

②X有效且及时的通知

X在交货当天通知E该摩托车存在瑕疵。因此，该通知（内容上也足够明确）并未迟延到达（《德国民法典》第121条第1款第1句），是及时的。存有疑问的是，X是否有权提出异议。在直运交易中第三人（本案中的B）原则上有提出异议的权利。X为B作出商行为。如果B有效地由X代理，该行为亦即有效（《德国民法典》第164条第1款）。《德国民法典》第164条以下通常用于将代理人的意思表示归责于被代理人。被代理人承担意思表示所指向的法律后果。《德国商法典》第377条的瑕疵通知是相对于买受人享有瑕疵担保权而存在，性质为准法律行为。但此处仍可适用《德国民法典》第164条及以下。如X以B的名义作出意思表示且享有代理权，则X对E作出的

---

[1] BGHZ 110, 130, 139; Großkomm/Brüggemann § 377 Rn. 38.
[2] BGHZ 110, 130, 141f. ; a. A. Koller/Kindler/Roth/Morck/Roth § 377 Rn. 3; Canaris § 29 Rn. 4; J. Hager AcP 190 (1990), 324, 349.

瑕疵通知直接对 B 发生效力。

A. 以他人名义实施行为

25　　X 以 B 的名义实施行为，即构成以他人名义实施行为。

B. 代理权

26　　X 仅为短期帮工。他不享有代理权，因此属无权代理（《德国民法典》第 180 条第 1 句）。如 B 对 X 做出的通知进行追认，则根据《德国民法典》第 180 条第 2 句和第 177 条，该行为对 B 仍生效。然而必须满足的前提条件是 E 未拒绝 X 的行为或对该行为表示同意。本案欠缺该前提条件，因实际上 E 对 X 的瑕疵通知表示拒绝。此外，B 的追认与通知一样，都必须不迟延地作出。在案情陈述中并未提及 B 在合理期限内作出了追认。

C. 小结

27　　X 的通知不发生法律效力。

③A 是否在 2012 年 6 月 30 日作出了有效及时的书面通知

28　　2012 年 6 月 30 日，A 通过传真向 E（内容足够明确）指明存在瑕疵。问题是，该通知是否为不迟延地作出。不迟延是指不存在可归责的迟延（《德国商法典》第 121 条第 1 款第 1 句）。在此适用严格标准。瑕疵在一般检查中易得知的（如本案中），则通知应当在检验后立即作出，如在移交的当天或第二天作出。E 于 2012 年 6 月 7 日移交摩托车，而 A 的书面通知却于 6 月 30 日迟延到达 E。当然，不能忽略的是，本案涉及的是直运交易（又称转运配送交易）。

29　　在直运交易中，可以适当延长（第一）买受人对（第一）出卖人作出瑕疵通知的期间，如果买受人委托第三人，出卖人必须将通知期限起算时间点适当延后。因为首先需要第三人不迟延地通知（第一）买受人，（第一）买受人才能紧接着向

(第一) 出卖人提出异议，如此计算时间才够。[1] 本案两种可能性都可行，两种都按相同方式计算，因为两者都指向同一结果。

A. 推迟期间起算时间

第一种可能性是，将（第一）买受人通知期间的起算时间点推迟。（第一）买受人对（第一）出卖人作出瑕疵通知的合理期限，应当首先从第三人一眼看出或通过常规检验发现瑕疵后立即通知（第一）买受人时开始计算。

B. 期间的延长

第二种可能性是，通知期间的起算虽然是以向第三人移交之日起算，但延长期间。通知期间的延长应为，第三人对（第一）买受人不迟延地告知瑕疵，而后（第一）买受人必须再不迟延地告知（第一）出卖人的所需的共同时间。亦即，由附加了第三人对（第一）买受人瑕疵通知的这一段时间，和紧接（第一）买受人向（第一）出卖人告知瑕疵的所需的合理时间来决定。该期间必须保证足以使第三人向（第一）买受人不迟延作出告知，（第一）买受人再不迟延地转告第一出卖人。

如果这种情形在合同中明确约定或根据合同情形可得知，那么（第一）出卖人应当考虑到（第一）买受人可能作出稍晚的通知。本案中即存在这种情况，因为 A 并非自己而是委托 B 对摩托车进行检查，而 E 对此是明知的。

确定 A 作出通知的期限必须考虑，期限的延长恰好足够 B 对 A 提出异议，A 再在期限内不迟延对 E 提出异议。E 既然同

---

[1] Vgl. BGH BB 1954, 954; Baumbach/Hopt/Hopt § 377 Rn. 37; K. Schmidt § 29 III 6a.

意直接将物移交给 B，则不能期待 A 自己对物进行检查，否则 A 必须在移交时在场。E 应可预料到，在 A 向 E 指出瑕疵之前，B 首先向 A 报告了瑕疵的存在。尽管 B 可能造成通知的延误，但如两边的通知都未迟延作出，A 的通知仍为及时到达。2012 年 6 月 7 日，E 将该辆摩托车移交给 B。享有代理权限的仓库管理人员 L（《德国商法典》第 54 条第 1 款第 3 项）以 B 的名义在 6 月 30 日才首次告知了 A 该物之瑕疵。这个通知不违反形式要求。依照《德国商法典》第 377 条，瑕疵通知可为任何形式的，即可以以口头方式作出。尽管 A 在同一天以书面形式告知 E 存在瑕疵给付，但这种情形的延误（从 6 月 7 日到 6 月 30 日）即使是在直运交易中也并非不迟延的，因此瑕疵通知迟延到达。

34　　在瑕疵迟延的通知本可避免时，（第一）买受人必须对（第一）出卖人因《德国商法典》第 377 条第 2 款所产生的不利后果承担责任。[1] 第三人未及时检验从而未及时通知时，于此产生的不利风险都由（第一）买受人承担。如果第三人非商人，对（第一）买受人并不负担《德国商法典》第 377 条所规定的检验和通知义务时，也同样如此。主流观点认为，只要通知期限以过错为前提，那么无论是（第一）买受人因未确保第三人及时通知而产生的自身过错，还是第三人作为（第一）买受人之履行辅助人在检查和通知义务中的过错，均属之。[2] 依《德国民法典》第 278 条，第三人所可能发生的这种过错归属于（第一）买受人。否则，仅因作为商人的买受人委任了非商人的第三人履行通知义务，出卖人即不能通过《德国商法典》第

---

[1]　BGHZ 110, 130, 139.
[2]　BGH BB 1954, 954; Baumbach/Hopt/Hopt § 377 Rn. 37.

377 条寻求保护，实属不合理。倘若客观评价构成要件，通知事实上存在迟延，那么第三人的迟延通知应当归于买受人，并由之承担该不利风险。

（6）不存在出卖人恶意不告知瑕疵的情形（《德国商法典》第 377 条第 5 款）

如果出卖人恶意不告知瑕疵，则出卖人不能主张违反通知义务的抗辩（《德国商法典》第 377 条第 5 款）。属于此类的包括，出卖人对摩托车特定的性能作担保（《德国民法典》第 276、443 条），隐瞒某种性能的欠缺或恶意伪造某种不存在的性能。[1] 与 T 所坚称的内容不同，摩托车不能发动，物之瑕疵事实存在。此外 E 必须恶意为之。本案中虽然是 T 为交易当事人，但根据《德国民法典》第 166 条第 1 款该明知可归属于 E。恶意为之是指，明知不属实仍做出错误的意思表示，间接故意就足矣。[2] 若出卖人对买受人所提出的，明显从根本上关系到买受人是否缔结买卖合同的问题，未作如实回答，则可认为出卖人具有恶意。[3] T 显然对摩托车无事故记录欠缺足够的认知依据，却仍信口雌黄地做出保证。虽然出卖人对于一辆无线索指向发生过事故的摩托车不负有在买卖时进行检查的义务，但出卖人对摩托车不进行检查的同时，却又保证它无事故记录，则应认定出卖人欠缺一个对摩托车的检验。[4] 出卖人不应通过断定无事故记录，从而给人以出卖人对此有确切了解的印象。虽然 T 向 A 保证该车没有发生过事故，但事实上 T 对该摩托车有无事

---

[1] BGH NJW 1980, 782, 784.
[2] So etwa K. Schmidt § 29 III 6a.
[3] BGH NJW 2006, 2836 Rn. 13; BGHZ 63, 382, 388.
[4] BGH NJW 2006, 2839 Rn. 15; BGHZ 63, 382, 386ff.

故并未做过具体清楚的了解。因此,《德国商法典》第 377 条第 5 款的前提条件满足,E 不能主张《德国商法典》第 377 条第 2 款的视为同意。

(二) 结论

36　　A 可以依照《德国民法典》第 439 条第 1 款第 2 种情形、第 437 条第 1 项和第 434 条第 1 款第 2 句请求 E 交付一辆价值相当的摩托车。

# 案例 16　阻碍重重的古董交易

## 一、案情

企业主 Udo Ungemach（U）欲将一个落地大座钟交给古董商 Klaus Kröber（K），委托 K 为之交易。按照 U 的意思，K 应当将该大座钟以 K 自己的名义以至少 1 万欧元的价格出售，并为 U 出具账单。不久后，K 成功与 Dieter Dorn（D）达成一致，将该大座钟以 1.2 万欧元的价格出售，D 随即向 K 现金支付了 2000 欧元。K 将对 D 的 1 万欧元债权让与给了其债权人 G，以清偿自身对 G 的债务。之后，D 就其对 K 因买卖大座钟产生的 1000 欧元损害赔偿以及之前与 K 交易时因租赁合同产生的 9000 欧元主张抵销。

U 可向 K 提出何主张？K 可向 U 提出何主张？

K 受 U 委托，从 Viet Viedler（V）处购买了一幅保真的油画，价值 30 万欧元，但该画实际上为复制品，价值仅为 1 万欧元。面对 K，V 表示其无任何其他义务，卖了就是卖了。但 K 想退还该画并要求损害赔偿。另外，U 坚持该画若为真品，可以 35 万欧元的价格卖与 Elfriede Emsig（E）。

K 可向 V 为何主张？

## 二、梗概

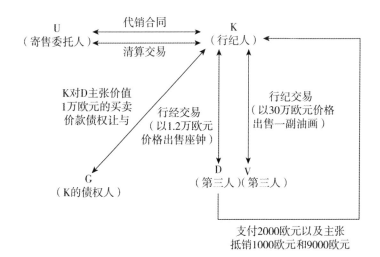

## 三、结构

**(一) U 对 K 的请求权** ································· 1

  1. 根据《德国商法典》第 384 条第 2 款第 1 半句
     通知 ··················································· 1

  2. 根据《德国商法典》第 384 条第 2 款第 2 半句
     第 1 种情形汇报 ······································· 5

  3. 根据《德国商法典》第 384 条第 2 款第 2 半句
     第 2 种情形交付其处理事务所得 ················· 6

    (1) 处理事务所得之标的物 ························· 6

    (2) 因让与而交付不能 ······························· 8

   （3）因抵销而交付不能……………………………… 10
    ①就关联债权主张抵销的法律状况……………… 11
    ②就不关联债权主张抵销的法律状况…………… 13
     A. 观点1：第三人的不关联债权因《德国商
      法典》第392条第2款不发生抵销……… 14
     B. 观点2：虽有《德国商法典》第392条
      第2款之规定，仍允许第三人的不关联
      债权发生抵销效力……………………… 15
  4. 履行的责任……………………………………… 16

**（二）K对U的请求权**………………………………… 17

  1.《德国商法典》第396条第1款之佣金………… 17
  2. 根据《德国民法典》第670、675条和
   《德国商法典》第396条第2款偿还费用………… 18

**（三）K对V根据《德国民法典》第280条第1款和第3款、第281条第1款结合《德国民法典》第437条第3项、第434条第1款第1句要求替代给付的损害赔偿的请求权**……… 19

  1.《德国民法典》第433条的买卖合同…………… 19
  2. 依据《德国民法典》第434条第1款第1句，买卖标
   的物存在瑕疵…………………………………… 19
  3. 买卖标的物瑕疵在风险移转时已存在（《德国民法典》
   第446条及以下）……………………………… 20
  4. 根据《德国民法典》第442条第1款，买受人不
   知情…………………………………………… 21

5.《德国民法典》第 280 条第 1 款、第 3 款和第 281 条
     第 1 款所规定的特别前提要件·························· 22
    (1) 债务关系············································ 23
    (2) 义务违反············································ 23
    (3) 可归责··············································· 24
    (4) 补充履行的期限设置或无须设定期限············ 25
    (5) 损害················································· 26
      ①K 的损害············································ 27
      ②U 的损害············································ 28
      ③权利和损害离散(Auseinanderfallen) 之法律
        后果··················································· 29
      ④第三人损害清算时的损害范围···················· 30
        A. 观点 1 ············································ 31
        B. 观点 2 ············································ 32
  6. 个人观点和结论········································· 33

## 四、解题

预先思考：提出的问题可以首先根据《德国商法典》第 384 条及以下来解答。因为本案可能涉及，U 和 K 之间基于《德国商法典》第 383 条第 1 款所成立之代理合同关系[1]。行纪人并非当然商人，仅在满足《德国商法典》第 1 条及以下构成要件的所有前提时才为商人。但《德国商法典》第 384 条及以下也适用于行纪人本身并非商主体的情形（《德国商法典》第 383

---

[1] Vgl. dazu Lettl § 12 Rn. 95–132.

条第 2 款第 1 句)。另外,《德国商法典》第 343 条及以下条款的适用也是如此,但《德国商法典》第 348—350 条的规定属于例外情形(《德国商法典》第 383 条第 2 款第 2 句)。《德国商法典》第 383 条及以下也适用于本身并非行纪人但从事行纪业务的商人[《德国商法典》第 406 条第 1 款第 2 句:表见行纪(Gelegenheitskommission)]。行纪行为是否应适用劳务合同或承揽合同之相关规定的问题,更侧重于考量行纪人的佣金请求权是否取决于成果(《德国民法典》第 396 条第 1 款第 1 句)。但行纪人对这种成果的出现通常仅负有谨慎行为义务,以至于行纪行为通常是劳务合同。[1] 因为行纪合同是《德国民法典》第 675 条第 1 款所指的关于事务处理的双务合同,《德国民法典》第 663 条、第 665—670 条、第 672—674 条和第 611 条及以下均可补充适用。另外,行纪人虽用自己的名义作为个体商,但不同于以他人名字出具账单的个体商户,由行纪人成立的法律行为所带来的法律后果并不归于行纪人本身,而是归于委托人。因此,本案涉及间接代理,行纪人以自身名义从事行纪行为。因此,只有行纪人为合同当事人时,才是权利的享有者和义务的承担者。

**(一) U 对 K 的请求权**

1. 根据《德国商法典》第 384 条第 2 款第 1 半句通知

行纪人必须向委托人进行必要的通知(《德国商法典》第 384 条第 2 款第 1 半句),尤其应将与其缔结行纪交易的第三人

1

---

[1] Großkomm/Koller § 383 Rn. 58f. ; Canaris § 33 Rn. 5.

名称告知委托人。[1]

2　　U 对 K 依据《德国商法典》第 384 条第 2 款第 1 半句之要求通知的权利之前提要件为，K 是行纪人。行纪人定义在《德国商法典》第 383 条第 1 款中。同时还应符合行纪人的特征：其一，以此类交易为职业（并非必须为商人，《德国商法典》第 383 条第 2 款）；其二，出售或购买物品或有价证券，也包括运输合同（《德国商法典》第 406 条第 2 款）（真正的行纪）或其他法律行为（《德国商法典》第 406 条第 1 款第 1 句；非真正的行纪，如委托收债）；其三，以自身名义；其四，以他人名义出具账单。行纪交易一般以三方关系为特征。在行纪人和委托人之间存在代销行为（如委托出售行纪物，本案中为大座钟），而在行纪人和第三人之间则存在行纪交易（如出售行纪物）。

3　　本案完全满足前提要件。K 作为古董商以此交易为职业，因为他单独且有偿地进行大量交易行为，对外表现为在经济领域从事该行为。[2] 是否涉及《德国商法典》第 1 条所指的商事营业并不重要，因为不取决于是否具备商人特征。K 购买和出售的古董，属物品，因此本案属于真实的行纪。K 应当将 U 的大座钟以 K 自身名义出售，并替 U 出具账单。

4　　U 可以依据《德国商法典》第 384 条第 2 款第 1 半句要求 K 提供必要的信息，即提供出售该大座钟的信息和购买人的名称。

2. 根据《德国商法典》第 384 条第 2 款第 2 半句第 1 种情形汇报

5　　行纪人应向委托人就交易进行必要的汇报（《德国商法典》

---

[1] Großkomm/Koller § 383 Rn. 30f.
[2] 对营业（Gewerbe）的定义，参见 Lettel § 2 Rn. 5-22。

第 384 条第 2 款第 2 半句第 1 种情形）。U 因此可要求 K 提供出售该大座钟的凭证，如账单。

3. 根据《德国商法典》第 384 条第 2 款第 2 半句第 2 种情形交付其处理事务所得

（1）处理事务所得之标的物

行纪人必须向委托人交付其处理交易事务所获之利益（《德国商法典》第 384 条第 2 款第 2 半句第 2 种情形）。因此 K 应当将出售该大座钟所获得的 1.2 万欧元之价款交付给 U，并转移所得。U 就出售该座钟预先确定了 1 万欧元的最低售价，并无影响。由于行纪人给委托人带来了比预期约定更优的利益，如无其他约定，该利益归于委托人（《德国商法典》第 387 条）。D 已向 K 支付 2000 欧元现金，因此 K 获得了 D 所支付价款的所有权和占有。U 可要求 K 交付该 2000 欧元。

金额为 1.2 万欧元的原债权因 2000 欧元的支付而依据《德国民法典》第 362 条部分消灭，K 还可向 D 主张金额为 1 万欧元的债权。该对 D 金额为 1 万欧元的债权应当由 K "交付"给 U，亦即让与 U。但如若 K 已将该债权有效让与 G，也就不可能再让与 U 了（《德国民法典》第 275 条第 1 款）。

（2）因让与而交付不能

因让与行纪人以自身名义交易，则因行纪产生的债权首先归属于行纪人本身。《德国商法典》第 392 条第 1 款因此规定，委托人只有在该债权让与后才可得主张。因此，行纪人也可通过让与有效地处分该债权，也可将该债权让与委托人以外的人，通常则产生因义务违反之损害赔偿请求权。行纪人的债权人可依据《德国民事诉讼法》第 829 条和第 835 条主张获得行纪人因行纪事务产生的债权。

9　　为保护委托人，《德国商法典》第 392 条第 2 款规定，行纪人因行纪交易对第三人的债权在让与委托人之前，在委托人和行纪人或其债权人之间的关系上，仍视为委托人的债权。该债权在内部关系中同样视为委托人的债权。如对该债权的处分是有益于行纪人的债权人，委托人不必违背自身意愿地作出接受。本案中，K 因行纪交易对 D 享有支付价款之债权，金额为 1.2 万欧元。除去已通过现金支付的 2000 欧元，K 对 D 的债权金额为 1 万欧元。K 将该债权让与他的债权人 G。根据《德国商法典》第 392 条第 2 款，行纪人因行纪交易对第三人产生的债权，在委托人和行纪人或其债权人之间，应视为委托人的债权。因此，行纪人不能以行纪交易所生对第三人的债权去有效地冲抵第三人对行纪人自己的债权。若行纪人的某一债权人扣押了行纪人对该第三人的债权（因行纪交易产生），委托人则可提起第三人异议之诉（《德国民事诉讼法》第 771 条）。[1] 行纪人因行纪交易所生之对第三人的债权不能用于对行纪人的债权人履行清偿。行纪人（本案中为 K）将与第三人交易所生之债权让与给行纪人的债权人（本案中为 G）或用于担保，对委托人亦无效（相对无效）。[2] 否则，行纪人的债权人将因法律行为获得某些因强制执行措施都不可能获得的利益。[3] 债权由 K 让与 G，导致在 U 和 K 的关系中发生《德国民法典》第 275 条第 1 款所指之交付不能。

---

[1] BGHZ 104, 123, 127.
[2] RGZ 148, 190, 191; BGH WM 1959, 1004, 1007; BGHZ 104, 123, 127; Baumbach/Hopt/Hopt § 392 Rn. 10.
[3] Canaris § 30 Rn. 75.

(3) 因抵销而交付不能

D 就已生金额为 1000 欧元的债权以及因之前交易与 K 之间产生的 9000 欧元的债权，向 K 主张抵销购买大座钟而生的债权。如该抵销生效，则 K 对 U 就该债权（K 对 D 金额为 1 万欧元的债权）的让与就不再发生。因为该债权已因《德国民法典》第 389 条之规定而消灭，以至于该债权的让与根据《德国民法典》第 275 条第 1 款不再可能。这里应区分关联债权和不关联债权。关联性是指，第三人对行纪人的债权属于行纪人债权赖以产生之法律关系上的标的（K 与 D 之间对立的债权都是因行纪交易而产生）。关联债权则为，行纪人享有的因行纪交易所生之支付买卖价款之债权，以及第三人因行纪人违反行纪交易之义务而产生的损害赔偿请求权。两个债权都是基于同样的法律关系。不关联债权则为，并非基于同一法律关系（D 的债权并非基于行纪交易，而是基于其他法律原因）而产生。

①就关联债权主张抵销的法律状况

问题是，《德国商法典》第 392 条第 2 款是否适用于，行纪交易的相对人（本案为 D）以对行纪人享有的一个其他债权就因行纪交易产生的债权（如《德国民法典》第 280 条第 1 款）主张抵销或留置权。只要涉及关联债权，则《德国商法典》第 392 条第 2 款并不对抗该抵销。[1] 即使第三人已知与之交易的另一方从事的是行纪行为，亦同；因为《德国民法典》390 条只提及相互债权。[2] 尽管根据条文表述并不涉及，第三人以其对行纪人的债权主张抵销。行纪人对第三人的债权根据《德国

---

[1] BGH NJW 1969, 276, 277; Baumbach/Hopt/Hopt § 392 Rn. 12.
[2] BGH NJW 1969, 276, 277.

商法典》第 392 条第 2 款归于委托人，由此行纪人的债权人以其对行纪人的债权提出的抵销将因双方之间的债权欠缺相对性而被排除。然而《德国商法典》第 392 条第 2 款，对于第三人主张抵销的情形，条文表述显然太宽泛，因此应当进行目的性限缩。《德国商法典》第 392 条第 2 款不应对既是行纪人的债权人，同时也是行纪人的债务人之人适用。该条款因此不适用于行纪人与第三人的这一外部关系。该外部关系，必须在法律上与委托人和行纪人之间的关系区分开，如为他人出具账单的交易。行纪人并不以委托人之名义，而是以自身名义缔结合同。行纪人和委托人之间的内部关系不能损害第三人的权利。《德国商法典》第 392 条第 2 款所规定的使行纪人之债权人产生负担的规定包含了该准则的例外情形。但这一规定不能扩展至第三人既是行纪人债权人又是行纪人债务人的案型。而在第三人主张抵销的情形中，第三人提出抵销是为了行使对行纪人的债权而以委托人为代价来满足自己时，结果又不一样。当第三人使行纪人相信，他将以现金支付并不作抵销时，同样可因滥用权利违反诚实信用原则（《德国民法典》第 242 条）。

12　　本案中，D 对 K 享有 1000 欧元的请求权，且 D 以该债权对 K 的因行纪交易产生的 1.2 万欧元支付价款债权主张抵销，D 的债务抵销使得 K 对 D（暂不考虑已现金支付 2000 欧元）的支付价款债权金额缩减为 1.1 万欧元。K 仅能将该数额的债权让与 U。就 1000 欧元而言，U 可依据《德国民法典》第 285 条结合《德国民法典》第 275 条要求 K 归还其因抵销而获得的债务免除部分金额。另可考虑 U 对 K 依据《德国民法典》第 816 条第 2 款的请求权或至少可考虑依据《德国民法典》第 812 条第 1 款第 1 句第 2 项的请求权。

②就不关联债权主张抵销的法律状况

D 对 K 主张 9000 欧元的抵销涉及不关联债权。《德国商法典》第 392 条第 2 款是否同样适用于不关联债权，存有争议。

A. 观点 1：第三人的不关联债权因《德国商法典》第 392 条第 2 款不发生抵销

部分学说认为[1]，只要涉及的是不关联债权，第三人就无权主张抵销或留置权。因为第三人在非基于行纪交易产生的债权中的地位类似于第三方债权人。D 不能主张抵销，K 对 D 仍享有金额为 9000 欧元的支付请求权，K 可将该债权让与 U。

B. 观点 2：虽有《德国商法典》第 392 条第 2 款之规定，仍允许第三人的不关联债权发生抵销效力

其他观点肯定了该抵销或留置的权利，只要第三人并非恶意创设该对立债权即可。据此由第三人主张抵销或留置权原则上是允许且不受限制的。[2] 事实上适用的是与第三人就关联债权主张抵销同样的考量（见上文边码 11 及以下）。第三人不再仅为债权人，而也同样是合同当事人。《德国商法典》第 392 条第 2 款并未涵盖该双重地位的情形。[3] 此外，像《德国商法典》第 392 条第 2 款这样的例外条款往往必须从狭义上去解释。而且《德国民法典》第 404、406 条的法价值也是肯定该结果的。因此允许 D 就全部金额主张抵销，K 对 D 的 9000 欧元债权根据《德国民法典》第 389 条消灭。U 对 K 仅能依据《德国民法典》第 285 条结合第 275 条要求 K 返还其因抵销而获得的债

---

[1] K. Schmidt § 31 VI 4b.
[2] BGH NJW 1969, 276, 277; Großkomm/Koller § 392 Rn. 20; Baumbach/Hopt/Hopt § 392 HGB Rn. 5; Koller/Kindler/Roth/Morck/Roth § 392 Rn. 6; Canaris § 30 Rn. 78.
[3] Canaris § 30 Rn. 78.

务免除部分的请求权。最后，还应当考虑 U 对 K 基于《德国民法典》第 816 条第 2 款或至少根据第 812 条第 1 款第 1 句第 2 种情形的请求权。

### 4. 履行的责任

16　　行纪人一般不对行纪交易的履行负责。但存在特殊的债之原因（如债务承担）或《德国商法典》第 384 条第 3 款、第 393 条和第 394 条规定的情形时，行纪人应承担此种责任。《德国商法典》第 394 条规定了行纪人的保付责任，前提是行纪人和委托人之间存在类似保证的法律关系。[1] 作为对待给付，行纪人因此获得保付佣金。本案中，对 K 未有任何特殊的债之原因。

## （二）K 对 U 的请求权

### 1.《德国商法典》第 396 条第 1 款之佣金

17　　当该交易被成功实行时，行纪人最重要的权利即为佣金请求权（《德国商法典》第 396 条第 1 款）。该权利在行纪交易成立时就已经产生，但前提条件是第三人基本上按照合同约定履行了该法律交易。是否绝对精确地履行并不重要。法条有意地未对交易实行明确定义，而应视个案情况而定。当行纪交易事实上产生了经济效益时，可认定该交易已实行。如 D 实际已支付价款，则 K 可以请求佣金。D 已经现金支付了 2000 欧元，剩余的与其对 K 的债权相抵销。D 已按照合同约定履行（见上文边码 7 和 15）。K 因此可向 U 请求佣金。若无其他约定，佣金的

---

[1] K. Schmidt § 31 V 2b.

金额根据通常的率值确定（《德国商法典》第 354 条第 1 款）。

2. 根据《德国民法典》第 670、675 条和《德国商法典》第 396 条第 2 款偿还费用

除了佣金，行纪人还可向委托人要求偿还其所支出的费用。其依据是《德国民法典》第 670 条和第 675 条，这两个条文可补充适用于行纪合同（见《德国商法典》第 396 条第 2 款）。《德国民法典》第 670 条所指的费用是行纪人自愿的财产支出，旨在缔结或实行行纪交易［如债务承诺（Eingehen einer Verbindlichkeit）］，该费用并不涵盖在佣金中。佣金一般是对投入的劳动力和通常的交易费用，如人力费用或办公场地费用的偿付。《德国商法典》第 396 条第 2 款将支出的费用之定义具体化了，包括为使用仓库和运输工具而支出的费用。

### （三）K 对 V 根据《德国民法典》第 280 条第 1 款和第 3 款、第 281 条第 1 款结合《德国民法典》第 437 条第 3 项、第 434 条第 1 款第 1 句要求替代给付的损害赔偿的请求权

1.《德国民法典》第 433 条的买卖合同

行纪人以自身名义进行行纪交易。因此仅行纪人作为合同当事人，享受权利承担义务。K 和 V 之间就该油画有效成立了《德国民法典》第 433 条之买卖合同。

2. 依据《德国民法典》第 434 条第 1 款第 1 句，买卖标的物存在瑕疵

由于 V 作出真品保证的油画是一副赝品，故而涉及《德国

民法典》第 434 条第 1 款第 1 句之物的瑕疵。前提是该油画欠缺约定的品质（Beschaffenheit）。油画的品质包括年限和特定艺术家的著作权。本案中，该油画并不具备真品保证中的品质。因此，该油画存在《德国民法典》第 434 条第 1 款第 1 句之物的瑕疵。

3. 买卖标的物瑕疵在风险移转时已存在（《德国民法典》第 446 条及以下）

21　　物的瑕疵在油画发生《德国民法典》第 446 条第 1 句之交付移转时已存在，因此该油画在风险移转时已存有瑕疵。

4. 根据《德国民法典》第 442 条第 1 款，买受人不知情

22　　本案中并不存在 K 根据《德国民法典》第 442 条第 1 款已认知或应认知该瑕疵的线索。

5.《德国民法典》第 280 条第 1 款、第 3 款和第 281 条第 1 款所规定的特别前提要件

（1）债务关系

23　　K 和 V 之间成立《德国民法典》第 433 条之买卖合同，因此存有债务关系。

（2）义务违反

24　　V 违反了将该油画按照约定的品质交付给 K 的义务（见上文边码 20）。V 存在违反义务的情形。

（3）可归责

25　　V 必须就该义务违反负责。义务违反的可归责性可根据《德国民法典》第 280 条第 1 款第 2 句推定。本案中并不存在推

翻该推定的线索。

(4) 补充履行的期限设置或无须设定期限

只有在买受人为出卖人设定合理的期限以供补充履行，但出卖人在该期限经过后并未履行(《德国民法典》第280条第1款和第3款、《德国民法典》第281条第1款) 时，才产生因瑕疵所生的替代给付的损害赔偿请求权。K 并未为 V 设定期限。但因 V 拒绝履行其他任何义务，则该《德国民法典》第439条第1款所指的补充履行已被最终和认真地否定 (《德国民法典》第281条第2款第1种情形)，因此该期限的设定并不重要。

(5) 损害

①K 的损害

行纪人以自身名义成立该行纪交易。因此仅行纪人为合同一方当事人，享有权利并承担义务。第三人有过错地未履行或未按约定履行给付义务（履行不能、履行迟延以及其他义务违反行为），只能由行纪人对其主张请求权和权利。但由于行纪人是为他人出具账单，因此该损害并未在行纪人身上产生。又因行纪人最终是将所购的油画交由委托人，行纪人并未受有损害，且委托人也不能对他主张损害赔偿请求权。行纪人很可能丧失了佣金请求权，但仍能保有费用偿还请求权（《德国民法典》第670条、第675条第1款、《德国商法典》第396条第2款）。

②U 的损害

U受有损害，因为K向V支付了30万欧元的买卖价款，根据《德国民法典》第675条第1款和第670条，该笔价款必须由U对K偿还，但U又仅获得了一幅市场价值为1万欧元的油画。另外，U 也可将该画以 35 万欧元的价格转卖给 E，并由此多获利5万欧元。由于遭受损害的委托人U与V不处于合同关系中，因此自始都未对 V 产生《德国民法典》第 280 条第 1 款和第 3 款、第 281 条第 1 款第 1 句结合《德国民法典》第 437 条第 3 项之损害赔偿请求权。U 对 V 也不存在基于《德国民法典》第 823 条第 1 款的请求权。

③权利和损害离散（Auseinanderfallen）之法律后果

29　　行纪交易使得权利和损害相互离散（损害移转），但加害人不得从中获取利益，行纪人就委托人的损害得以自己的名义并凭借第三人损害清算的方式加以主张（当然不能违背委托人的意愿）。因此委托人的损害是行纪人提出索赔的请求权基础。当第三人在合同缔结时不知行纪人为他人出具账单，也同样适用。行纪人必须将对第三人的请求权因《德国民法典》第 255 条、第 285 条之合同的从义务让与委托人。

④第三人损害清算时的损害范围

30　　损害计算的问题在于，行纪人是否仅可主张其自身若无损害转移时产生之损害（自己出具账单进行交易），抑或是主张委托人所受之损害。仅在后一种情况中需考虑委托人所失利益。当 U 可将该画转卖多获取 5 万欧元利润，那么就该金额由 K 通过第三人损害清算的方式主张损害。

A. 观点 1

31　　根据这一观点[1]行纪人主张委托人所产生的损害，即使该损害为非典型性损害。因为加害人永远无法确定，其他合同当事人的损害并未超过一定限度。无须考虑债务人的可识别性。此外，行纪人得向加害人主张委托人的具体利益，亦即所失利

---

〔1〕　So z. B. MünchKommBGB/Oetker § 249 Rn. 298；Baumbach/Hopt/Hopt § 383 Rn. 21；Canaris § 30 Rn. 85f.

益。由此，K 对 V 的损害赔偿请求权金额为 35 万欧元（=30 万欧元之价款+5 万欧元之 U 的所失利益）的损害赔偿请求权与返还油画同时履行（大损害赔偿）。K 也可以保有该油画，同时要求 V 支付 34 万欧元（小损害赔偿）。此时并不涉及 K 的法律保护利益，因为他欲归还该油画。

### B. 观点 2

根据其他观点[1]，内部损害移转的单纯事实并不会导致，受害人必须赔偿委托人的损害。内部损害移转的事实只存在于委托人的范围内，因此不允许使加害人产生负担。K 对 V 的损害赔偿请求权仅在金额为 30 万欧元的范围内与返还油画同时履行。

### 6. 个人观点和结论

观点 1 的论据更具有说服力，因为加害人更接近于充分赔偿实际（幕后的人）产生的损害。因此，K 可向 V 基于《德国民法典》第 280 条第 1 款和第 3 款、第 281 条结合第 437 条第 3 项第 1 种情形、第 434 条第 1 款第 1 句主张支付 35 万欧元，同时返还油画（这种请求权也基于《德国民法典》第 346 条第 1 款结合第 437 条第 2 项第 1 种情形、第 434 条第 1 款第 1 句主张，根据《德国民法典》第 323 条这些前提要件在本案中也满足）。

---

[1] Peters AcP 180（1980），329，351ff.；Steding JuS 1983，29f.；Strauch JuS 1982，823，825.

# 案例 17　带有椰子油的苹果汁

（根据 BGHZ 169，187 改编）

## 一、案情

位于慕尼黑的"Albert Ado 饮料有限责任公司"（A）委托"Boris Baier 有限责任公司"（B），于 2012 年 5 月 1 日通过卡车将重 25500 千克的苹果浓缩汁从慕尼黑运往位于波茨坦的产品经销处 C，运费 3000 欧元。B 为这次运输安排了一辆带有液罐的半挂卡车。该卡车为三节式半挂车，靠外的两节由 B 装满了 A 委托运输的苹果浓缩汁。后因 B 的驾驶员粗心大意，致使 500 千克苹果浓缩汁在 2012 年 5 月 2 日卸货时流出，并造成渗漏。B 将剩余的苹果浓缩汁按照合同约定注入 A 在波茨坦的储存罐中。B 一共将 17300 千克苹果浓缩汁符合合同约定地注入了 A 指定的罐内，但该罐已存有用来混合苹果浓缩汁的柠檬酸。剩余的 7700 千克由 B 装入了 A 指定的另一个空罐中。17300 千克苹果浓缩汁由 A 立即加工做成苹果汽水。

2012 年 5 月 2 日 B 结束卸货后，A 发现，由 B 运往波茨坦的 25000 千克苹果浓缩汁被椰子油污染了。这是因为在运输 A 的苹果浓缩汁前，该液罐车运输过椰子油，随后因 B 的员工在清洗时存在轻微的过失，并没有完全将椰子油去除。该 17300 千克被污染的苹果浓缩汁加工成苹果汽水直接造成该 17300 千克苹果浓缩汁完全不能再使用。在卸货前，尚存在以每千克

0.28欧元的价格去除苹果浓缩汁因椰子油造成的污染的可能。A的25500千克苹果浓缩汁折合市场价值28560欧元（1.12欧元/千克）。预先注入罐内的柠檬酸花费了A 2500欧元，这些柠檬酸也因与受污染的苹果浓缩汁混合而完全不能再使用。

A于2013年7月1日向B提出赔偿请求，B抗辩称该赔偿请求权经过这么长时间后已不可执行。那么，A的赔偿请求权是否可执行？如可以执行，金额为多少？

## 二、梗概

总重量： 25500千克
其中 500千克流出；
25000千克被椰子油污染，其中17300千克在与柠檬酸混合后完全不能继续使用；A的柠檬酸也完全不能再使用。

## 三、结构

**（一）A对B依据《德国商法典》第425条第1款主张损害赔偿的请求权** ················································· 1

    1. 成立有效的货运合同 ································· 1

    2.《德国商法典》第408条及以下的适用范围 ·········· 2

3. 满足《德国商法典》第 425 条第 1 款承担责任的
要件 ·················································································· 3
4. 不存在《德国商法典》第 426 条及以下的责任
排除情形 ············································································ 5
5. 损害赔偿的方式和范围 ····················································· 7
　(1) 承运货物损害 ······················································· 7
　　①500 千克苹果浓缩汁流空和渗漏 ················· 8
　　②25000 千克苹果浓缩汁受污染 ···················· 9
　　③17300 千克苹果浓缩汁完全无法使用 ········ 10
　　④罐内已准备好的柠檬酸完全不可使用········ 11
　(2) 后续损害······························································ 12
　　①范围 ································································· 12
　　②赔偿义务之要件············································ 13
　　③承运人可归责的过错···································· 14
　　　A. 要件 ······················································· 14
　　　B. 可归责于 B 的过错······························· 17
　　④小结 ································································· 18
6. 不存在《德国民法典》第 214 条第 1 款之拒绝
履行权················································································ 19

(二) A 对 B 依据《德国民法典》第 823 条第 1 款主张损害赔偿
的请求权 ···················································································· 20
1. 构成要件符合性································································ 20
2. 依据《德国民法典》第 249 条及以下之损害
赔偿的形式和范围···························································· 21
　(1) 货物损害······························································ 21

（2）后续损害……………………………………… 22
　　　　①赔偿义务之要件………………………………… 22
　　　　②可归责的过错…………………………………… 24
　　3. 不存在《德国民法典》第214条第1款的拒绝
　　　　履行权……………………………………………… 25
（三）结论 ………………………………………………… 26

## 四、解题

　　预先思考：A委托B运送货物，成立货运合同。[1] 货运合同使运输者对发货方负有将货物运至指定地点后交于收货方的义务（《德国商法典》第407条第1款）。收货方可为第三人，也可为发货方（如本案）自己。运送是指，将货物及时且无损地向着收货方发生位置变更，即使只是在非常短的距离内发生（例如利用吊车）。[2] 不要求利用技术性的运输手段，仅通过人力运输亦无不可。[3] 交货必须准时（《德国商法典》第423条）且无损（《德国商法典》第425条）。发货方作为承运人的委托人负有支付约定的运输费用的义务（《德国商法典》第407条第2款）。与日常使用语言不同的是，运费（Fracht）在此意味着发货方有偿的对待给付。运费应在货物交付时支付（《德国商法典》第420条第1款第1句）。承运人并非一定是商主体，只有在符合《德国商法典》第1条及以下所设定的前提要件时，才为商主体。

---

[1] Vgl. dazu Lettl § 13 Rn. 133-175.
[2] BGH NJW-RR 1995, 415.
[3] K. Schmidt § 32 II 2b bb.

若承运人并非商主体，则适用《德国商法典》第343条至第373条，但第348条至第350条除外（《德国商法典》第407条第3款第2句）。与发货方按约支付运费义务不同的是，承运人所负运输及交货义务指向完成特定的成果。因此，货运合同应属于《德国民法典》第631条意义上的承揽合同。[1] 因此，《德国商法典》第407条及以下通过《德国民法典》第631条补充适用。行纪相关条款不适用于此。货运合同约定的内容提供了承运人责任的请求权基础（参见《德国商法典》第425条及以下）。重要的是，如何区分交运货物上的损害与后续损害。

## （一）A对B依据《德国商法典》第425条第1款主张损害赔偿的请求权

### 1. 成立有效的货运合同

1　　货运合同因具备《德国民法典》第145条及以下和《德国商法典》第362条之要约和承诺（无形式要求）而成立。《德国商法典》第408条所指的运单签发并非订立货运合同的设权性要件。A（《德国有限责任公司法》第13条第1款和第35条第1款）和B（《德国有限责任公司法》第13条第1款和第35条第1款）之间成立一份合同，B据此负有将25500千克苹果浓缩汁从慕尼黑运至波茨坦的义务，从而可获得3000欧元运费。此处涉及《德国商法典》第407条第1款和第2款之货运合同。

### 2.《德国商法典》第408条及以下的适用范围

2　　《德国商法典》第408条及以下事实上的适用范围必须符合

---

[1] BT-Drs. 13/8445, S. 53; Baumbach/Hopt/Hopt § 407 Rn. 12.

以下要件：其一，货物必须在陆地上、在内陆水域或通过航空器进行运送（《德国商法典》第 407 条第 3 款第 1 项）；其二，运送属于营利企业的经营活动（《德国商法典》第 407 条第 3 款第 2 项）。以上前提要件在本案中已满足。无须考虑营利事业的范围。[1] 特别的是，也并非要求一定要是商业经营（《德国商法典》第 407 条第 3 款第 2 项第 1 半句）。《德国商法典》第 408 条及以下也适用于小企业主。运输是否有偿并不重要。

### 3. 满足《德国商法典》第 425 条第 1 款承担责任的要件

承运人对自承运时起至交货时止因货物丧失或毁损而发生的损害及因超出交货期间而发生的损害负责（《德国商法典》第 425 条第 1 款）。承运人的员工的行为和不作为归于承运人自身（《德国商法典》第 428 条）。不考虑承运人或其员工是否有过错。 3

本案中，从交与运输到交货期间内，既因苹果浓缩汁渗透产生了损失，也因苹果浓缩汁被椰子油污染而造成毁损。因此，B 符合《德国商法典》第 425 条第 1 款所要求承担责任的要件。 4

### 4. 不存在《德国商法典》第 426 条及以下的责任排除情形

当承运人即使尽最大努力也不能避免因货物丧失、毁损或超出交货期间而发生的损害，且承运人不可阻止损害结果的发生时，承运人可基于《德国商法典》第 426 条将责任排除。该条适用的前提在于，一个极度认真仔细的承运人[2]，亦即"理 5

---

[1] Koller/Kindler/Roth/Morck/Koller § 407 Rn. 1.
[2] BT-Drs. 13/8445, S. 61.

想的"、有高度警惕性的承运人也不能避免损害的发生。[1] 此处的要件超过了《德国商法典》第 347 条所设定的要求。一个理想的承运人应当注意到该批苹果浓缩汁会被椰子油污染，以至于 B 能避免该损害的发生。此外，液罐仍沾有椰子油也是 B 的员工操作失误所致。

6 　《德国商法典》第 427 条对免责还规定了一些其他要件，本案都不具备。

### 5. 损害赔偿的方式和范围

（1）承运货物损害

7 　《德国商法典》第 429 条第 1 款将承运人的赔偿义务范围限定为货物的价值。该价值依据市场价值（《德国商法典》第 429 条第 3 款第 1 句），即根据收货方所在地市场上该货物的客观价值来评估。因此一般以其出售价为准（《德国商法典》第 429 条第 3 款第 2 句）。B 对交货全部完成前因货物丧失和毁损带来的一切损害负责。交货是承运人在经有权处分人的允许对为运输目的而获得的货物进行保管，之后交出保管物，并使其置于物的真正权利人的支配下的过程。[2]

①500 千克苹果浓缩汁流空和渗漏

8 　500 千克苹果浓缩汁流空和渗漏产生了《德国商法典》第 425 条第 1 款所指的因物品丧失而受有损害。该损害金额为 560 欧元（=1.12 欧元/千克×500 千克）。因为此时交货过程仍未结束。A 可依据《德国商法典》第 425 条第 1 款要求 B 赔偿因该

---

〔1〕　BGH TranspR 2003, 303, 304; Koller/Kinder/Roth/Morck/Koller § 426 Rn. 1.
〔2〕　BGH NJW 1980, 833; Baumbach/Hopt/Merkt § 425 Rn. 3.

500 千克苹果浓缩汁流空和渗透导致的 560 欧元的损失。

②25000 千克苹果浓缩汁受污染

25000 千克苹果浓缩汁因椰子油受污染后也造成了《德国商法典》第 425 条之货物损害，因为这是在接受承运到交货之间使物受有的损害，该损害金额为 7000 欧元（= 0.28 欧元/千克×25000 千克），依据《德国商法典》第 425 条第 1 款应由 B 赔偿。但同时也应考量，其中仅 7700 千克存在去除该污染的可能（17300 千克因继续加工为苹果汽水而完全不能使用，以致去除污染的可能性也被排除），财产损害金额为 2156 欧元（= 0.28 欧元/千克×7700 千克）。

③17300 千克苹果浓缩汁完全无法使用

17300 千克苹果浓缩汁因继续加工为苹果汽水而完全无法使用。因此 A 受有全损的损害金额为 19376 欧元（= 1.12 欧元/千克×17300 千克）。该损害为后续损害，需要对该损害是否具有可赔偿性作特殊检验。

④罐内已准备好的柠檬酸完全不可使用

罐内准备好的柠檬酸与 A 已被污染的苹果浓缩汁混合，致使这些柠檬酸完全不可再使用。这同样属于后续损害（数额为 2500 欧元购置费用），是否予以赔偿应作特殊检验。

（2）后续损害

①范围

17300 千克苹果浓缩汁以及柠檬酸完全不能再使用，致使 A 受有 21876 欧元的损害（= 19376 欧元+2500 欧元）。

②赔偿义务之要件

加害人的赔偿义务范围通常也包括后续损害。前提是，后续损害与之前产生的损害结果之间具有相当因果关系，并且处于被违反规范的保护范围内。间接产生的损害通常也予以赔偿。这表明,《德国商法典》第 425 条及以下所规定的承运人对发货人或收货人因货物损害而产生的进一步损害并不一开始就因《德国商法典》第 429 条、第 431 条和第 432 条第 2 句而被排除。然而也必须考虑到,承运法的相关规定旨在保护承运人免于承担发货方或收货方之交易风险（例如,特别是《德国商法典》第 432 条第 2 句）。[1] 此外,承运人并不能确切地预估后续损害以及所失利益（entgangenem Gewinn）的金额,因此也就不能预先适当地购买保险。后续损害和所失利益只有在满足《德国商法典》第 435 条的特殊前提时才予以赔偿。也就是说,如不存在《德国商法典》第 435 条所指的应归因于承运人所属人员的过错,则发货方对运输货物受损产生的后续损害要求赔偿的合同请求权因《德国商法典》第 432 条第 2 句之规定被排除,就这一点而言情况完全变了。[2]

③承运人可归责的过错

A. 要件

14　　当损害归因于承运人或其于《德国商法典》第 436 条意义下之所属人员的故意或轻率（leichtfertig）且在意识到损害极有可能发生的前提下实施的作为或不作为时（《德国商法典》第 435 条）,承运人的法定责任免除和责任界限不再适用。如承运人或其所属人员存在可归责的严重过错,亦即超越一般过失的过错谴责,承运人不能通过合同上典型风险所生之责任优待

---

[1] BGHZ 169, 187 Rn. 16.
[2] BT-Drs. 13/8445 S. 68-70; BGH NJW 2007, 58 Rn. 15; a. A. Heuer, TranspR 2005, 70, 71.

(Haftungsprivilegien) 而免于担责。[1]

只有存在特别严重的义务违反时，才符合轻率的构成要件。承运人必须在很大程度上忽视了另一方合同当事人的安全利益[2]［例如在装运（极其易破损的）运输货物时并未进行进出检验，这类检验正是防止货物损失的基本预防措施]。[3]

一个违反基本谨慎义务的承运人，通常是在明知缺乏这种防范措施会发生损害的情况下行事的。[4]

B. 可归责于 B 的过错

苹果浓缩汁被椰子油污染的结果，是 B 在清理用来运送苹果浓缩汁的液罐时，因轻微的操作失误而未完全清除干净导致的。于此，起因是 B 的过失行为。但是，并不能因此指责 B 存在可归责的过错。

④小结

B 就该后续损害对 A 不负有合同上的责任。因此根据《德国商法典》第 432 条第 2 句，B 不予赔偿。

6. 不存在《德国民法典》第 214 条第 1 款之拒绝履行权

当 B 不享有拒绝履行权时，A 对 B 的权利具有可执行性。这种权利可能因罹于时效而产生（《德国民法典》第 214 条第 1 款）。主张因《德国商法典》第 407 条所生之债权的时效一般为一年（《德国商法典》第 439 第 1 款第 1 句），对于故意或与《德国商法典》第 435 条所指之故意相当的过错，时效期间为 3

---

[1] BGHZ 158, 322, 328.
[2] BT-Drs. 13/8445, S. 61; BGHZ 145, 170, 183; 158, 322, 328.
[3] BGHZ 158, 322, 330.
[4] BGHZ 158, 322, 333.

年（《德国商法典》第 439 第 1 款第 2 句）。该时效期间自交货结束之日起算（《德国商法典》第 439 第 2 款第 1 句）。如货物未交付，则时效期间自货物本应交付之日起算（《德国商法典》第 439 第 2 款第 2 句）。不同于《德国民法典》第 195 条和第 199 条，此处不取决于受害人知晓权利。本案中，货物于 2012 年 5 月 2 日交付。1 年的时效期间（不存在故意或与《德国商法典》第 435 条上的故意相当的过错）于 2012 年 5 月 3 日起算（《德国民法典》第 187 条），于 2013 年 5 月 2 日终止（《德国民法典》第 188 条第 2 款第 1 种情形）。2013 年 7 月 1 日，A 对货物损失的损害赔偿权已经过时效，当 B（如本案中）就时效提出抗辩时，则 A 对 B 的权利不再具有可执行性。

**（二）A 对 B 依据《德国民法典》第 823 条第 1 款主张损害赔偿的请求权**

1. 构成要件符合性

20　　B 使 A 的 500 千克苹果浓缩汁流出和渗漏。同时，B 未完全清理干净的椰子油使 A 的苹果浓缩汁在装入液罐车后被污染。由此，B 还污染了准备在储存罐内的柠檬酸。B 的侵权行为、行为结果、因果关系、违法性、过错以及 A 的损害都已具备（共计 24592 欧元＝560 欧元+2156 欧元+19376 欧元+2500 欧元）。

2. 依据《德国民法典》第 249 条及以下之损害赔偿的形式和范围

（1）货物损害

21　　根据《德国民法典》第 823 条第 1 款结合《德国民法典》

第251条第1款，B应赔偿该货物毁损共计2716欧元（560欧元+2156欧元，参见上文边码8）。

(2) 后续损害

①赔偿义务之要件

根据《德国民法典》第823条第1款结合《德国民法典》第251条第1款，B应赔偿后续损害共计21876欧元。然而，承运人对后续损害承担非合同责任可能受制于《德国商法典》上关于承运的条款。《德国商法典》第426条及以下之责任免除和《德国商法典》第429条及以下之责任范围限制同样适用于发货方或收货人对承运人（或其所属人员，《德国商法典》第436条）因货物毁灭、受损或逾期交付而主张的合同外权利（《德国商法典》第434条第1款）。应当避免合同外（尤其是侵权）的请求权使法律上原本为合同权利所设立的责任体系失去意义。[1]《德国商法典》第434条第1款援引了《德国商法典》第425条及以下关于责任内容和责任范围的规定（在本节中）。

《德国商法典》第434条第1款不仅适用于对物损赔偿之合同外请求权。发货方（和收货方）对因货物运输过程中受损而产生的后续损害享有的合同外请求权，如不存在《德国商法典》第435条意义上可归责于承运人所属人员的过错，也根据《德国商法典》第434条第1款援引《德国商法典》第432条第2句被排除。[2] 不仅《德国商法典》第434条之意义和目的，《德国商法典》第434条第1款之表述"因货物丧失或毁损"也表明了

---

[1] BT-Drs. 13/8445, S. 69; BGHZ 169, 187 Rn. 19.
[2] BT-Drs. 13/8445, S. 68-70; BGHZ 169, 187 Rn. 15; a. A Heuer, TranspR 2005, 70, 71.

这一点。[1]《德国商法典》第 425 条第 1 款的表述并不排斥，后续损害通过合同责任以外的方式得以赔偿。因此立法者就《德国商法典》第 425 条物的后续损害赔偿义务的问题有意识地未下定论[2]，并且在《德国商法典》第 429 条中排除这项责任。并不能从《德国商法典》第 433 条推断出，《德国商法典》第 425—432 条中的责任限制以及《德国商法典》第 434 条规定的后续损害责任被排除。因为《德国商法典》第 433 条所规范的是对违背与执行货物运送相关联的合同义务造成的损害所应承担的责任，该损害并非因货物丧失、毁损或超过交货期间产生（其他财产损害）。《德国商法典》第 433 条可得出结论，《德国商法典》第 434 条第 1 款在该情况下不予考虑，即《德国商法典》第 434 条第 1 款之责任排除并不适用于其他财产损害。因为立法者有意识地将《德国商法典》第 433 条中所指的损害排除在《德国商法典》第 434 条第 1 款的适用范围之外。[3]

②可归责的过错

24　　B 并不存在可归责的过错（见上文边码 17）。因此他也无须对 A 的后续损害承担合同外责任。

### 3. 不存在《德国民法典》第 214 条第 1 款的拒绝履行权

25　　依其文义，《德国商法典》第 439 条的时效规定不仅调整基于货运合同所生之权利（如因义务违反），还调整因侵权行为产生的权利，原因在于《德国商法典》第 439 条第 1 款第 1 句仅

---

[1] BGHZ 169, 187 Rn. 20.
[2] BT-Drs 13/8445, S. 59 und 65; BGHZ 169, 187 Rn. 21.
[3] BT-Drs 13/8445 S. 69f.

表述为"由本节规定的因运送产生的请求权"。[1] 依照《德国商法典》第 439 条第 1 款,该请求权于 2013 年 5 月 2 日因时效经过消灭(见边码 19)。故 2013 年 7 月 1 日 A 对 B 就货物损害或后续损害侵权上的赔偿请求权不再具有执行性,B 此时可根据《德国民法典》第 214 条第 1 款主张拒绝履行权。

(三) 结论

A 对 B 依据《德国商法典》第 425 条第 1 款或依据《德国民法典》第 823 条第 1 款主张的损害赔偿请求权不再具有可执行性。

---

[1] Baumbach/Hopt/Merkt § 439 Rn. 1; Canaris § 31 Rn. 43.

# 案例 18　不应轻易信赖他人

## 一、案情

Anton Anderlein（A）以私人身份将行驶里程已达 10 万公里的汽车交与汽车销售商 Bert Bort（B）的维修厂，请求从事商事营业且具有商人身份的 B 为车更换刹车片。然而，B 以 A 的名义将 A 的汽车卖给 Carlo Cerutte（C）并交付，C 立马将该车开走，并未要求出示车辆持有登记证明。A 知晓该事后，愤怒地向 C 主张返还该车。

A 可基于何种权利向 C 主张返还该车？

## 二、结构

**（一）A 对 C 基于《德国民法典》第 985 条主张返还该车……** 1

　1. A 的所有权 ………………………………………… 1
　　（1）原所有权 ………………………………………… 1
　　（2）B 对 C 之让与合意并不导致所有权丧失 ………… 2
　　　①《德国民法典》第 929 条第 1 句之让与合意 … 2
　　　②《德国民法典》第 929 条第 1 句、第 932 条第

    1 款之让与合意 ·················· 3
   ③《德国民法典》第 929 条第 1 句、第 932 条第
    1 款第 1 句、《德国商法典》第 366 条第 1 款
    之让与合意 ··················· 4
    A. 让与人具有商人特性 ·········· 6
    B. 动产的让与或质押 ············ 7
    C. 属于商事营业 ··············· 8
    D. 商人不享有所有权 ············ 9
    E. 取得人是善意 ··············· 10
     a. 对象 ··················· 10
      (a) 处分权 ·············· 10
      (b) 代理权 ·············· 11
     b. 衡量标准 ··············· 14
      (a) 对欠缺处分权不知情 ······ 15
      (b) 非因重大过失而对欠缺处分权不
       知情 ················ 16
     c. 因果关系 ··············· 18
   ④ 小结 ······················· 19
 2. C 的占有 ························· 20
 3. C 无权占有该物 ····················· 21
 4. 结论 ··························· 22

(二) A 对 C 基于《德国民法典》第 812 条第 1 款第 1 句第 2 种
情形主张返还该车 ······················· 23

 1. 获利 ·························· 23
 2. 以其他方式 ······················ 24

        3. 无法律上原因·····················25
        4. 请求权的内容·····················26
        5. 结论·························27

三、解题

**（一）A 对 C 基于《德国民法典》第 985 条主张返还该车**

　　1. A 的所有权

　　（1）原所有权

1　　A 是该车的原所有权人。他可能因 B 将该车交付给 C 后失去所有权。

　　（2）B 对 C 之让与合意并不导致所有权丧失
　　①《德国民法典》第 929 条第 1 句之让与合意

2　　动产（如一辆汽车）之所有权转移，根据《德国民法典》第 929 条第 1 句，必须具备所有权移转的合意和物的交付之要件。B 和 C 就所有权移转达成合意，同时 B 将该车交付给 C（C 立马将该车开走）。但因 B 并非该车的所有权人，只有当 B 有效代理所有权人 A 时（《德国民法典》第 164 条第 1 款），B 与 C 之间的合意才可能致 C 取得所有权。本案中，虽然 B 以 A 的名义行事，但不具备代理权限，因此本案中不存在该前提。

　　②《德国民法典》第 929 条第 1 句、第 932 条第 1 款之让与合意

3　　根据《德国民法典》第 929 条第 1 句、第 932 条第 1 款，善意取得所有权在本案中被排除，因为 C 并不具有《德国民法典》

第932条第2款所指的善意,本案中,B用A的名义行为,C显然应知晓A的所有权人地位。

③《德国民法典》第929条第1句、第932条第1款第1句、《德国商法典》第366条第1款之让与合意

C可能对B有权处分A的汽车具有善意信赖。此时应考量《德国商法典》第366条第1款对《德国民法典》第929条第1句、第932条第1款第1句的延伸。[1]

提示:涉及所有权取得时,《德国商法典》通过第366条第1款因考量到交易安全利益而对善意取得可能性进行了延伸。民法上,对动产所有权取得或质权仅保护对让与人或质押人享有所有权的善意信赖以及第三人法律认识错误(《德国民法典》第932条及以下、第1207条)。信赖的基础是让与人的占有获取力(Besitzverschaffungsmacht)。《德国民法典》并不保护对让与人处分权的善意信赖,亦即以个人名义有权进行处分,却由真正有权人承担该法律效果。但这样的保护因商事交易的特殊要求而有必要。因为商人通常以个人名义处分他人之物。合同一方当事人通过商人取得某物或某质权通常知晓或可推定,该商人并非该出让或质押之物的所有权人。因为商人对他人之物移转所有权(《德国民法典》第929条第1句)的处分,如要约(《德国民法典》第145条),往往基于权利人对其作出了《德国民法典》第185条第1款之同意。若不存在该同意,且合同另一方对所有权的无权处分是恶意的,则他不能有效地取得所有权或质权。考虑到商事交易的安全性和简易性,《德国商法典》第366条第1款对《德国民法典》第932—936条以及第1207条及

---

[1] Vgl. dazu Lettel § 1 Rn. 1-23.

以下所规定的善意信赖保护进行了延伸，从而就善意第三人基于对外在显现出的处分权的信赖而取得所有权进行保护。[1] 据此，善意取得人通常无须对出卖方是否具有处分权进行核查，而是允许信赖其存在。取得人信赖的基础在于让与人的商人特征，即其在商事交易中的地位，因为这个地位授予了处分权存在的高度可能性。

5　　《德国商法典》第 366 条第 1 款的善意取得须符合以下前提：其一，让与人具有商人特征；其二，动产的让与或质押；其三，属于经营营业；其四，该物不属商人所有；其五，取得人的善意涉及让与人或出质人的处分权（《德国民法典》第 932 条第 2 款）；其六，依据《德国民法典》第 929 条及以下、第 1205 条及以下的其他取得要件（对让与人或出质人所有权的善意信赖存在例外）。

A. 让与人具有商人特性

6　　让与人必须为商人，但取得人不受此限制。C 为非商人，并不排除《德国商法典》第 366 条的适用。只要 B 具有商人特性即可。处分人因哪个条款被认定为具有商人特征并不重要。其商人特性可基于《德国商法典》第 1 条及以下成立。根据案情描述，B 从事《德国商法典》第 1 条意义上的经营营业，属于当然商人。由于该特征是保护对处分权善意信赖的前提，因此，当处在《德国民法典》第 932 条及以下所规范的认定善意的决定性时间点，该特征就必须存在。[2] 本案满足该前提。

---

[1] Koller/Kindler/Roth/Morck/Koller §366 Rn. 1.
[2] Großkomm/Canaris §366 Rn. 15.

B. 动产的让与或质押

《德国商法典》第 366 条第 1 款仅调整动产的让与,但不涉及不动产和权利的让与。B 和 C 之间关于汽车的买卖属于动产让与。

C. 属于商事营业

让与或出质必须属于商人的商事营业。必须属于商人(不要求对取得人也是如此)的商业交易(《德国商法典》第 343 条及以下)。单方的商事行为(《德国商法典》第 345 条)即可。如商人对外表现为私人,那无须考虑给予其比民法更高的交易保护。本案中,对汽车的买卖和合意是 B 的交易行为。因为 B 从事的是汽车交易这类商业行为,销售汽车属于 B 的商事营业。

D. 商人不享有所有权

让与人或出质人对该物不享有所有权。让与人或出质人必须是对他人之物进行交易。由于 B 将 A 对汽车的所有权让与 C,B 是对他人之物进行处分。

E. 取得人是善意

a. 对象

(a) 处分权

《德国商法典》第 366 条第 1 款以取得人对"让与人或出质人有权为所有权人处分此物"的善意信赖为保护对象。让与人或出质人的处分权是指,其因所有权人的法律行为或法律(如《德国民法典》第 383 条,《德国商法典》第 373 条、第 389 条)派生出的,对该物以自己的名义为所有权人进行处分的权限。本案中,B 是以 A 的名义,但欠缺 B 的代理授权。所以问题在于,取得人是否也受《德国商法典》第 366 条第 1 款保护,当取得人并非信赖以他人名义行为的商人有处分权,而是信赖

（商人享有）事实上并不存在的代理权。[1]

(b) 代理权

11 　　有观点指出[2]，《德国商法典》第 366 条第 1 款应当直接或类推适用于对代理权善意信赖的案件，因为对他人财产之物进行处分的权限既可以因授权而生，也可以因代理权而生。此外，法律交易并未准确区分处分权（以自己的名义）或代理权（以他人的名义）。因此，依据《德国民法典》第 929 条第 1 句、第 932 条第 1 款第 1 句和《德国商法典》第 366 条第 1 款，C 获得 A 汽车的所有权。另一种观点认为，《德国商法典》第 366 条第 1 款并不适用于善意信赖代理权的情形。[3] 论证该观点的依据在于，以他人名义进行的交易存在事实上较弱的外观特征。[4] 此外，《德国商法典》第 75h 条之规定也表明，《德国商法典》第 366 条第 1 款如若对基于代理权善意信赖进行保护意义甚微。[5] 最后，在代理权不存在时，第三人依据《德国民法典》第 812 条第 1 款第 1 句第 1 种情形（给付型不当得利）将物交还于被代理人，因此类推适用《德国商法典》第 366 条第 1 款并无必要。[6]

12 　　《德国商法典》第 366 条第 1 款是否应该对善意信赖代理权进行保护，《德国商法典》体系上对此并无具体统一的指向。因

---

[1] Großkomm/Canaris § 366 Rn. 27; Koller/Kinder/Roth/Morck/Koller § 366 Rn. 2; a. A. K. Schmidt § 23 IV.

[2] MünchKommHGB/Welter § 366 Rn. 42; Baumbach/Hopt/Hopt § 366 Rn. 5; K. Schmidt § 23 IV; ders, JuS 1987, 936.

[3] Großkomm/Canaris § 66 Rn. 37; Koller/Kinder/Roth/Morck/Koller § 366 Rn. 2; Ebenroth/Boujong/Joost/Strohn/Lett § 366 Rn. 11; Canaris § 27 Rn. 16.

[4] Canaris § 27 Rn. 16.

[5] Canaris § 27 Rn. 16.

[6] Canaris § 27 Rn. 16.

为《德国商法典》并未明确将交易作以他人名义和以自己名义的区分（如《德国商法典》第 49、54、56 条和第 126 条）。根据《德国商法典》第 366 条第 1 款的条文和民法上的术语，《德国商法典》第 366 条第 1 款仅在让与人作为商人以自己的名义进行交易时才对取得人予以保护。在让与人以他人名义交易时，取得人需要得到的是不同于通过《德国商法典》第 366 条第 1 款对让与人以自身名义进行交易时的保护。因为以他人名义进行交易时的外观性特征比以自身名义交易更弱。同时，让与人以他人名义交易时，取得人仍有可能通过所有权人查明代理权是否存在。另外，以自身名义参与交易在商法领域非常典型。最后，《德国商法典》第 75h 条第 1 款也表明了，立法者明确使用了"代理权"的概念，在一定程度上不同于该词于《德国商法典》第 366 条第 1 款中的意义。该考虑倾向于，《德国商法典》第 366 条第 1 款不适用于对代理权善意信赖的保护。C 并未通过 B 基于《德国民法典》第 929 条第 1 句、第 932 条第 1 款第 1 句和《德国商法典》第 366 条第 1 款获得汽车的所有权。

当 C 基于其他原因未能善意取得 A 的汽车所有权时，该争议问题可暂时搁置，如 C 是恶意的。 13

b. 衡量标准

《德国商法典》第 366 条第 1 款参引《德国民法典》第 932 条。因此取得人善意信赖的衡量标准应采用《德国民法典》第 932 条第 2 款之规定。若取得人已知或因重大过失不知让与人或出质人对该物并不享有处分权，则不属善意。 14

（a）对欠缺处分权不知情

取得人已知通常在多数案例中以及本案中不能被证明。 15

(b) 非因重大过失而对欠缺处分权不知情

16 重大过失是指，行为总体而言在很大程度上违反了应尽的注意义务。事实在特定情况下对任何人来说都是显而易见的，但却未注意到，则为重大过失。[1] 一般的善意原则并未指明对取得人的注意义务应作何种要求。更多的是取决于个案的案情。一个决定性的因素是处分人的职业地位。当欠缺处分权可通过大量存疑的情况几乎明确地表现出来，则存在重大过失。但取得人并不负有一般的查明义务[2]，因为《德国商法典》第366条第1款推定了取得人的善意信赖。[3] 由此，对于取得人而言，一般不负有查明让与人是否出于担保目的而让与该物的义务。[4] 仅在有详细的线索表明欠缺处分权时，取得人才必须予以查明。[5] 只要让与人的让与行为超出了其通常或合理的交易范围，取得人就必须弄清让与人的处分权状况，因为此时让与人是有权处分的可能性很小。[6] 此外，当商人出售某物属于销售业务经营范围以外的，对取得人善意与否的评判标准显然更应提高。如出让人作为一家建筑机械租赁公司却销售许多高质量和全新的建筑机械，则属于通常的业务经营范围之外。[7]

17 本案中，汽车销售商 B 出售了一辆汽车，该交易属于 B 的销售业务经营范围。但本案涉及购买一辆已经行驶了 10 万公里的二手车，仅占有该车并不能证明其拥有《德国民法典》第

---

[1] Grundlegend dazu BGHZ 10, 14, 16; vgl. auch BGH NJW 2005, 1365, 1366.
[2] BGH NJW 1975, 735, 736.
[3] BGHZ 2, 37, 53.
[4] BGHZ 86, 300, 311f.; Großkomm/Canaris § 366 Rn. 45.
[5] BGHZ 86, 300, 312.
[6] Großkomm/Canaris § 366 Rn. 55.
[7] BGH NJW 1999, 425, 426.

932条和《德国商法典》第366条所要求的权利外观。[1] 买受人至少必须要求出示车辆持有登记证明，以检查让与人是否有权处分。因为任一涉及二手车的法律交易参与者都应当知道，在抵押贷款中为了担保，机动车辆常作为抵押物，但所有权人仍保有车辆持有登记证明。若让与人不能出示该登机证明书，理应进一步查明。但C疏忽了。

c. 因果关系

当取得人原本可通过适当地进行必要检查获取实情（由于重大过失）时，查明义务的违反才导致取得人的恶意，取得人被认定为恶意。[2] 取得人可抗辩称，即使进行必要检查也不能改变其善意信赖。倘若C看到了该车辆持有登记证明，他便可知A对该车辆享有所有权。如果C继续询问A,B是否有权出售该车辆，C便可知B无权处分。

④小结

C属于《德国民法典》第932条第2款的恶意。他不能获得该车的所有权。A仍保有该机动车的所有权。

2. C的占有

C将车立即开走，亦即获得了对该物的直接控制，属于《德国民法典》第854条意义上的占有。

3. C无权占有该物

C对A无权主张占有。因B无代理权，A和C之间并未成

---

[1] BGH NJW 1996, 2226, 2227; BGHZ 30, 374, 380; 47, 207, 213.
[2] MünchKommHGB/Welter § 366 Rn. 48.

立买卖合同。

4. 结论

22　　A 可基于《德国民法典》第 985 条向 C 要求返还原物。

**(二) A 对 C 基于《德国民法典》第 812 条第 1 款第 1 句第 2 种情形主张返还该车**

1. 获利

23　　C 占有该车（《德国民法典》第 854 条），因此获有利益。

2. 以其他方式

24　　以其他方式是指，某人侵犯他人权利的归属内容。本案中这种侵犯体现为 C 干扰了 A 的所有权。因为若无第三人有权占有时，占有某物应属于所有人的权利（《德国民法典》第 903 条）。

3. 无法律上原因

25　　C 占有取得并不存在法律上原因。因代理人无代理权，A 和 C 之间也不存在债法上的法律行为，因此持有该物无法律上原因。《德国民法典》第 179 条第 1 款也并未就被代理人和第三人的关系提供法律依据。

4. 请求权的内容

26　　请求权的债务人应当依据《德国民法典》第 812 条第 1 款第 1 句第 2 种情形返还所得。

5. 结论

A 可基于《德国民法典》第 812 条第 1 款第 1 句第 2 种情形要求 C 返还该机动车。该请求权与基于《德国民法典》第 985 条所生之请求权竞合。[1]

---

[1] Palandt/Bassenge § 985 Rn. 1.

## 案例 19　躲在商人底下

（根据 BGH NJW 2007, 987 和 WM 2011, 1048 改编）

### 一、案情

多次因诈骗被判入狱的 Zeus Ziegler（Z）在释放后与已进行商事登记的无限责任公司 Kurt Kaise（K）缔结了一份合同，K 公司股东分别为 Kurt Kaiser（K1）和他的妻子 Kimilia Kaiser（K2）。该合同内容为：

> 本协议约定，本无限责任公司帮助 Z 经营以建筑材料和农业运输为重点的运输业务来维持 Z 的生计。条件是除去 Z 必要的生活需求外，经营所获利润都归 Kaiser 夫妇所有，只有偿还了 Z 对其的个人旧债后，才能将剩余的所获利润归还，包括宣传的运营资金。在偿清之前，所有收入都应存入 K 在 G 商业银行开设的账户。Kaiser 夫妇享有毫不受限地全面了解所有交易的权利。双方当事人之间的所有债务金额总计约为 75000 欧元。在偿还债务后，只要无第三人就其主张债权，Z 重新有权处分一切经营收入。本人（Z）签字后，必须将顾客的债权让与 Kaiser 夫妇，直至还清欠他们的所有债务。未经 K 的明确同意，对 K 任何形式的清偿均无效。对客户之债权只有计入 K 设立的账户才发生清偿效力，该账户只能记入贷方。Z 无权对外代表 K。产生的所有刑事、民事纠纷均由 Z 自行承担责任。

2012 年 9 月 28 日，Z 在 Agatha Anselm 有限责任公司（A）第一次也是唯一一次拨打电话，以 K 的名义购买了 100 吨小麦，价值 2 万欧元。A 就该买卖合同于 2012 年 9 月 28 日通过书信寻求 K 的确认，信件上标有"订购确认书"的字样。A 将该书信寄往 K 的地址，K 于 2012 年 9 月 29 日收到该信。Z 于 A 处取订购的货物时，A 出具了含增值税的共计价值 2 万欧元小麦的账单。由于 K 和 Z 都未付款，A 只能就 K1 的个人财产主张 100 吨小麦的价值 2 万欧元的债权，并起诉 K1 和 K2。K1 和 K2 对 Z 的购置无从得知。存有争议的是，就 K1 是否于 2012 年 9 月 29 日在电话中对 A 表示过拒绝订立 100 吨小麦的买卖合同，K 提供 K2 的宣誓证词要求作为证据。A 对此表反对。法院拒绝了 K 的请求。

A 的诉讼并非唯一让 K1 和 K2 失望的事情。K 在互联网拍卖行 "Sale" 拥有一个以 "K" 作为用户名并受密码保护的账户，该账户保存着与公司安全隐私相关的文件，账户的密码按照规定锁入公司安全箱。Z 偶然获知了该密码，他认为，或许能在网络上获得期望的业务成功。因此他在 K1 和 K2 不知情的情况下，单方面使用 K 的名称在 K 绑定的账户中发出要约，为最高出价者运输 10 吨建筑材料，从慕尼黑运往波茨坦，费用起拍价为 500 欧元，并在报价中使用了 Z 的私人电话号码和邮件地址。Berthold Baumeister（B）恰巧需要该服务，因此以 700 欧元的出价对该要约作出承诺，B 为最高出价者。"Sale" 的一般交易条款指出，每个注册登记的会员必须同意第 2 条第 9 项，即"会员对使用会员账户进行的所有活动担责"。

当 B 对 K 要求履行合同时，K1 和 K2 愤怒地表示拒绝。

1. A 是否有权要求 K1 支付 2 万欧元？
2. B 是否可要求 K 履行合同？

二、结构

(一) A 依据《德国商法典》第 128 条第 1 句结合《德国民法典》第 433 条第 2 款、《德国商法典》第 124 条第 1 款，对 K1 主张为 100 吨小麦支付 2 万欧元的请求权 ············· 1
 1. K 对 A 负有 2 万欧元债务 ························· 2
  (1) 买卖合同 ··································· 3
   ①意定代理权(《德国民法典》第 166 条第 2 款) ··························· 4
   ②权利外观责任 ························· 5
    A. 容忍代理权 ······················· 5
    B. 表见代理权 ······················· 6
  (2) A 与 K 之间订立的合同是否因 K 的沉默而成立 ··· 8
   ①《德国商法典》第 362 条第 1 款 ············· 8
   ②对商主体发出的确认函表示沉默 ············ 9
    A. 人的适用领域 ···················· 10
    B. 客观的适用范围 ·················· 11
     a. 商业上的联系 ················· 11
     b. A 的应保护性 ················· 12
     c. 收件人并未不迟延地提出异议 ········· 13
  (3) 小结 ···································· 14
 2. K1 的个人担责 (《德国商法典》第 128 条) ········· 15

  3. 结论 ································································ 16

**（二）B 根据《德国民法典》第 631 条第 1 款第 1 句对 K 主张履行合同的请求权** ································································ 17

  1. 承揽合同 ····························································· 17

   （1）要约（《德国民法典》第 145 条）······················ 18

   （2）K 是否作出要约 ········································· 19

    ① 以他人名义作出行为(《德国民法典》第 164 条第 1 款第 1 句和第 2 句)····················· 20

     A. 代理权（类推适用《德国民法典》第 164 条第 1 款第 1 句）····························· 21

     B. 账户持有者追认（类推适用《德国民法典》第 177 条第 1 款）······················· 22

    ②小结 ································································ 23

  2. 一般交易条款第 2 条第 9 项······························· 24

  3. 结论 ································································ 25

## 三、解题

**（一）A 依据《德国商法典》第 128 条第 1 句结合《德国民法典》第 433 条第 2 款、《德国商法典》第 124 条第 1 款，对 K1 主张为 100 吨小麦支付 2 万欧元的请求权**

  若 K 对 A 负有该金额的债务且 K1 个人对此担责，则 A 对 K1 享有支付 2 万欧元的请求权。  1

1. K 对 A 负有 2 万欧元债务

2　　A 和 K 之间依据《德国民法典》第 433 条第 2 款存在 2 万欧元债务的前提在于，作为买卖价款请求权债务人的 K（《德国商法典》第 124 条第 1 款）和 A 之间成立有效的买卖合同。

(1) 买卖合同

3　　《德国民法典》第 433 条之买卖合同一般由两个相互合意一致的意思表示，即要约和承诺所成立。买卖合同目的在于将某物有偿出售。Z 和 A 就将 100 吨小麦以 2 万欧元的价格出售达成一致。问题是，K 在此是否作为买受方而负有义务。因为 K 不可能单独从事交易，而必须被有效代理。首先，无限公司由其个人担责的股东代表（《德国商法典》第 125 条第 1 款）。K1 和 K2 在本案中并未参与行为。但 Z 可能有效地代理 K。由 Z 有效代理 K 的前提在于，Z 用 K 的名义从事行为且享有代理权。虽然 Z 对 A 用的是 K 的名义，受明示原则保护（《德国民法典》第 164 条第 1 款第 2 句、第 2 款），但 Z 是否享有代理 K 的权限仍然存疑。

①意定代理权（《德国民法典》第 166 条第 2 款）

4　　本案中不存在 K 授予 A 意定（明示的）代理权（《德国民法典》第 166 条第 2 款）的线索。相反，根据约定 Z 无权代理 K。K1 和 K2 夫妇二人对 Z 以 K 的名义进行购买是否已知，并不重要。因为通过法律行为授予代理权需要授权人依据《德国民法典》第 167 条第 1 款作出表示，并不取决于授权人是否知道该事项。案情中，既不存在《德国民法典》第 170—173 条的前提要件，也不存在《德国商法典》第 5 条、第 15 条第 1 款和第 3 款或第 56 条所规定的商事权利外观要件。尤其是考虑到 K 未提出异议可能存在多种原因，A 不可将之理解为 Z 有权代理缔结买卖合同。因此，论证 Z 的代理权只能考虑容忍代理权（Duldungsvollmacht）或表见代理权（Anscheinsvollmacht）。

②权利外观责任

A. 容忍代理权

容忍代理权类似于推定被授予对外代理权，因此可能存在成立合同必须有效的代理权。当被代理人有意识地让他人为自己像代理人一样代理事务，同时第三人基于诚实信用原则将该容忍理解且能理解为，身处代理人地位的行为人有权代理，此时容忍代理权存在。[1] 由于 K1 和 K2 不知 Z 的购买行为，本案中 Z 并不享有容忍代理权。

B. 表见代理权

当被代理人虽不知道该表见代理人多次频繁或在一定时间段内为代理行为，但若他尽到谨慎义务，则本可得知且阻止，并且另一方有理由相信被代理人容忍且同意该代理人的行为时，存在表见代理权有理由相信。[2] 在学术界，有部分观点认为，被代理人在表见代理中仅能因过错就合同交易依照《德国民法典》第 280 条第 1 款、第 241 条第 2 款和第 311 条第 2 款对消极利益担责，因为履行利益所生之请求权并非基于违反谨慎义务而产生，而仅从被代理人私人自治的行为中产生。[3] 如《德国民法典》第 170 条至第 173 条所体现的，《德国民法典》对私人自治并没有如此狭义的理解。确切来说，表见代理在效果上等

---

[1] Vgl. dazu Lettl § 6 Rn. 15. BGH WM 2005, 1520; 2011, 1148 Rn. 15; BGHZ 5, 111, 116 = NJW 1952, 657。

[2] Vgl. dazu Lettl § 6 Rn. 16. BGH NJW 1981, 1727, 1728; 1998, 1854, 1855; WM 2011, 1148 Rn. 16.

[3] So z. B. Flume § 49 4.

同于意定代理。[1] 另外，合同当事人因信赖代理权的存在而应受保护。同时，过失行为在其他情况下也可致使合同成立（《德国民法典》第 149 条第 2 句：潜在的有意识地表示；不存在意思表示的特定情形）。

7　　如同容忍代理权，表见代理权也要求第三人基于诚实信用原则认为，作为代理人的行为人为有权代理。通常情况下须具备的前提是，第三人知晓产生代理权权利外观的事实。由于 Z 为 K 在 A 处的购买行为是第一次也是唯一一次发生，因此欠缺表见代理所要求的一定时间和多次频繁，致使该表见代理的法律后果仍为争议点。此外，A 从未宣称知晓 K 和 Z 之间存有协定或其他购买小麦或谷物的合同。主张权利外观性的根据仅为，K 对 A 于 2012 年 9 月 28 日所寄出的订购确认书并未或至少未及时表示反对。

（2）A 与 K 之间订立的合同是否因 K 的沉默而成立

① 《德国商法典》第 362 条第 1 款

8　　K 在商事登记簿上已登记，因此根据《德国商法典》第 1 条、第 105 条第 2 款第 1 句，K 在 A 的书信送达时为商人身份。另外，根据《德国商法典》第 6 条第 1 款对 K 适用商人相关条款。虽然 A 根据《德国商法典》第 2 款、《德国有限责任公司法》第 13 条第 3 款也为商人，但这对是否适用《德国商法典》第 362 条第 1 款并不重要。然而 K 并非为他人处理事务，因为一项简单的出售交易并不足够。同样，A 与 K 之间也无交易联系。最后，欠缺《德国商法典》第 362 条第 1 款第 2 句所指的商人处理事务之请求。

---

[1] BGHZ 86, 273, 275; Palandt/Ellenberger § 172 Rn. 11.

②对商主体发出的确认函表示沉默

A 和 K 之间的买卖合同可能因 K 并未对 A 的书信作答而成立。因为根据习惯法，商人通过发送信函对已经过磋商的合同进行确认且未收到异议回复，则通常视为对信函的内容表示同意。合同的订立和内容都根据该信函确定。

A. 人的适用领域

K 作为信函的收件人是《德国民法典》第 14 条下的企业经营者，并且应在商事登记簿上注册而成为商主体（《德国商法典》第 1 条、第 105 条第 2 款第 1 句），但并不取决于它是否进行营业。此外，根据《德国商法典》第 6 条第 1 款可认定 K 适用商主体的相关条款。A 凭借其法律形式就已为商主体（《德国商法典》第 6 条第 2 款，《德国有限责任公司法》第 13 条第 3 款）。

B. 客观的适用范围

a. 商业上的联系

本案中，虽仅在 Z 和 A 之间成立商业上的联系。但当对确认函的收件人而言在合同行为中存在一个无权代理人（本案中为 Z 代理 K），则合同也因对商人确认函[1]作沉默表示而成立。[2] 虽 A 在信件上标有"订购确认书"的字样，但一份真正的订购确认书应当是使合同始成立的，属于对要约（《德国民法典》第 145 条）的承诺（《德国民法典》第 146 条及以下）。承诺如对《德国民法典》第 145 条之要约作出修改，意思便为提出新要约拒绝原要约（《德国民法典》第 150 条第 2 款）。在个

---

[1] Vgl. dazu Lettl § 10 Rn. 39ff.
[2] BGH WM 1964, 1951; 1967, 898; 1990, 68; NJW 2007, 987 Rn. 21; BGHZ 7, 187, 189 = NJW 1952, 1369; Baumbach/Hopt/Hopt § 346 Rn. 24.

案中，通过解释来作区分，并不取决于带有何种标志，即使错误使用标志也不影响。起决定作用的是，该信函根据其内容是使合同成立（订购确认书），还是再次确认之前（假定）已成立的合同（商人的确认函）。本案属于后一种情形，因为 A 是就（假定）已成立的合同与 K 进行交涉。

b. A 的应保护性

12　　由于案件事实中并不存在将发件人应保护性排除在外的线索，A 具有应保护性。

c. 收件人并未不迟延地提出异议

13　　K 并未对 A 发出的确认书提出异议。存有争议的是，K1 是否通过电话立即明确地拒绝订立 100 吨小麦的买卖合同。对此，K 并不能提供其负有证明责任[1]的证明材料。就 K 请求提交 K2 证言的申请，法院不能满足其请求，因《德国民事诉讼法》第 447 条及以下所要求的前提要件并未被满足。[2]

（3）小结

14　　因 K 并未对 A 于 2012 年 9 月 28 日发出的商人确认函作异议表示，A 与 K 之间就 100 吨小麦价格为 2 万欧元的买卖合同有效成立。因此，A 可根据《德国民法典》第 433 条第 2 款、《德国商法典》第 124 条第 1 款要求 K 支付 2 万欧元。就此存在就该金额的企业债务。

2. K1 的个人担责（《德国商法典》第 128 条）

15　　K1 作为无限责任公司的股东，依照《德国商法典》第 128 条应

---

[1] BGH NJW 2007, 987 Rn. 21; BGHZ 70, 232, 234.
[2] Vgl. dazu auch BGH NJW 1997, 3230 = WM 1997, 1045; NJW 1998, 814; 2007, 987 Rn. 21.

当以个人财产对企业的一切债务担责,且同时作连带责任人。

3. 结论

A 有权根据《德国商法典》第 128 条第 1 句、《德国民法典》第 433 条第 2 款以及《德国商法典》第 124 条第 1 款,要求 K1 支付购买 100 吨小麦的 2 万欧元价款。

## (二) B 根据《德国民法典》第 631 条第 1 款第 1 句对 K 主张履行合同的请求权

1. 承揽合同

B 和 K 之间必须成立《德国民法典》第 631 条之承揽合同。但若合同通过网络尤其是网络平台与最高出价者缔结时,应依据《德国民法典》第 145 条及以下来作评估。[1]

(1) 要约(《德国民法典》第 145 条)

Z 的供应信息因具备合同的基本要素并有订立合同的意图,应认定为《德国民法典》第 145 条的要约。但问题是,是否为 K 作出的一个要约。

(2) K 是否作出要约

Z 在 K 设立的有密码保护的账户下,使用 K 的名称作出行为。从客观意思表示受领人的角度(《德国民法典》第 133 条、第 157 条)来看,应认定 K 作出了意思表示。该效力并不受 Z 在信息中注明了自己的电话号码和邮箱地址的影响,因为这并不意味着,Z 是用自己的名义作出该意思表示。就客观意思表示

---

[1] 对此进一步参见 BGH WM 2011, 1148 Rn. 8; BGHZ 149, 129ff. 。

受领人而言，仅能认定为已告知联系方式。起决定作用的是在"Sale"网站上登记的用户和地址[1]（本案中为 K）。当 K 根据《德国民法典》第 164 条第 1 款就该要约之意思表示被有效代理时，才能视为 K 作出了该要约。因此须考虑的仅是 Z 的行为。Z 必须是"以他人名义"且"享有代理权"地作出行为。

①以他人名义作出行为（《德国民法典》第 164 条第 1 款第 1 句和第 2 句）

20　　Z 并非以 K 的名义，即未以他人名义。更确切地说，是套用他人名义作出的行为，因为于客观意思表示受领人而言，会产生该要约表示是由账户持有者作出的这一不正确印象。这将导致对行为作出者身份的认识错误（本案中，B 会认为是 K 作出行为）。《德国民法典》第 164 条及以下相应地适用于套用他人名义的行为。[2] 而套用他人名义作出的意思表示归于账户持有者的前提在于：其一，该意思表示是在有代理权时作出（类推适用《德国民法典》第 164 条第 1 款第 1 句）；其二，账户持有者作出追认（类推适用《德国民法典》第 177 条第 1 款）。

A. 代理权（类推适用《德国民法典》第 164 条第 1 款第 1 句）

21　　K 并未明确授予 Z 代理权。相反，因 K 将"Sale"相关账户的文件都按照规定存储在公司安全箱内，Z 仅是偶然获知了该密码，因此不成立容忍代理权。表见代理同样不予考虑，因为 K 并未违反谨慎义务且 Z 的行为仅有一次。K 未形成他知晓并同意 Z 的行为的权利外观。尤其不能因"Sale"网站注册用户的账户登

---

[1] BGH WM 2011, 1148 Rn. 10.
[2] BGH WM 2011, 1148 Rn. 12; Palandt/Ellenberger § 164 Rn. 10f.，§ 172 Rn. 18.

陆密码具有认证功能，而认定具有权利外观性特征。[1]

B. 账户持有者追认（类推适用《德国民法典》第 177 条第 1 款）

K 并未作出追认。K1 和 K2 愤怒地表示拒绝履行合同。

②小结

此处并不存在 K 的要约（《德国民法典》第 145 条）。但问题存在于，K 是否因"Sale"一般交易条款第 2 条第 9 项负有履行义务。

2. 一般交易条款第 2 条第 9 项

"Sale"网站的一般交易条款第 2 条第 9 项仅调整 K 和"Sale"，并非在 K 和 B 之间约定。因此 K 因一般交易条款第 2 条第 9 项对 B 负责的前提在于，存在利于第三人的合同（本案中为 B）或存在附保护第三人作用的合同。[2] 即使该第 2 条第 9 项设定账户持有人对许多潜在的拍卖交易参与者承担无限责任的义务，该条文显然违反了《德国民法典》第 307 条第 1 款第 1 句。因为该条文内容在对客户最不利情况下（即账号用户在既不能得知也不能阻止他人未经授权使用其账户的情形下）也未设定任何限制。[3]

3. 结论

K 对 B 不负有《德国民法典》第 631 条第 1 款之合同履行义务。

---

[1] BGH WM 2011, 1148 Rn. 20; a. A. Herresthal, K & R 2008, 705, 707 ff.
[2] BGH WM 2011, 1148 Rn. 21.
[3] BGH WM 2011, 1148 Rn. 21.

# 参考文献

Baumbach/Hopt/
*Bearbeiter* ............... Handelsgesetzbuch, 36. Aufl. 2014

Canaris ..................... Handelsrecht, 24. Aufl. 2006

Ebenroth/Boujong
/Joost/Strohn/Bearbeiter ... Handelsgesetzbuch, 2. Aufl. 2009

Flume ....................... Allgemeiner Teil des Bürgerlichen Rechts, 4. Aufl. 1992

Großkomm/*Bearbeiter* ...... Großkommentar zum Handelsgesetzbuch, hrsg. von Staub, 5. Aufl. 2009ff.

Heymann/*Bearbeiter* ........ Heymann-Handelsgesetzbuch (ohne Seerecht), hrsgg von Horn et al., 4 Bde., 2. Aufl. 2015

Köhler ...................... BGB-Allgemeiner Teil, 39. Aufl. 2015

Koller/Kindler/Roth/
Morck/*Bearbeite*r ...... ... Handelsgesetzbuch, 7. Aufl. 2011

Larenz/Canaris .............. Lehrbuch des Schuldrechts, Bd. II: Besonderer Teil, 2. Halbbd., 13. Aufl. 1994

| | |
|---|---|
| Lettl | Handelsrecht, 3. Aufl. 2015 |
| MünchKommBGB/*Bearbeiter* | Münchener Kommentar zum Bürgerlichen Gesetzbuch, 6. Aufl. 2012ff., teilweise 7. Aufl. 2015 |
| Münch Komm HGB/Bearbeiter | Münchener Kommentar zum Handelsgesetzbuch, 3. Aufl. 2010ff. |
| Oetker/*Bearbeiter* | Kommentar zum Handelsgesetzbuch, 4. Aufl. 2015 |
| Palandt/*Bearbeiter* | Bürgerliches Gesetzbuch, 75. Aufl. 2016 |
| K. Schmidt | Handelsrecht, 6. Aufl. 2014 |

# 缩略语索引

| 缩略语 | 德文词条 | 词条译文 |
| --- | --- | --- |
| a. A. | andere(r)Ansicht | 其他观点 |
| Abs. | Absatz | 款 |
| AcP | Archiv für die civilistische Praxis (Zeitschrift) | 《民法实务档案》（刊物） |
| a. E. | am Ende | 末 |
| AG | Aktiengesellschaft | 股份公司 |
| AGB | Allgemeine Geschäftsbedingungen | 一般交易条款 |
| AktG | Aktiengesetz | 《德国股份法》 |
| Alt. | Alternative | 另一种可能 |
| Anh. | Anhang | 附录 |
| Anm. | Anmerkung | 注释 |
| AO | Abgabenordnung | 《德国税法》 |
| ArbGG | Arbeitsgerichtsgesetz | 《德国劳动法院法》 |
| Art. | Artikel | 条 |
| Aufl. | Auflage | 版 |
| BB | Betriebs-Berater (Zeitschrift) | 《企业顾问》（刊物） |
| Bd./Bde. | Band/Bände | 卷、册 |
| Beil. | Beilage | 增刊 |
| BGB | Bürgerliches Gesetzbuch | 《德国民法典》 |
| BGB-E | Bürgerliches Gesetzbuch i. d. F. des Entwurfs eines Gesetzes zur Modernisierung des Schuldrechts (BT-Drs. 14/6040) | 《德国债法现代化法》草案版本下的民法典（联邦议院文件14/6040号） |

(续表)

| 缩略语 | 德文词条 | 词条译文 |
|---|---|---|
| BGH | | |
| BGHZ | Entscheidungen des Bundesgerichtshofs in Zivilsachen | 《联邦最高法院民事判例集》 |
| BNotO | Bundesnotarordnung | 《德国联邦公证条例》 |
| BT-Drs. | Bundestags-Drucksache | 联邦议院印刊 |
| Buchst. | Buchstabe | |
| BundesärzteO | Bundesärtzeordnung | 《德国联邦医生条例》 |
| BUrlG | Bundesurlaubsgesetz | 《德国联邦休假法》 |
| BVerfG | Bundesverfassungsgericht | 联邦宪法法院 |
| BVerfGE | Entscheidungen des Bundesverfassungsgerichts | 联邦宪法法院判决 |
| bzw. | beziehungsweise | 或者 |
| DB | DerBetrieb（Zeitschrift） | 《企业》(刊物) |
| DENIC | Deutsches Network Information Center eG | 德国网络信息中心 |
| ders. | derselbe | 同一的、相同的 |
| d. h. | das heißt | 亦即、也就是说 |
| DJZ | Deutsche Juristen-Zeitung | 《德国法律人杂志》(刊物) |
| DNotZ | DeutscheNotar-Zeitschrift | 《德国公证杂志》(刊物) |
| DStR | Deutsches Steuerrecht（Zeitschrift） | 《德国税法》 |
| eG | eingetragene Genossenschaft | 已登记团体 |
| Einl. | Einleitung | 导言 |
| e. K. | eingetragener Kaufmann | 登记商人 |
| et al. | et alii | 等 |
| EUR | Euro | 欧元 |
| EWG | Europäische Wirtschaftsgemeinschaft | 欧盟经济共同体 |
| f. | folgende | 及下条 |
| ff. | fortfolgende | 以下 |

（续表）

| 缩略语 | 德文词条 | 词条译文 |
|---|---|---|
| FS | Festschrift | 纪念文集 |
| GBO | Grundbuchordnung | 《德国土地登记条例》 |
| GewO | Gewerbeordnung | 《德国工商业管理条例》 |
| GG | Grundgesetz | 《德国基本法》 |
| ggf. | gegebenenfalls | 必要时 |
| GmbH | Gesellschaft mit beschränkter Haftung | 有限责任公司 |
| GmbH&Co. KG | Gesellschaft mit beschränkter Haftung & Compagnie Kommanditgesellschaft | 有限责任两合公司 |
| GmbHG | Gesetz betreffend die Gesellschaften mit beschränkter Haftung | 《德国有限责任公司法》 |
| HGB | Handelsgesetzbuch | 《德国商法典》 |
| h. L. | herrschende Lehre | 主流观点 |
| hrsgg. | herausgegeben | 出版、发行 |
| Hs. | Halbsatz | 半句 |
| HV | Händlevertrag | 贸易合同 |
| i. d. F. | in der Fassung | 在此版本 |
| InsO | Insolvenzordnung | 《德国破产条例》 |
| i. S. d. | im Sinne der/des | 在此意义上 |
| i. S. v. | im Sinne von | 依据 |
| i. V. m | in Verbindung mit | 结合 |
| JA | Juristische Arbeitsblätter (Zeitschrift) | 《法学工作报》(刊物) |
| Jura | Juristische Ausbildung (Zeitschrift) | 《法律培训》(刊物) |
| JuS | Juristische Schulung (Zeitschrift) | 《法学教育》(刊物) |
| JZ | Juristenzeitung | 《法学者报》(刊物) |
| Kfz | Kraftfahrzeug | 机动车 |
| KG | Kommanditgesellschaft | 两合公司 |
| K&R | Kommunikation & Recht | 《传播与法律》(刊物) |

(续表)

| 缩略语 | 德文词条 | 词条译文 |
|---|---|---|
| LKW | Lastkraftwagen | 载重汽车、卡车 |
| LMK | Lindenmaier/Möhring-Kommentierte BGH-Rechtsprechung | Lindermaier 与 Möhring 编《联邦最高法院裁判汇编》 |
| m. Anm | mit Anmerkung | 注释、评论 |
| MarkenG | Markengesetz | 《德国商标法》 |
| Mio | Million(n) | 百万 |
| NJW | Neue Juristische Wochenschrift | 《新法学周刊》(刊物) |
| NJW-RR | NJW- Rechtsprechungs- Report Zivilrecht | 《新法学周刊—司法判例报告—民法》 |
| Nr(n). | Nummer(n) | 项 |
| NZG | Neue Zeitschrift für Gesellschaftsrecht | 《新公司法杂志》(刊物) |
| oHG | offene Handelsgesellschaft | 无限责任公司 |
| OLG | Oberlandesgericht | 州高等法院 |
| p. a. | per annum | 逐年 |
| Pkw | Personenkraftwagen | 载客小轿车 |
| ppa | per prokura | 代理 |
| RGZ | Entscheidungen des Reichsgerichts in Zivilsachen | 《帝国法院民事判例集》 |
| Rn. | Randnummer | 边码 |
| S. | Seite | 页 |
| sog. | sogenannt | 所谓的 |
| StBerG | Steuerberatungsgesetz | 《德国税务师法》 |
| str. | strittig | 争议的 |
| TransportR | Transportrecht(Zeitschrift) | 《运输法》(刊物) |
| Tz. | Textziffer | 条目 |
| UmwG | Umwandlungsgesetz | 《德国重组法》 |

(续表)

| 缩略语 | 德文词条 | 词条译文 |
|---|---|---|
| u. U. | unter Umständen | 于此情况下 |
| UWG | Gesetz gegen den unlauteren Wettbewerb | 《德国反不正当竞争法》 |
| v. | von | 的 |
| vgl. | vergleiche | 参见 |
| WM | Wertpapier-Mitteilungen（Zeitschrift） | 《证券报道》（刊物） |
| WPO | Wirtschaftsprüferordnung | 《德国审计师法》 |
| z. B. | zum Beispiel | 例如 |
| ZGR | Zeitschrift für Unternehmens-und Gesellschaftsrecht | 《企业与公司法杂志》 |
| ZGS | Zeitschrift für das gesamte Schuldrecht | 《债法概述杂志》 |
| ZIP | Zeitschrift für Wirtschaftsrecht | 《经济法杂志》 |
| ZPO | Zivilprozessordnung | 《德国民事诉讼法》 |

# 关键词索引 *

Ablieferung　移交/交货　1-24；15-20、23、28ff.；17-1 ff.
Abschlussvertreter　缔约代理商　10-7、13
Absender　见 Bestätigungsschreiben
Abtretung　让与/转让　13-1ff.；14-13；16-7ff.
　-Abtretungsverbot　让与/转让禁止　13-4、20
Altverbindlichkeit　原债务　5-1ff.、15；6-8；7-2
Anfechtung　撤销　9-28；12-6；15-预先思考
　-Kaufmännisches Bestätigungsschreiben　商业确认函　9-28
Anteile am Gesellschaftsvermögen　合伙财产份额　7-50
Anzeigepflicht　见 Rügepflicht
Ausführungsgeschäft　行纪交易　16-1ff.、9ff.
Ausgleichsanspruch　补偿请求权　10-23；11-7
　-Frist　期限　10-32f.
　-Höhe　价额　10-31

---

＊ 说明：本索引右列的数字表示案例编号与边码。如"10-7、13"表示案例10边码7和13，"f."表示"及下一条（段）"，"ff."表示"及以下数条（段）"。——译者注

＊＊ 在本书正文中，个别词因翻译表达的需要，与本索引译法略有差异，为尊重原文，本索引所列边码（即原书页码）与原书保持一致，但原书可能因修订而导致索引所列的边码与正文并不完全对应。——译者注

Beförderung 见 Frachtgeschäft
Bekanntmachung 公告 2-9；5-15
Bereicherung 得利
  -ungerechtfertigte 不当得利 4-14ff.
Beseitigung 见 Mängel
Besitz 占有 15-20；16-6；18-17、20f.
  -unmittelbarer 直接占有 15-20
Bestätigungsschreiben 确认函 9-8、18ff.
  -Absender 发送方 9-19
  -Anfechtung 撤销 9-28
  -Auftragsbestätigung 订购确认书 9-9、21
  -deklaratorisches 宣告的 9-26
  -Empfänger 接收方 7-4；9-18
  -geschäftlicher Kontakt 交易联系 9-22
  -Rechtsfolgen 法律效果 9-26
  -Schutzwürdigkeit des Absenders 发送方的应保护性 9-23f.
  -Widerspruch 撤回 9-25
  -Zugang 送达 9-28
Betreiben eines Gewerbes 见 Gewerbe
Betriebsbezogen 与经营相关的
  -Altverbindlichkeiten 与经营相关的原债务 5-2、9、15；6-8
Bezirksvertreter 区域代理商 10-21
Bürgschaft 保证 12-1ff.


Deklaratorisch 宣告的 7-4；9-26
Delkrederehaftung 保付责任 16-16

Domain-Name　域名　3-4
　　-bereicherungsrechtlicher Zuweisungsgehalt　不当得利法上的权益配属　3-16
　　-Registrierung als absolutes Recht　登记为持有者　3-11ff.
Drittschadensliquidation　第三人损害清算　16-29ff.

Eigentumserwerb　所有权取得
　　-gutgläubiger　善意的　18-3、5
　　-Maßstab guten Glaubens　善意信赖的衡量标准　18-14
　　-Nachforschungspflicht　查明义务　18-16
　　-Verfügungsbefugnis　处分权　18-10
　　-Vertretungsmacht　代理权　18-11
Einfirmenvertreter　单个特定代理商　10-预先思考
Eingriff in den Zuweisungsgehalt eines fremden Rechts　侵犯他人权利的归属内容　18-24
Eintragung　登记　1-19；2-9ff.；5-9；7-4
　　-deklaratorische　宣告的　7-4
　　-einzutragende/eintragungspflichtige Tatsache　应登入商事登记簿的事实　2-6、8
　　-ins Grundbuch　土地登记簿登记　8-1ff.
Einwilligung　允许/同意　17-7；18-4
Einzelkaufmann　个体商户
　　-Haftung　责任　6-1
Empfänger　受领人
　　-Antragsempfänger bei §362 Abs. 1 HGB　《德国商法典》第362条第1款之要约受领人　9-13

-Erklärungsempfänger 意思表示受领人 8-14

-kaufmännisches Bestätigungsschreiben 商业确认函 9-18

Empfangszuständigkeit 受领权限 13-22

Entgeltlichkeit 有偿 16-3

Erwerber 受让人 4-19、22、24

Fahrlässigkeit 过失 8-24；9-29；11-19f.

Falschlieferung 错误交付 1-6f.

Firma 商号

-Fortführung 见 *Firmenfortführung*

-Rechtsform 法律形式 5-14

Firmenfortführung 商号继任 5-2ff.、13

-Erwerb eines Handelsgeschäfts unter Lebenden 于公司处于运营状态下取得 5-5ff.

-Übergang 移转 5-8

Folgeschaden 后续损害 17-22ff.

Forderung 债权

-Gleichartigkeitbei~ 债权属同一种类 13-26

-Forderungsabtretung 见 *Abtretung*

-inkonnex 不关联 16-13

-Konnex 见 Konnexität

Formfreiheit 不要式

-Bevollmächtigung 授权 8-12

-Bürgschaft 保证 12-9

-Formkaufmann 形式商人 13-12；15-17

-Handelsvertretervertrag 商业代理合同 10-11

Frachtgeschäft　货运交易　17-1ff.

　　-Beförderung　运至　17-1

　　-Ersatzansprüche　赔偿请求权　17-7ff.、13

　　-Frachtvertrag　货运合同　17-1f.

　　-Haftung　责任　17-3f.

　　-Haftungsausschluss　责任排除　17-5

Gattungskauf　种类物买卖　1-6

Gattungsschuld　种类物之债　1-7

Genehmigungsfiktion　视为认可/视为同意　1-12、14；15-15、35

Geschäftsbesorgung　处理事务　9-15

Geschäftsbesorgungsvertrag　事务处理合同　7-1、25

Geschäftsbetrieb　经营营业　1-19；7-3f.

Geschäftsmittler　中间商　10-4

　　-Handelsvertreter　见 Handelsvertreter

　　-Kommissionär　见 Kommissionär

　　-Vertragshändler　见 Vertragshändler

Gesellschaftshaftung　公司责任

　　-Gesellschafterhaftung in der GbR　民事合伙人责任　7-32ff.

Gewerbe　经营　7-5ff.；16-3

Gewerbetreibender　经营者　10-预先思考、3

　　-Selbständigkeit　独立性　10-4

Gewinnerzielungsabsicht　获取利润的意图　1-19

Gutglaubensschutz　善意信赖　18-10ff.

Haftung 责任

-Einzelkaufmanns　独资商人　6-1

　　-Enthaftung　免于担责　6-1

　　-des Erwerbers bei Firmenfortführung　见 Firmenfortführung

　　-des Frachtführers　承运人的　17-3f.

　　-der Gesellschaft　见 Gesellschaftshaftung

　　-des Gesellschafters　股东的　2-5；7-32

　　-Kommissionär　行纪人　16-16

Haftungsausschluss　责任排除　5-16；6-11；7-35ff.、47、58；9-29；17-5

Handelsbrauch　商业惯例　9-10

Handelsgeschäft　商行为/商事营业　5-8ff.；12-9；13-10；18-8；15-19

　　-Abtretungsverbot　让与禁止　13-20

　　-beiderseitiges　双方的　13-7、9f.、18；14-1、3f.

　　-Betriebszugehörigkeit　属于经营　13-13

　　-Erwerb　取得　5-7ff.

　　-Fortführung　继任　见 Firmenfortführung

　　-Kontokorrent　往来账　14-1ff.

Handelsgesellschaft　商事企业　13-13

　　-Haftung des eintretenden Gesellschafters　新加入股东的责任　6-11

　　-Personenhandelsgesellschaft　人合公司　8-4；12-14

Handelsgewerbe　商事经营　12-10

　　-Prokura　经理权　8-15

Handelskauf　商事买卖　1-16

Handelsmakler　中间商　10-9

Handelsregister　商事登记簿　1-1、19；2-20ff.；15-18

-Bekanntmachung　公告　2-9；5-15

　　-Einsicht　查阅　2-11、20f.

　　-Wahlrecht　选择权　2-20

Handelsstand　适用商人的认定　7-4

Handelsvertreter 代理商

　　-Ausgleichsanspruch　补偿请求权　10-23ff.

　　-Ausschlussgrund　排除情形　10-28ff.

　　-Beendigung　结束　10-23f.

　　-Betrauung　受托　10-预先思考、9

　　-Gewerbetreibender　经营者　10-预先思考；5-1ff.

　　-Handelsvertretervertrag　商业代理合同　10-预先思考

　　-Provisionsanspruch　佣金请求权　10-1、18f.

　　-Selbständigkeit　独立性　10-4

Handelsvertreterrichtlinie　代理商指导条例　10-28f.

Handlungsvollmacht　代办权　8-预先思考

Hauptpflicht　主义务　11-预先思考


Inhaltskontrolle　内容审查　11-8f.

Inkassoprovision　应收佣金　10-26

Insolvenz　破产/交付不能　16-9

　　-Erwerb eines Handelsgeschäfts im Insolvenzverfahren　于破产程序中获得商事企业　5-5

Irrtum　错误　9-28；12-6

Istkaufmann　当然商人　见 *Kaufmann*,(*Istkaufmann*)


Kannkaufmann　见 kaufmann,(Kannkaufmann)

关键词索引　279

Kapitalgesellschaft 资合公司 12-14；14-4

Kardinalpflicht 基本义务 11-19f.

Kaufmann 商人

  -Einzelkaufmann 见 Einzelkaufmann

  -Formkaufmann 形式商人 13-12；15-17

  -Geschäftsführer 代理 12-10

  -Gesellschafter 合伙人/公司股东 12-14ff.

  -Istkaufmann 当然商人 1-19；5-3、11；7-3 f.；18-6

  -Kannkaufmann 自由登记商人/可为商人 5-11；15-18

  -Scheinkaufmann/Kaufmannseigenschaft kraft Rechtsscheins 表见商人/根据权利外观的商人特性 1-20

Kaufmännisch eingerichteter Geschäftsbetrieb，见 *Geschäftsbetrieb*

Kaufmännisches Bestätigungsschreiben，见 *Bestätigungsschreiben*

Kaufmannseigenschaft 商人特性

  -wegen Geschäftsführertätigkeit 因经营活动 12-10

  -wegen Stellung als Gesellschafter 因合伙人/公司股东 12-14ff.

Kenntnis 知晓/知悉 1-20；18-15

  -fahrlässige Unkenntnis 因过失不知 18-16

Kleingewerbetreibender 小企业主 17-2

Kommissionär 行纪人 16-1ff.

Kommissionsagent 经销商 11-预先思考

Kommissionsgeschäft 行纪行为 16-1ff.、29

  -Aufwendungserstattung 偿还费用 16-18

  -Ausführung 进行 16-1ff.、9ff.

  -Forderung 债权 16-8ff.

  -Haftung auf Erfüllung 履行的责任 16-17

    -Kommissionär　行纪人　16-1ff.

    -Kommissionsagent　经销商　1-预先思考

    -Kommissionsvertrag　行纪合同　16-18

    -Kommittent　委托人　16-27ff.

Konnexität　关联　13-26；16-13

Konstitutiv　设权性的　9-9、26；17-1

Kontokorrent　往来账　14-1ff.

    -Kontokorrentabrede　往来结算约定　14-1、5、11

    -Kontokorrentzugehörigkeit　往来结算关联性　14-1ff.

    -Kündigung　终止　14-8ff.

    -Nichtkaufleute　非商人　14-2

    -Pfändung　扣押　14-13

    -Saldierung　结算　14-18、22

    -Saldoanerkenntnis　余额承认　14-11f.

    -Saldoanspruch　余额请求权　14-11

    -Verrechnungsreihenfolge　结算顺序　14-21

    -Verzinsung　计息　14-11

Kündigung　终止

    -Handelsvertretervertrag　商业代理关系　10-28

    -Kontokorrent　往来结算　14-8ff.

    -Vertragshändler　授权经销商　11-13

Leichtfertigkeit　轻率　17 14f.

Leistungsbestimmungsrecht　给付确定权　11-4、8ff.

Mängel　瑕疵

    -aliud　错误　1-6

    -Anzeige　指出瑕疵/瑕疵通知　1-14；15-22ff.

-Beseitigung　排除瑕疵　15-6

-erkennbare　可识别的瑕疵　1-24

Meisbegünstigung　最有利原则　2-21

Nachbesserung　修补　15-6

Nacherfüllung　补正履行　15-6

Nachforschungspflicht　查明义务　18-16

Nachlieferung　再交付　15-7ff.

Name　姓名　3-2ff.

-Namensanmaßung　冒用姓名　3-5

-Namensleugnung　否认姓名　3-4

-Unterlassungsanspruch　不作为请求权　3-10

-Zuordnungsverwirrung　归属混淆　3-8

Nebenpflichten des Kommittenten　行纪委托人之从义务　16-29

Offenkundigkeitsprinzip　公示原则　8-3

Passivforderung　被动债权　13-28

Passivlegitimation　被告适格　8-29

Personengesellschaft　人合公司　8-4；12-14

Pfandrecht　质权

Prokura　经理权　8-1ff.

-Beschränkung　限制　8-17f.

-Kollusion　串通　8-18、21

-Missbrauch　滥用　8-19ff.

-Offenkundigkeit　公示　8-3

-Umfang 范围 8-预先思考、14ff.
-Unübertragbarkeit 不得转让 8-10
-Widerruf 撤回 8-10
Provisionsanspruch 佣金请求权
　-Delkredereprovision 保付佣金 16-16
　-Handelsvertreter 代理商 10-1
　-Kommissionär 行纪人 16-17
Publizität 公示
　-negative ~ des Handelsregisters 商事登记簿的消极对抗 2-6ff.
　-Wahlrecht 选择权 2-21ff.

Rahmenvertrag 框架合同 11-预先思考
Rechenschaft 汇报/报告 16-5
Rechtsschein 权利外观 1-19；18-17
Registergericht 登记法院 5-15
Rosinentheorie 葡萄理论 2-21
Rückabwicklung eines Unternehmenskaufs 企业收购的返还 4-14ff.
Rücktritt 解除 15-14
Rückübertragung eines Unternehmens 企业返还 4-10ff.
Rügepflicht 异议义务 15-23；另见 Untersuchungspflicht

Sachmangel 物之瑕疵 15-2、21
Saldierung 结算 4-34；14-18
Saldotheorie 差额说 4-32ff.
Schadensersatz 损害赔偿 7-20ff.；9-1ff.；11-13；16-18ff.；17-1ff.、7

关键词索引　283

Scheinkaufmann　表见商人　1-20

Schuldanerkenntnis　债务承认　12-9

Schuldbeitritt　债务加入　5-1；6-1f.

Schuldversprechen　债务约束　12-9

Schweigen　沉默　9-7、10ff.

　　-Anfechtung　撤销　9-28

　　-Erklärungshandlung　表示行为　9-11

　　-Erklärungswirkung　表示效力　9-12

　　-normiertes Schweigen　规范化的沉默　9-12

Selbständigkeit　独立性

　　-Handelsvertreter　代理商　10-4

Sicherheiten　担保　18-17

Sorgfaltspflichten　注意义务

　　-des Erwerbers　取得人的　18-16

　　-des Frachtführers　承运人的　17-16

Stellvertretung　代理　8-2ff.

　　-Abschlussvertreter　缔约代理商　10-7

　　-Prokura　经理权　见 Prokura

　　-Vertretungsmacht　代理权　8-预先思考、4ff.

Streckengeschäft　直运交易/转运配送交易　15-20、23f.、28ff.

　　-Anzeigefrist/Verlängerung der Rügefrist　通知期限/延长异议时限　15-28ff.

Stückkauf　特定物买卖　15-7ff.


Tatsache　事实

　　-eintragungspflichtige　应登记的　2-6、8

Übertragung 移转
　-des Eigentums 所有权的 18-2
　-eines Handelsgeschäfts 商事营业的 5-3ff.
　-eines Unternehmens 企业的(正文中直接译为了"律所") 4-1
Unkenntnis 不知 18-16
Unterlassen 不作为 4-18；8-26
Unterlassungsanspruch 不作为请求权 3-10
Untersuchungspflicht 检查义务 1-13ff.；15-15、22

Veräußerer 转让人/让与人 4-20；18-5f.
Verbindlichkeit 债务
　-Begründung bei Firmen-fortführung 因商号继任而成立 5-1、4
Verfügungsbefugnis 处分权限 18-5、10、15f.
Vergütungspflicht 佣金支付义务 10-21
Verjährung 消灭时效 1-6；14-12ff.；17-19、25
Verkehrskreis, maßgeblicher 决定性的交易领域 5-13
Verkehrssitte 交易习惯 1-7
Vermittlungsvertreter 中介代理商 10-7f.、13、21
Vermögensgegenstände 财产 4-1
Vermutung 推定 1-21；2-10；7-1、4、29、41；9-3、26；13-13；
　15-17f.；16-25
Verpflichtungsgrund 义务原因 5-15
Verschulden 过错 4-31；8-26；15-34；17-3、13ff.
　-qualifiziertes 严重的 17-13ff.
Vertragshändler 授权经销商 11-预先思考、13ff.
　-Ausgleichsanspruch 补偿请求权 11-3ff.

关键词索引　285

-Begriff 定义 11-预先思考

-Pflichten des Herstellers 生产商的义务 11-20f.

-Rücknahmeanspruch 取回/回购请求权 11-12ff.

Vertragsschluss 缔结合同/订立合同 1-2、18；2-2、5、15、17f.；
5-4；7-25、46、50；9-8、13、20、22；10-11；15-10；16-29

Vertrauensschutz 信赖保护 2-20f.；8-23f.

Vertretungsmacht 代理权 另见 Stellvertretung

-Missbrauch 滥用 8-19ff.

Verzug 迟延 9-4；13-27；16-27


Wahlrecht 选择权 2-19、21；9-26

Werbung 广告 10-7；11-3

Wertersatz 价值赔偿 4-14ff.

Wertpapier 有价证券 16-2

Wettbewerbsabrede 竞业协议 10-11

Wettbewerbsverbot 竞业限制/禁止 4-19ff.

Wiederholungsgefahr 重复的风险 3-1


Zinseszinsverbot 禁止计算复利 14-11

Zurechenbarkeit 可归责性 1-20；4-31

Zurechnung 归责 7-54；15-24

Zurückbehaltungsrecht 留置权 4-33；16-11、14f.

Zusatz 附注

-Gesellschaftszusatz 公司附注 5-13

-Nachfolgezusatz 继任附注 5-2

Zwangsgeld 罚款 7-4

# 译后记

本书作者托比亚斯·勒特教授执教于德国波茨坦大学法学院,任波茨坦大学法学院民法、商法和经济法研究所所长,主要从事合同法与债法、商法与公司法以及欧盟、德国竞争法与卡特尔法的研究。

本书的结构与勒特教授所著的《商法》教科书章节设置一致,可搭配阅读。该《商法》教科书是德国商法学界公认的商法领域最新和最有价值的教科书之一,被多所德国高校列为商法学课程的重要教学参考书。而本书则保持了该《商法》教科书的优点,附有整齐的结构图和清晰的思路说明,解题部分梳理复杂的学说争议,阐述作者的观点并加以论证,实属一本巩固理论知识,提升分析复杂案例能力的好书。

在德国留学的第二年,我修完了科隆大学法学院为本科第四学期学生所开设的商法课程以及配套的进阶课程——案例研习课。完成案例研习课,要求学生必须具备扎实的民法功底并能熟练掌握民法上的各种请求权基础,这是由《德国商法典》和《德国民法典》二者相辅相成的关系所决定的。本书是帮助我完成商法学习的参考用书,它的每一个案例,基本都探讨了《德国商法典》对《德国民法典》确立的法律行为、债权和物权制度的一般性规则作了何种具体或特殊的修正性规定。例如,本书案例 13 中讨论了二者对于债权让与禁止特约的不同规定:依据《德国民法典》第

399 条的规定,债权让与可以通过约定予以排除,但《德国商法典》第 354a 条则明文规定,这种约定排除对于商事行为不产生效力。此外,本书多个案例都对商事特别规范与民事规范的法律适用关系作了分析论证。本书通过 19 个案例解答,展现了一套基于法教义学建构而成的商事法律规范体系。

本书的翻译工作始于 2017 年,直至今日才告完成。在此期间,鉴定式案例教学在各位师长和同人的不懈推动下,俨然已经成为法学教育改革的热点,很多高校都已经展开实践。中南财经政法大学法学院在其中扮演了重要角色,不仅建立了法学主干课程与鉴定式案例分析课程同步配套的教学模式,还通过举办全国鉴定式案例研习暑期班等方式不遗余力地积极推广鉴定式案例分析方法。2020 年博士毕业后,我有幸来到中南财经政法大学法学院任教,得以与一群有理想的法律人去实现培养完全法律人的愿景。希望本书的出版,能够为这一愿景的实现贡献绵薄之力。

最后,衷心感谢本译丛主编李昊老师和邀请我参与翻译的本译丛编委会成员季红明老师、陈大创老师。能够承接本书的翻译工作,实属本人之幸。此外,还要感谢徐涤宇老师、张家勇老师给予的鼎力支持,本书才得以由中南财经政法大学资助出版。同时,特别感谢北京大学出版社陆建华、方尔埼和陆飞雁老师的专业编校。

囿于学养和外文能力,翻译难免存在纰漏,甚至谬误,敬请读者不吝指正。

李金镂<br>2021 年 11 月于武汉

## 法律人进阶译丛

⊙ **法学启蒙**

《法律研习的方法：作业、考试和论文写作（第9版）》，
　　〔德〕托马斯·M. J. 默勒斯著，2019年出版
《如何高效学习法律（第8版）》，〔德〕芭芭拉·朗格著，2020年出版
《如何解答法律题：解题三段论、正确的表达和格式（第11版增补本）》，
　　〔德〕罗兰德·史梅尔著，2019年出版
《法律职业成长：训练机构、机遇与申请（第2版增补本）》，
　　〔德〕托尔斯滕·维斯拉格 等著，2021年出版
《法学之门：学会思考与说理（第4版）》，〔日〕道垣内正人著，2021年出版

⊙ **法学基础**

《民法学入门：民法总则讲义·序论（第2版增订本）》，〔日〕河上正二著，
　　2019年出版
《法律解释（第6版）》，〔德〕罗尔夫·旺克著，2020年出版
《民法的基本概念（第2版）》，〔德〕汉斯·哈腾豪尔著
《民法总论》，〔意〕弗朗切斯科·桑多罗·帕萨雷里著
《物权法（第32版）》，〔德〕曼弗雷德·沃尔夫、马尼拉·威伦霍夫著
《债法各论（第12版）》，〔德〕迪尔克·罗歇尔德斯著
《刑法分则I：针对财产的犯罪（第21版）》，〔德〕鲁道夫·伦吉尔著
《刑法分则II：针对人身与国家的犯罪（第20版）》，
　　〔德〕鲁道夫·伦吉尔著
《基本权利（第6版）》，〔德〕福尔克尔·埃平著
《德国民法总论（第41版）》，〔德〕赫尔穆特·科勒著

## ⊙ 法学拓展

《奥地利民法概论：与德国法相比较》，
〔奥〕伽布里菈·库齐奥、海尔穆特·库齐奥著，2019年出版
《民事诉讼法（第4版）》，〔德〕彼得拉·波尔曼著
《所有权危机：数字经济时代的个人财产权保护》，
〔美〕亚伦·普赞诺斯基、杰森·舒尔茨著
《消费者保护法》，〔德〕克里斯蒂安·亚历山大著
《日本典型担保法》，〔日〕道垣内弘人著
《日本非典型担保法》，〔日〕道垣内弘人著

## ⊙ 案例研习

《德国大学刑法案例辅导（新生卷·第三版）》，〔德〕埃里克·希尔根多夫著，2019年出版
《德国大学刑法案例辅导（进阶卷·第二版）》，〔德〕埃里克·希尔根多夫著，2019年出版
《德国大学刑法案例辅导（司法考试备考卷·第二版）》
〔德〕埃里克·希尔根多夫著，2019年出版
《德国民法总则案例研习（第5版）》，〔德〕约尔格·弗里茨舍著
《德国法定之债案例研习（第3版）》，〔德〕约尔格·弗里茨舍著
《德国意定之债案例研习（第6版）》，〔德〕约尔格·弗里茨舍著
《德国物权法案例研习（第4版）》，〔德〕延斯·科赫、马丁·洛尼希著，2020年出版
《德国劳动法案例研习（第4版）》，〔德〕阿博·容克尔著
《德国商法案例研习（第3版）》，〔德〕托比亚斯·勒特著，2021年出版

## ⊙ 经典阅读

《法学中的体系思维和体系概念》，〔德〕卡纳里斯著
《法律漏洞的发现（第2版）》，〔德〕克劳斯-威廉·卡纳里斯著
《欧洲民法的一般原则》，〔德〕诺伯特·赖希著
《欧洲合同法（第2版）》，〔德〕海因·克茨著
《民法总论（第4版）》，〔德〕莱因哈德·博克著
《法学方法论》，〔德〕托马斯·M. J. 默勒斯著
《日本新债法总论（上下卷）》，〔日〕潮见佳男著